思想

REFLEXION 40

香港：破局與困局

編輯委員會

總 編 輯：錢永祥

編輯委員：王智明、白永瑞、汪宏倫、林載爵、
周保松、陳正國、陳宜中、陳冠中

聯絡信箱：reflexion.linking@gmail.com

網址：www.linkingbooks.com.tw/reflexion/

目 次

國安危機與自由主義的存續

如同面對傳統國安危機時一樣,如何在疫病橫行時謹慎平衡安全與自由,對一個自由民主的國家極為重要。兩全之法應該是儘速檢視經驗,設立制度,明確進入與退出緊急狀態的條件。

中華民國的規範性價值:
從德國漢學家衛禮賢的民國經驗談起

民國初年的重要規範性價值隱含在跨文化、跨立場溝通機制的萌生:在艱困的歷史情境下,通古今東西之變,通保守主義、自由主義和社會主義之變的可能性條件逐漸建立起來。

貨幣、圖像與國家:
中華民國的臺灣化,1945-2002

蔣中正經常被認為在其統治臺灣期間強調「大中國」政策。但在貨幣圖像方面,他已經開始使中華民國臺灣化。

台灣是否能發展出自己的民主理論?:
以鄧育仁的「公民儒學」為考察對象

公民儒學一方面藉由羅爾斯的正義原則來開發儒學在政治上「自由主義」的可能性,一方面透過儒學的「故事思考」來調節羅爾斯對康德的「自主」內涵的詮釋。

香港：破局與困局

思想訪談

思想評論

國安危機與自由主義的存續

吳玉山

一、前言

在「嚴重特殊傳染性肺炎」（COVID-19，新冠肺炎）全球肆虐之際，各國都採取了非常措施來進行因應。中國大陸是最早出現大規模傳染的國家，其政府在2020年1月23日對湖北省的武漢市進行了史無前例的封城。在防疫過程中，中共對其諸般措施採用了戰爭的術語，稱之為「疫情防控阻擊戰」，顯示中共的領導階層在心態和政策上是採取了作戰的模式[1]。後來新冠肺炎傳布全球，歐美各國首當其衝，先是在西歐的義大利、西班牙等國出現爆炸性的發展，接著在美國迅速累積病例，而於4月27日衝破百萬[2]。在此種情境之

1　參見習近平，〈在中央政治局常委會會議研究應對新型冠狀病毒肺炎疫情工作時的講話〉，2020年2月3日，http://www.gov.cn/xinwen/2020-02/15/content_5479271.htm；與中共中央，〈關於加強黨的領導、為打贏疫情防控阻擊戰提供堅強政治保證的通知〉，2020年1月 28 日 ， http://www.gov.cn/zhengce/2020-01/28/content_5472753. htm。

2　Worldometer, Coronavirus: United States, https://www.worldometers. info/coronavirus/country/ us/。

下，歐美國家也一一進入緊急狀態，實行封城或半封城，事實上也就是進入了準戰爭模式。因此，不論政體如何，在面對急迫疫情時，各國都採取了類似作戰的姿態，並對社會進行了高度的控制，以此來抑制疾病的擴散。

防疫和作戰之間並不是僅存在一種比喻的關係，而是兩種巨大的國安危機。在各國抗疫的作為當中，無不進行對於人民基本行動自由的廣泛限制、施行大規模的電子監控、運用科技侵入個人的私領域，並對各種經濟行為進行徹底的管控甚至直接予以禁止，極大程度地施展了國家對社會的控制。這些舉措，如果出現在平時，一般都會引起憲法層級的爭議，但是面對控制疫情的急迫需求，社會也大都予以接受，甚至要求國家採取更為決斷有效的措施[3]。此種面對危急而容忍國家權力急速膨脹的狀況，僅有在國家安全受到極大威脅的戰爭或準戰爭狀態下才會出現。因此戰爭與防疫造成了類似的心態，產生了相似的影響，其對立基於自由主義的現代民主國家所構成的挑戰也是一樣的巨大。

本文試圖從現代民主國家的自由主義本質，和戰爭與防疫這兩種國家安全的急迫挑戰，來申述國家安全與憲政主義的兩難，並以中華民國的憲政體制發展為例，闡明國安危機與民主憲政的負向關聯。最後則討論在危機情境下，自由主義如何肆應與存活。因為關注的層面較廣，一些議題尚無法細化處理，因此僅作為一種初探，以期能有更多後續的討論，來關注這個急迫而根本的議題。

---

3   當然在非民主國家當中，對於政府權力擴張的制度與民意限制相對
     而言是更小的。這也可以解釋許多這類國家在採取威權防疫措施時
     能夠產生很大的效果。

二、民主體制的自由主義本質與國家安全的挑戰

現代的民主國家可以溯源到古希臘羅馬時期，但是那個時候的民主與當代的民主有一個很大的不同：前者更為強調集體的意志，而後者更為維護個人的自由。古典民主並不被認為必然比君主專制或寡頭統治來得優越，這與當時民主政體不受憲政法治拘束，對個人權利沒有完善的保障有關[4]。等到近代民主制度重新站上歷史舞台之時，已經比起希臘羅馬的古典時代具有更為堅實的基礎，那就是以自由主義作為核心，將民主當成保障和擴展個人自由的制度工具。今日此種自由式的民主體制（liberal democracy）已經被廣泛地接受為合理與正常的政治制度，一方面因為它能透過憲政主義（constitutionalism）的設計（例如權利憲章和分權制衡）較大程度地保障個人自由，使其不受國家的恣意侵害；一方面這個體制又能透過選舉機制讓人民決定執政者，從而保證政策的品質，並讓表現不佳的執政者下台。在這種體制之下，國家的權力受到清楚的限制，不得肆意侵害人民自由權利；而在國家得以行使權力之處，執政者由人民決定、對人民負責，因此也體現了人民的自由意志。在這兩個領域——國家所不能進入的範圍與國家所得以進入的範圍——當中，自由主義都構成了其基礎[5]。

4　亞里斯多德對古典民主即提出了著名的批評，特別是有關無節制的民意對於法治的損害。參見 Andrew Lintott, "Aristotle and Democracy," *The Classical Quarterly* (1992), 42 (1): 114-128。

5　在這兩個領域當中的自由主義自然還是有所區別，前者是更為直接的自由主義，用以阻卻國家的濫權，並保障個人的自由；後者則是用以確保當國家侵入個人領域時，決策者及其行為有獲得人民的同

　　此種從洛克與孟德斯鳩以降、在西方知識界中所廣泛流行並成為當代民主國家思想基礎的古典自由主義，與日後所後續出現的各種在非政治面向上的自由主義有相當大的不同。自由主義的用法曾經發生多次的改變。古典自由主義所強調的是約束國家權力，維護個人之固有與不可分割之權利（諸如約翰密爾所倡議者），其本質是政治的。經濟自由主義（libertarianism）則是強調私有財產權與自由市場（標誌人物是亞當斯密），其重點在個人的經濟行為不應該被國家所限制拘束。但是在20世紀的美國，主張大政府與福利國家的進步主義也被稱為是「自由的」。以後倡導文化與社會寬容、尊重少數、反對傳統的一脈也演化成為社會自由主義（social liberalism）。最後就是從1990年代開始，自由主義成為普世主義、全球化與對外開放等主張的縮寫。因此「自由主義」的意涵在不同時代有不同的內容，發展的方向基本上是從傳統的自由主義（集中於政治、經濟面向）轉向當代自由主義（集中於文化、全球面向）[6]。

　　不論自由主義在各個面向上如何發展，其基本上還是保有古典自由主義的精神，就是反對國家的強制、維護個體的自由。具體而言，自由主義是在四個重大的社會分歧（social cleavages）上，採取了一定的立場。這四個重大的社會分歧是群體認同、政治型態、經濟分配，和社會文化。自由主義在**群體認同**上主張超越國家與族群，提倡國際主義、普世主義，或至少區域主義，而反對國家主義、民

（續）

　　意，因此也算是符合了自由主義的原則。前者演化出各種保護個人權利的法律機制，後者則演化出包括選舉在內的各種使政府對人民負責的政治機制。

6　關於自由主義的諸多意涵與發展軌跡，參見James Traub, *What Was Liberalism? The Past, Present and Promise of a Noble Idea*（New York: Basic Books, 2019）。

族主義。在政治型態上，自由主義反對威權與菁英政治，主張民主
參與。在經濟分配上，自由主義提倡私有財產與市場功能，反對國
家對於所有權和分配機制的管控。在社會文化上，自由主義主張進
步、容忍與多元，而與社會保守主義對立。群體認同、政治型態、
經濟分配，和社會文化的四大分歧是從近代以來人類社會發展過程
中所出現最主要的社會衝突之處，並且成為各國政治競爭的主軸[7]。
自由主義在這些分歧線上都採取了追求自由的立場，而與強調國家
與管制的一面相對立。這樣看起來，自由主義和威權與菁英體制、
各種社會主義、保守的文化傳統，和民族主義與國家主義是相對立
的。由於對個體的限制經常是透過國家的權力，所以各式自由主義
不可避免要對國家的角色表態，也就是必須和政治自由主義有所連
結。因此認定古典的政治自由主義是各種自由主義的內核並不為
過。可以說，政治自由主義是當代民主體制的義理基礎，也是各個
領域和面向中自由主義的核心與保證[8]。

7　在西方國家，這四大社會分歧出現的時間順序是先有群體認同與政
　　治型態（屬於前工業革命時期），然後在工業革命後出現了關於經
　　濟分配的左右分歧，接著是後物質的社會文化分歧，而到了晚近前
　　物質的族群與宗教的認同分歧又再次興起。有關於社會分歧、政治
　　分歧與政黨體系的概念與理論的先驅，參見 Seymour Martin Lipset &
　　Stein Rokkan, "Cleavage Structures, Party Systems, and Voter
　　Alignments: An Introduction," in *Party Systems and Voter Alignments:
　　Cross-national Perspectives*, eds., Seymour Martin Lipset & Stein
　　Rokkan（New York: Free Press, 1967），pp. 1-64。

8　雖然各種自由主義有其內在義理的連結，而且也都依託於政治自由
　　主義，但是各種自由主義的實現對於政治自由主義究竟會產生何種
　　因果的影響，卻是眾說紛紜。傳統的自由主義者認為經濟自由可以
　　提供政治自由的基礎，而國家對於經濟的侵入會帶來政治自由的喪
　　失，這是海耶克的名著《到奴役之路》中論述的主軸。參見 Friedrich
　　A. Hayek, *The Road to Serfdom*（Chicago: University of Chicago Press,

　　政治自由主義的底線表徵是什麼，一般認為至少應該包括尊重
個人的權利（集會、結社、言論、行動等）、並對異己採取寬容的
態度；保障政治與宗教的自由，實行民主制度與公平的選舉；司法
的獨立與不可侵犯；不受政府控制、並對政府進行監督的媒體；學
術與研究的充分自由[9]。這一條自由主義的理路，是基於近現代民主
政治發展的經驗軌跡，表明了對於任何權力皆有疑慮，特別是掌握
合法強制力的國家。這樣的思想是奠基於英國，並藉由兩百年來英
美相承的全球影響力而擴散到世界。論到民主體制，便不能不回歸
到這個自由主義的硬核。

　　近年來自由主義面臨右派民粹主義的風暴襲擊，特別是在2016
英國經由公民投票決定脫離歐盟，其後美國的共和黨候選人川普當
選為美國總統[10]。歷史上自由主義的核心力量就在於英國與美國
（Anglo-Saxon Core），而這兩國分別為19與20世紀的世界霸權國
家，並在一次大戰到二次大戰之間進行了和平的霸權間權力轉移。

（續）─────────────────────

　　1994）。但是波蘭尼卻認為工業革命大轉型（Great Transformation）
　　所帶來的「自律市場」（self-regulating market）不是一個自然的發
　　展，而是國家對於傳統社會施展強制的結果，而其所帶來的動盪正
　　形成了法西斯主義的淵藪，並對民主構成了致命的威脅。參見Karl
　　Polanyi, *The Great Transformation: The Political and Economic
　　Origins of Our Time*（Boston, MA: Beacon Press, 2001）。

9　這些具體的主張，可以參照美國自由之家在給世界各國評定「政治
　　自由」與「公民自由」分數時所採用的問卷。在政治自由方面包括
　　了「選舉過程」、「政治多元主義與參與」，與「政府運作」等三
　　個面向。在公民自由方面則有「表意與信仰自由」、「結社與組織
　　權利」、法治，與「自主與個人權利」等四個面向。參見Freedom House
　　首頁https://freedomhouse.org/。

10　英國在2016年的6月23日經由公民投票決定脫離歐盟（並在2020年1
　　月31日正式脫離）；而美國的共和黨候選人川普則在2016年11月8
　　日贏得總統大選。

歷來霸權轉移都會發生戰爭，英美間的和平轉移有各種原因，其中族群與意識形態（自由主義）的類同是關鍵的因素[11]。英美自由主義霸權的相繼崛起為他們所領導的聯盟帶來了第一次世界大戰、第二次世界大戰與冷戰的勝利，而自由主義的氣勢也逐步上升到前所未有的高度，促成福山說出「歷史的終結」這樣的豪語[12]。在1990和2000年代，自由主義除了贏得冷戰之外，更以全球化與多元文化的新面貌，獲得了傳統左右派菁英的認同。因此當國際自由主義的核心國家出現對於其傳統價值的挑戰時，就使得自由主義的命運格外令人關注。

由川普所代表的右派民粹思潮，高舉美國至上，發表各種敵視移民的言論，並以宣布國家緊急狀態的方式在美墨邊境建築高牆，又對盟邦錙銖必較、表明不會再忍受其巧取美國的利益，此與在戰後建構各種國際自由主義制度、主張開放和包容的美國不啻天壤之別。不過，如果具體地用四大分歧來理解川普現象，便會發現他並非全然地不符合自由主義的圭臬。在群體認同上，川普的確高舉美國國家主義，而與二戰以來的任何一位美國總統不同，其言行有如在兩次大戰之間、甚或19世紀之末奉行重商主義的美國總統。因此在群體認同上，川普的確是在國際主義與普世主義的向度上後退。此外，川普也投宗教與社會保守主義所好，在墮胎與同性戀等議題上，對往昔歐巴馬總統的自由主義政策，做了全然的反轉。在其他諸如環保等社會議題上，川普也顯示出極端保守的態度。所以在群

---

11 有關於權力轉移與戰爭的關係，參見Graham Allison, *Destined for War: Can America and China Escape Thucydides's Trap?*（Boston：Mariner Books/Houghton Mifflin Harcourt, 2018）。

12 參見Francis Fukuyama, *The End of History and the Last Man*（New York: Free Press, 1992）.

體認同與社會文化的分歧上，川普確實展現了反自由主義的強硬姿態。

　　不過在政治型態上，雖然川普捨棄了在全世界推廣自由民主的使命，在國內卻是搭乘了新傳媒與網路革命的潮流，以反建制的姿態來挑戰自由主義的菁英，從此一個角度來看，可以稱其為民粹主義，但不能謂其為反對自由民主的根基。而在自由主義傳統深厚的美國，反川普主義者也充分地運用司法獨立、權力制衡、聯邦體制、媒體多元獨立的制度特性，而對川普大加撻伐[13]。美國眾議院更在2019年12月因為川普涉及以美國軍事援助迫使烏克蘭調查其政治對手的家族而對其加以彈劾。該案雖然在參院未能獲得通過，但對現任總統的壓力自然極大，並彰顯出美國政治體制權力分立制衡的特色，使總統無法專權[14]。此外在經濟與分配的議題上，川普一貫主張減稅與去管制，而服膺傳統右派自由主義的立場，與共和黨的經典主張。因此在此一向度上，川普亦非自由主義之敵。

　　在大西洋的另一岸，英國的脫歐之舉自然也是反國際主義、反區域主義的。其最主要的動力，便是來自歐洲的難民問題，以及國外移民對於英國的經濟和安全所造成的不利影響。因此在脫歐的支持者當中，出現了強勁的反全球化、反自由化聲浪，而與川普陣營同調。此外，英國的產業工人，也擔心移民和自由化對其工作不利，

13　有關川普總統的各種行事對於美國民主體制的傷害，以及美國自由主義傳統的韌性，參見Michael Abramowitz, "The Struggle Comes Home: Attacks on Democracy in the United States," *Freedom in the World 2019: Democracy in Retreat*, Freedom House, https://freedomhouse.org/report/freedom-world/2019/democracy-retreat。

14　川普成為美國有史以來第三位被眾院彈劾的總統。在此之前Andrew Johnson曾於1868年被眾院通過彈劾，Bill Clinton則是於1998年被彈劾。三次彈劾均未能在參院獲得三分之二的特別多數支持而失敗。

並將經濟轉型所帶來的痛苦，歸於過度開放的政策。不過，英國在通過脫歐後持續執政的保守黨除了主張必須依民意實現脫歐之外，不論在政治型態、經濟分配，和社會文化上，都沒有脫離自由主義的主張。脫歐固然是一個意外，並且構成對於歐洲區域主義的重大衝擊，但是其本身並不是對於當代自由主義的嚴重挑戰。由於右派民粹勢力在後續主要歐洲國家的選舉當中都沒有勝出，因此從歐洲方面所出現的對於自由主義的威脅，其實是有限的。

總體而言，從2016年開始，因為全球金融危機等因素的影響，而在自由主義的核心所出現的右翼民粹主義，雖然在群體認同與社會文化的面向上挑戰了自由主義，但並沒有嚴重地侵蝕到政治自由主義的基礎。在許多歐美國家，公民社會對於右翼國家強勢作為的反應是警醒的「推回」（pushback）[15]。從歷史與今日的情況來看，真正對憲政主義構成威脅的是國家安全危機與民主社會的反應。

國家安全危機與自由民主政體之間的關係可以用人體來做比喻。由於國安危機是真實的，甚至影響到國家的存續，因此無論採取何種對抗措施在當下均容易被視為合理，並被社會所接受，這就如同人體免疫系統的運作，而其副作用也類似。免疫系統在測知病毒入侵時會產生抗體，並試圖將入侵者消滅，因而構成維持生命的重要機制，可是其過度反應卻可能對身體帶來比病毒更大的危害，甚至造成死亡。

在此可以舉一貼近國人生活的例子。嚴重急性呼吸道症候群（SARS）在2003年曾經對於台灣構成重大的公共衛生危機，並產生持久的影響。當時行政院衛生署的疾病管制局對於SARS的致病機制提出了如下的看法：「SARS的致病機轉主因是人體免疫系統，尤

---

15 Abramowitz, "The Struggle Comes Home."

其是CD$_8$T細胞，對SARS冠狀病毒感染的呼吸道上皮細胞及單核球細胞產生的免疫反應所致。CD$_8$T細胞活化後會釋出大量的TH$_1$細胞激素如干擾素interferon-γ、腫瘤壞死因子（tumor necrosis factor-α）、間白素等，繼而引起發炎反應及組織傷害」[16]。因此，SARS的直接致死原因並不是病毒本身，而是人體的免疫系統對病毒的反應[17]。在醫治SARS或類似冠狀病毒病人的時候，治療的焦點經常是如何適度地抑制免疫系統的作用，以防止免疫風暴（cytokine storm）的發生。因此在醫治冠狀病毒肺炎時，關鍵議題是醫療人員如何隨著病情而調節人體的免疫機制，使其適足以對抗病毒，而又不至於產生致命的副作用。由於人體的免疫能力各不相同，因此微調免疫機制的作法也不可能一致。適當的調節可以治癒病人，調節不善使得免疫反應過高或過低卻足以致死。

　　以上的每一描述都可以適用於國安危機和民主社會的反應。民主社會的存續有賴於堅持政治權利與公民自由的底線，而在面對國家安全危機之時（猶如人體受到病毒感染），公權力勢必對於許多

16　參見蘇益仁，「SARS的病理發生及病理變化」，載於蘇益仁編，《台灣嚴重急性呼吸道症候群SARS防疫專刊》（台北：行政院衛生署疾病管制局，2003），頁5。

17　人體的免疫系統對於許多病毒（包括SARS、MERS、COVID-19等）都可能出現「防禦過當」的行為，造成免疫風暴（cytokine storm）。在免疫細胞獵殺病毒或試圖中和其影響的時候，會引起發炎反應，讓微血管擴張、血管通透性增加，大量的血液滲透到組織中，產生腫脹、發紅、發熱、刺痛、發癢，甚至可能引發過敏性休克。在肺部中，大量的液體堆積在肺泡內造成病人無法換氣而窒息，血壓也因血管內的液體大量流失而造成血壓下降，導致病人休克而死亡。參見謝世良、宋佩珊，「當冠狀病毒入侵——人體內的免疫風暴與致病機轉」，《科學月刊》，604期（2020年4月），https://www.scimonth.com.tw/tw/article/show.aspx?num=3864&kind=8&page=1。

自由與權利有所限制（啟動免疫機制），甚至可能撼動了民主體制的根基（免疫風暴）。因此如何在外在威脅之下，調節國家的安全機制，使其能夠應付危機，又不至於對本身的體制形成致命的傷害，這就構成了國安危機下的關鍵議題。以下將以我國的憲政體制發展為例，來探究國安危機與憲政主義之間的關係。

三、中華民國憲政體制的發展

　　中國在20世紀初期面臨現代化與憲政體制的十字路口，一共有四條道路可供選擇。第一條是傳統維新主義，第二條是自由民主主義，第三條是現代化威權主義，第四條是國家社會主義[18]。傳統維新主義為原專制王朝所偏好。方式為通過建立國會、與民分享政權來維繫既有的統治框架。其意識形態為保守主義，在中國便是儒家。沙俄於1904-05年日俄戰爭後成立杜馬國會，是這個模式的典型代表。在中國，清廷於1906年下詔預備立憲，宣言「大權統於朝廷，庶政公諸輿論，以立國家萬年有道之基」，中央設諮政院，各省設諮議局。但是由於滿清為少數政權，缺乏進行傳統維新的合法性，因此當[19]1911年辛亥革命成功、民國成立後，此一路徑便告終。

　　辛亥革命開啟了第二條道路。中華民國的理想便是仿效西方的民主體制，推翻君主專制，採行總統制或內閣制。其意識形態為古典的自由主義，典型的模式是英國與美國。在中國，民國成立後的

18　參見吳玉山，〈五四的時代意義——從當代自由主義的危機談起〉，載於李瑞騰、莊宜文主編，《再現、傳承與超越：五四運動一百年：2019海峽兩岸暨香港人文社會科學論壇》（桃園：國立中央大學，2019）。

19　參見荊知仁，《中國立憲史》（台北：聯經，1984），頁104。

歷次「憲法」均楬櫫西方的自由民主理念。當時世界上最占優勢的
價值與制度便是自由主義，影響中國最大的思潮也是自由主義，因
此可以說中華民國本身就是自由主義的實驗。然而，民國初年的政
局擾攘、軍閥割據，國家並沒有真正統一，也無法有效地回應內外
交迫的局面。五四運動後國家困局如故，於是兩條非自由主義的路
徑就逐漸浮現出來，那就是第三條的現代化威權主義之路與第四條
的國家社會主義之路。

　　中國國民黨在當時代表現代化威權主義。其理念是以國家發展
居先，要求政治權力集中，全力推動現代化。就意識形態而言，是
以民族主義為主，主張仿效兩次大戰之間的德國與日本，求富國強
兵。由於國民黨最初的理念是自由民主主義，因此在因應局勢轉型
成威權主義政黨之後，出現了兩種次類型的趨勢，一是目標型，即
以現代化威權體制做為理想制度；一是手段型，即以現代化威權體
制為過渡手段，在發展條件合適後仍要轉回到自由民主體制。孫中
山本人便是手段型的代表，因而擘劃了「軍政、訓政、憲政」的建
國進程。中國國民黨的主要競爭者是中國共產黨，它代表國家社會
主義的道路，學習的是蘇聯的路線，主張由共黨掌控國家機器，全
面控制經濟、社會，與文化，是最極端的現代化途徑。其理想為藉
著物產公有以追求社會公益、解放人類，實質上則成為後進國家發
展與趕超先進國家的強力手段[20]。

　　上述的四條現代化道路均引領到各自的憲政體制[21]。保守維新

20　參見Alexander Gerschenkron, *Economic Backwardness in Historical Perspective: A Book of Essays*（Cambridge, MA: The Belknap Press of Harvard University Press, 1962）。

21　此處的憲政體制是採較廣義的理解，亦即非僅限於民主制度下的憲政設計，而是指任何政權型態下的根本政治框架。

是走向君民共治，自由民主是總統制、內閣制或半總統制，現代化
威權是訓政體制與戒嚴體制，國家社會主義則是列寧主義的黨國體
制。在民國成立後，中國的現代化與憲政體制在自由民主、現代化
威權，與國家社會主義的三條道路間跌宕前行，其中產生最大影響
的便是國家所面臨的安全局面：凡戰爭結束、安全增進時便可能向
民國的自由主義理想趨近，實行民主化；凡戰爭爆發、安全受危害
時便傾向脫離自由主義，走向國家管控較強的憲政體制。在民主自
由主義的憲政體制當中，國家安全的考慮也會影響到制度抉擇，亦
即當安全顧慮大時會採取總統權力較大的總統制或半總統制，而當
安全顧慮小時則會採取內閣制。

　　在民國初肇建之時，有三個憲法版本，即《鄂州臨時約法》、
《中華民國臨時政府組織大綱》，與《中華民國臨時約法》。其中
在武昌起義後為革命政府所草擬的《鄂州臨時約法》是出自長期擁
護內閣制的宋教仁之手。《鄂州約法》設政務委員（閣員）為權力
核心，政務委員會提法律案於議會，而都督於公布法律及其他有關
政務之制令時，須由主管各自事務之政務委員署名[22]。這些明顯是
內閣制的安排，要讓政務委員擁有實權。但由於當時與掌控北洋軍
的袁世凱尚未達成協議，為適應革命軍務，因此在《中華民國臨時
政府組織大綱》中集權力於大總統，並令各國務員對大總統，而非
對國會負其責，同時總統的法律行為毋須國務員副署。這個憲政設
計明顯轉為總統制。《組織大綱》也反映了孫中山對美國憲政體制
的偏好，而與宋教仁大不同。1912元旦孫中山在南京就任臨時大總
統，當時的憲政體制便是總統制的設計。

22　參見王德志等著，《民國憲政思潮研究》（北京：中國政法大學出
　　版社，2010），頁8-12。

　　當時臨時政府為了策動擁北洋兵權的袁世凱倒向革命黨人一邊，不惜以大總統之職為餌，但又恐袁氏帝制自為，遂又更改憲政設計，縮減大總統的權力，在袁就任後生效，此即為《中華民國臨時約法》。根據新憲，臨時大總統由參議院選舉產生，國務員輔佐臨時大總統負其責任（第44條），國務員於臨時大總統提出法律案、公布法律及發布命令時須副署之（第45條），於是憲政體制重新回到內閣制[23]。民初三憲乃搖擺於內閣制與總統制、自由主義理念（內部考慮）與國家安全（外部考慮）之間：當內部促自由居先時主內閣制；當外部促安全居先時主總統制。

　　民初《臨時約法》的憲政設計雖然形式上是西方民主國家的典型內閣制，但是從宋教仁被刺、洪憲帝制、二次革命、護法戰爭、張勳復辟，到南北分裂，中國的政局動盪，再加上一戰結束後傳來巴黎和會的屈辱，北洋政府顯然無法應付內外危局。當時自由主義正在全球擴張，其核心力量在英國與美國。隨著一次大戰標誌自由主義國家的勝利，四大帝國的崩解，自由主義聲勢更盛，並且深刻地感染到國內的知識界，為五四運動蘊蓄了動能。論到五四，必提「德先生」（民主）與「賽先生」（科學），而德、賽兩位先生，便是把自由主義和理性主義運用到政治與知識兩方面的必然結果。五四要求打倒舊的禮教，就是要爭取個體的心靈自由，並且反對舊勢力藉著傳統權威來復辟。因此，自由主義是五四的靈魂，五四即是要用自由主義來救國，但是五四的結果也顯示了自由主義無法救亡。

　　五四運動迫使北洋政府對曹汝霖、陸宗輿、章宗祥三人究責，中國代表拒簽凡爾賽和約，但國權已喪，難以挽回。國內分裂政局

23　《國父全集》，第九冊（台北：近代中國出版社，1989），頁284。

仍舊，北洋軍閥相爭不斷。若干知識分子仍寄望於實現真正的自由主義，其代表人物為胡適，他聯合自由派知識領袖，發表「爭自由的宣言」和「我們的政治主張」等宣言，希望喚起民眾進行政治參與，知識分子採取行動，以及建立民主制度。但是更多的知識分子開始探索其他的現代化道路。五四是以自由主義來救國，但缺乏具體的組織和方法，破了舊思想後無法立新。眼見國家分裂、國土被奪，大批以「救亡」為己任的中國知識分子乃投向由國民黨所代表的現代化威權主義和由共產黨所代表的國家社會主義。於是中國的發展途徑發生轉移，從對自由主義的憧憬希望，轉向兩條非自由主義的路徑。五四乃成為民初自由主義的最後一擊。

　　五四後國民黨和共產黨乃展開權力、制度與發展的路徑之爭。就憲政體制而言，北伐後國民黨占有全國性的優勢，乃根據孫中山的規劃，宣布中華民國進入訓政時期[24]。國民政府遂於1928年制訂

24　「訓政」的概念係奠基於孫中山的學說。在同盟會的時期，孫中山即提出了革命的程序分為「軍法之治」、「約法之治」，與「憲法之治」。這一部份主張在民初的國民黨時期被暫時凍結，到了中華革命黨時期再被提出，成為「軍政時期」、「訓政時期」與「憲政時期」的建國三階段論。原先「軍法之治」與「約法之治」各為三年與六年，到了「中華革命黨總綱」與「孫文學說」發表時，則給予更大的時間彈性，並強調從革命軍起義至憲法頒布，一切軍國庶政皆歸黨管，也就是以黨建國、以黨治國。這樣的主張，一直到中國國民黨時期（1919-）都始終堅持。在孫中山過世的前一年（1924），他還在《建國大綱》中重申了革命建的三階段論。基本上，當革命建國的情勢較為樂觀，有可能依循西方模式推動民主政治時，孫中山便不提階段論，並同意國民黨以一普通政黨的身分與其他政黨進行民主競爭。然而當革命建國面臨極大險阻時，孫中山便強調階段論的重要，並且將國民黨還原成革命政黨（中華革命黨、中國國民黨）。因此在外在局勢、建國階段論、和國民黨的屬性間有一定的聯繫。不過雖然孫中山強調民主必須依階段循序漸

《訓政綱領》，到1931年又召開國民會議訂定《訓政時期約法》，
為訓政時期的臨時憲法。根據《訓政時期約法》，中國國民黨全國
代表大會代表國民大會行使中央統治權，中國國民黨全國代表大會
閉會時，其職權由中國國民黨中央執行委員會行使之。由於在形式
上採取了「手段型」的現代化威權體制，即以威權為過渡手段，在
發展條件合適後仍要轉回到自由民主體制，因此又規定當全國有過
半數省分達到憲政開始時期，即全省之地方自治完全成立時期，國
民政府應即開國民大會，決定憲法而頒布之。一個過渡性、暫時性
的黨國體制乃從而建立。

　　從北伐完成到對日抗戰開始的這段時間，是國民政府在中國大
陸最有建樹的時期，當時由於局勢相對穩定，各方乃對於國民黨應
還政於民討論甚殷，國民黨也積極進行制訂新憲的準備。[25]訓政時
期本預定在1936年結束，但中日衝突不斷，抗戰旋即開始，行憲又
告延擱。迨抗戰八年勝利後，由於國安危機一時解除，乃立即開始
進行制憲與行憲，而有《中華民國憲法》的頒行。此憲法所規定的
是一個「改良式的內閣制」，一方面具有標準內閣制的重要特徵，

（續）───────────────

　　進，不可一步到位，但是不論軍政、訓政、還是憲政都是以實行民
　　主為依歸的，軍政是掃除民主的障礙，訓政是在地方推行民主化，
　　而憲政則是在全國的範圍進行民主化，建立自由民主的體制。從這
　　個角度來看，孫中山所主張的是「手段型」的現代化威權體制。參
　　見吳玉山，〈孫中山思想、民國百年與兩岸發展模式──一個總體
　　的分析架構〉，《政治科學論叢》，第52期（2012年6月），頁1-42。
25　呼應著當時國家現代化的快速發展，以及「還政於民」的呼聲，國
　　民政府於1936年5月5日公布了立法院所草擬的《中華民國憲法草
　　案》，即《五五憲草》，其框架是基於孫中山的五權憲法設計與權
　　能區分，而以國民大會為最高主權機構。不過由於此一草案是出於
　　國民黨的設計，因此也頗受外界抨擊。參見石華凡，《近代中國自
　　由主義憲政思潮研究》（濟南：山東人民出版社，2004），頁145-151。

包括以行政院為國家最高行政機構，並以行政院長為其首長；一方面又給予總統若干特殊權力，使在危難時可以發布緊急命令。此外為穩固行政，並不給予立法院倒閣權，而是在行政、立法爭議時給予行政院長接受國會決議或辭職的選擇。此一憲法揉合孫中山五權憲法與德國威瑪共和體制的特徵，在監察院的選舉上又採納原美國參議院間接選舉的設計。就總體而言，係充滿內閣制的色彩，也反映了在抗戰結束後回歸自由主義理想的傾向。

　　國民黨在大陸時期是游移在「手段型」與「目的型」的現代化威權主義之間。國民黨的黨國體系在安全威脅加重時即增加其強固性，而在安全威脅減輕時內部自由主義即要求回歸初心，建立民主憲政體制。此一雙重性在孫中山提出「軍政、訓政、憲政」的建國規劃時便深植在國民黨人的心中，並透過宣傳與教育產生廣泛的影響。在1945到1948年之間，抗戰的勝利一時開啟了自由主義憲政體制的契機，但是接下來的內戰失利，又讓國民黨政府宣布實施戒嚴與進入動員戡亂時期（1948-1991），並在大潰敗下遷徙來台。由於認為大陸之失係由於在安全未固的情況下貿然行憲，因此直至1980年代末民主化之前，中華民國所實施者實為以黨領政的第二次訓政。「動員戡亂時期臨時條款」凌駕於憲法之上，而國民黨也從1950年改造案通過後，號稱其本質為「革命民主政黨」[26]。

　　國共的長期對峙與國安危機的持續為國民黨在台灣的威權統治提供了結構性的動因與論據。雖然在國民黨內部、自由派的知識分子與台灣本土的政治力量當中始終存在回歸民主憲政的呼聲，並且隨著台灣的經濟快速發展與中產階級的興起而日益高漲，但是在維

---

26 參見李劍農，《中國近百年政治史》，下冊（台北：台灣商務印書館，1980），頁616。

護國家安全的框架之下、與全球冷戰的系絡當中,國民黨「手段型」
的威權統治仍然長期持續。從1980年代末到1990年代初的開放解嚴
與民主化是各種結構性因素匯聚而形成的結果,其中至為關鍵的是
台灣的外部安全在這個轉捩點上是處於相對穩固的地位。首先,台
灣當時相對於中國大陸在經濟上居於高度領先,而對岸在改革開放
的初期亟需台灣的投資與提供和國際市場的連結。北京對外採取溫
和與守勢的姿態,力求韜光養晦,而在天安門事件與蘇聯東歐國家
大規模民主化浪潮之後,中共本身面臨生存危機,更為虛弱而無暇
外顧。這一段時間中國大陸正在進行發展路線的重大轉換,亟需安
全的外部環境。相對於毛澤東時期激進的意識形態革命路線,和其
後中國大陸經濟改革成功、政治控制加強、民族主義興盛的時期,
此時的中共對台灣的安全威脅是處於相對低點。在外部威脅大幅緩
解的情況之下,台灣的民主化出現重大的契機。於是解除戒嚴、開
放黨禁與報禁、終止動員戡亂時期、中央民意代表全面改選等自由
化與民主化的諸項重大任務相繼完成,中華民國終於能夠實現創立
時的自由主義理念、五四的精神、1947年憲法的民主體制,與台灣
社會現代化後的需求。

　　從中華民國長達109年的憲政發展史來看,國安危機與憲政主義
之間明顯地出現了負相關的狀況。當國安危機嚴重時,憲政主義便
有所限縮,而國家權力則高度膨脹。這包括五四後知識界的救亡導
向非自由主義的發展路徑、抗戰軍興延宕了訓政時期的結束、國共
內戰開啟了長期的動員戡亂時期等重大的憲政體制轉折。反之,當
國安危機有所緩解時,對於民主憲政的期盼便出現高漲,而憲政體
制也呈現相應的變化。這包括民國成立後的《臨時約法》體制、「黃
金十年」期間出現的《五五憲草》、抗戰勝利後制訂的《中華民國
憲法》,以及在台灣安全環境獲得大幅改善時所進行的各項自由化

與民主化措施，包括以終止動員戡亂時期來回復《中華民國憲法》的運作。就自由民主主義內部的憲政設計來看，民初三憲搖擺於內閣制與總統制之間，當內部促自由考慮居先時主內閣制，當外部促安全考慮居先時主總統制。台灣在民主化之後，通過《中華民國憲法增修條文》的七次修訂，將1947年憲法的「改良式內閣制」改成「半總統制」，增大了總統的職權，也與國家安全仍為重大顧慮、民眾期盼強固領導有關[27]。

四、新冷戰與全球防疫下的國安與憲政

如果民主憲政體制的根基是自由主義，而從中華民國的百年憲政發展經驗來看，國安危機與自由憲政主義之間是呈現負相關，那麼未來我國所面對的國安局勢，就必然對自由主義的憲政發展會產生重大的影響。基本上，在重大的國安危機之下，國家必然強勢侵入私領域，從而對民主憲政產生不利的影響，甚至衝擊到憲政主義的底線。在國安與自由之間，如何拿捏取捨，是一個根本的問題。

當代的國安危機不一定出現在傳統的安全領域，而可能是急迫的公共衛生危機，例如在2020年全球爆發的「嚴重特殊傳染性肺炎」。公衛危機的嚴重性在於隱形與普遍存在的「敵人」、對生命

27　有關於我國半總統制如何採取了「總統優越」的次類型，又是如何運作，參見Jih-wen Lin, "How are the Powers of the President Decided? Vote Trading in the Making of Taiwan's Semi-presidential Constitution," *International Political Science Review*, vol. 38, no. 5（2017）: 659-672; Yu-Shan Wu, "Appointing the Prime Minister under Incongruence: Taiwan in Comparison with France and Russia," *Taiwan Journal of Democracy*, vol. 1, no. 1 （July 2005）, pp. 103-132。

的直接威脅、傳染源的親近性與危險性呈正相關、受害者與威脅者同一，以及面對全新病毒人類對應措施的侷限性。相對於經濟與金融危機，或是重大天然災害，國家在處理公衛危機時所採取的對應措施對於個人自由的侵入性更為強悍、直接與普遍，而與傳統安全領域的戰爭時期最為類似，因此也更值得關注。此外，公衛危機的處置要求社會大眾的分離與對可能染病者進行隔絕，因此一定會擴及到經濟與其他層面，甚至引發多重危機；然而經濟與金融危機的處置卻不會外溢到公衛與醫療層面，並與個人的健康與生命安全距離較遠。由於有這些區別，公衛危機與傳統的國安危機最為近似，也最容易引發類似戰爭或準戰爭動員下的副作用。對於關注國安危機如何影響自由主義憲政體制的人們而言，傳統的國安危機與非傳統的公衛危機都必須給予特別的重視。

　　就傳統的國安危機而言，我國所面對的態勢極富挑戰性，其根本原因就是不斷增強的國家安全威脅。中國大陸自從推動改革開放以來，國力快速增長，已經在許多領域與美國比肩，甚或超越。在經濟上對岸已經成為世界上第二大的經濟體（以購買力平價來計算則已經是全球第一），然而其由共黨專政的政治體制並沒有改變，甚至近來更出現再集權的傾向。大陸的民族主義情緒高漲，對於統一台灣具有高度的共識，並在法律中明言不放棄使用武力來達成統一。解放軍的裝備與人員訓練不斷精進，其戰力也大幅提昇，對我國構成不斷增強的威脅。中國大陸的「銳實力」快速增長，其國際影響力隨著「一帶一路」與「亞投行」等倡議而不斷擴散。在原來由西方國家所專擅的高科技領域當中，中國「彎道超車」快速趕上並超越原領先者。這種種的發展使得兩岸之間的權力對比高度失

衡，台灣所受的壓力越來越大。這些都構成了真實的國安危機[28]。

　　面對不斷增加的威脅，台灣的國安措施自然需要加強。然而在兩岸頻繁接觸下人民的自由權利同樣需要保障，國安也不容成為執政者箝制異見的工具。如此則在國安與自由之間應如何畫線，對於一個以自由主義為基礎的憲政體制而言，這是最為重要與根本的問題。在此的兩難是，國安措施是用以保障自由體制，然而國安措施本身的直接影響很可能是限制自由。因此，自由是目標、理想，也是成本、代價，國家必須用限制自由來保障自由。在此如何計算自由的成本收益成為最重要的考慮。然而如何計算，又由誰來計算？如果國安機構是以執行國安措施為己任的組織，那麼是誰負有保障人民自由的任務與職責？這些議題都需要社會討論與發展共識，不然便有可能置不易得來的自由權利於險境。

　　任何一個國家在面對國安威脅時都可能防衛過當，從而損及自由體制，然而另有二個重大的因素使得我國在面對此一困境時，更有可能落入過度防衛的陷阱。由於中國大陸的國力崛起，現正與美國處於「權力轉移」的關頭。在川普總統就任後，兩大強權在各領域的衝突白熱化，儼然已經進入了冷戰2.0的局面[29]。在冷戰的氛圍中，台灣的運作空間受限，極易向美國方面一邊倒，而此種戰略有其對於國內的重大影響。為了配合外交政策，政府的國安考慮勢必

28　有關於威權主義對於民主國家的威脅，參見Larry Diamond, *Ill Winds: Saving Democracy from Russian Rage, Chinese Ambition, and American Complacency*（New York: Penguin Books, 2019）。

29　參見美國副總統彭斯（Mike Pence）於2018年10月4日在哈德遜研究所所做的演講。"Vice President Mike Pence's Remarks on the Administration's Policy Towards China," Hudson Institute, October 4, 2018, https://www.hudson.org/events/1610-vice-president-mike-pence-s-remarks-on-the-administration-s-policy-towards-china102018。

更為增強，敵我意識也勢必更為突出。美國本身自從911恐怖攻擊以來，國安的意識就極為高漲[30]。其對於中國的崛起也高度敏感，因此被劃入美國陣營的台灣，在對內對外的行動上，也受到外力的極大牽引。此一狀態與冷戰1.0的時期有其類似之處。深感本身安全受到威脅的美國，對於盟國加強安全措施，以對抗共同的敵人，必然採取支持的態度，而較不會顧及這些措施對該國人民的自由權利所可能帶來的損失，在冷戰時期美國對於國民黨威權統治的長期支持即為一清楚的例證。

另一個值得憂慮我國落入過度防衛陷阱，從而損及自由體制的原因是作為新興民主國家的特性。從1970年代開始，在第三波的民主化浪潮中所湧現的新興民主國家，對於選舉高度熱衷，卻對於約束國家權力的憲政主義較為缺乏體認。打倒威權體制，建立選舉制度，使政府對人民負責成為政治轉型的首要目標，但如何節制這個有民意支持的國家卻往往不是政治領袖和一般民眾的重要考量。由於缺乏根深柢固的自由主義政治文化，新興民主國家很容易在建立了重要政治職位任期制、多黨競爭的定期選舉，和對政府的課責機制後，便出現了政治自由滑坡的現象。此時選舉機制雖然能夠持續運作，但是公民的權利已經無法確保。猶有甚者，此時侵害公民權利的國家因為具有民意基礎，因此更具有正當性，也更有侵入性。此種民主體制，較為類似古典的民主，強調公民的意志，但輕忽個人的自由權利。如果沿著這個趨勢滑坡下去，便有進入僅有民主選舉、卻缺乏政治自由的「非自由式民主」（illiberal democracy）的

---

30 美國自由派的學術界與法界對於其國家安全機構過度擴張權力，從而對民主自由體系所帶來的危害多有戒懼。參見Karen J. Greenberg, *Reimagining the National Security State: Liberalism on the Brink* （Cambridge, UK: Cambridge University Press, 2020）。

危險。

　　在2020年COVID-19的急速擴張為所有國家帶來了一場公共衛生危機。此時如何絕決有效地採取阻斷病毒傳播的措施，是保護國民生命安全的關鍵。許多國家藉助於科技，進行大規模的疫情監控，偵伺可能染病者的所有行動。作為第一個經歷疫情快速擴散蔓延的國家，中國大陸採用了一切社會控制的手段來發現染病者和阻絕病毒傳播。許多措施在採行之時多被外界視為過於侵犯人權，且反映了中共為一專制政權。然而在病情全球擴散的情況下，各國競相採取激烈的防疫措施，其強制性與對於人民自由權利的侵害未必遜於中國之所為。不過在自由主義文化較為深厚的西方國家，對於緊急時期國家權力的急速擴張，很快便引起了憂心與辯論，並出現了適法性的爭議[31]。此種自由主義與法治主義的遲疑與憂慮有可能遲滯了必要的果斷作為，但這也代表了對自由法治傳統的堅持與珍惜。[32]相反地，此類討論在強調防疫重於一切的東方並不熱烈，在我國亦屬如是。

　　如同面對傳統國安危機時一樣，如何在疫病橫行時謹慎平衡安全與自由，對一個自由民主的國家極為重要。此時如僅強調防疫，

31　例如Economist對於"Everything's under Control: The State in the Time of COVIC-19"的專號討論。參見http://www.economist.com/leaders/2020/03/26/the-state-in-the-time-of-covid-19。

32　美國總統川普曾經考慮將美國疫情最為嚴重的紐約、紐澤西與康乃狄克州加以封鎖，以防止疫情擴散，但是他馬上遭受到紐約州長Andrew M. Cuomo的激烈反對，並認為其無權採取此種作為。而川普最後也僅是發布旅行警示。參見"Trump Backtracks After Cuomo Criticizes Quarantine Idea," *The New York Times*, March 28, 2020, https://www.nytimes.com/2020/03/28/nyregion/ coronavirus-new-york-update.html。

則將以自由與法治為犧牲，而損及民主體制的根本，甚至出現朝向「非自由民主」的滑坡。然而，如果僅堅持自由與程序，而無視於控制疫病傳播的急迫需要，則不免迂腐，並斲傷了自由民主體制的治理能力與合法性。此時兩全之法，應該是儘速檢視經驗，設立制度，明確進入與退出緊急狀態的條件，使得在應付包括公衛在內的各類國安危機時，有明確的法律依據可循。如此政府在面對危機時，可有便利政策工具在手，而在危機消退時，政府也需要退回原位，而不能僭奪權力。

　　國安危機考驗著自由主義的存續能力。在本文寫作之時，中國大陸的疫情已經由初期的急速擴散透過武漢封城等強硬的措施而獲得控制。相反地，歐美國家則仍然無法壓制快速增加的染病與死亡數字。如果這個結果被視為自由民主社會在面對此種國安危機時無法有效地處理，而中國大陸的威權體制卻能提供人民更多的生命安全，則對於自由主義體制將不啻是極大的打擊。然而，此種考驗並非前所未有。民主體制在和平與戰爭時期之間的轉換便極為值得參考。如果希望能夠維持自由民主的憲政體制，又要能夠具有應付國家緊急危難的能力，則完善緊急法制應為重要之舉。不論是處理傳統國安危機（冷戰2.0與兩岸僵局），或是非傳統的公衛危機（COVID-19），自由主義體制均需要展現具有收放的彈性，才能在危機下存續。

　　總體說來，自由主義是當代民主的基礎，而國安危機是其最大的挑戰。我國的憲政發展經驗顯示自由民主體制在面對國家安全的緊急變故時常無法存續，蓋救亡與安全的需求易使國家過度防衛，而以自由為代價。瞻望我國所面對的傳統與非傳統國安局面，皆極為艱困。對岸威脅的增長、防衛過當的陷阱、國外力量的牽引，與非自由民主的誘惑均構成傳統國安對憲政主義的壓力；而對防疫與

自由兩難的缺乏認知、法治精神的薄弱，和對安全的排他性重視，也形成了非傳統國安對自由主義的挑戰。如何在安全與自由之間求取平衡、甚至雙贏，是自由主義存續的關鍵所在。

吳玉山，中央研究院政治學研究所特聘研究員。研究領域包括社會主義國家政治與經濟轉型、民主化與憲政設計、兩岸關係與國際關係理論。最近的著作包括《優勢政黨與民主：亞洲經驗的省思》（2017）、《半總統制下的權力三角：總統、國會、內閣》（2017）、《中國再起：歷史與國關的對話》（2018）、與《左右逢源還是左右為難：中小國家在兩強間的抉擇》（2019）等。

中華民國的規範性價值：

從德國漢學家衛禮賢的民國經驗談起

何乏筆

一、中國的靈魂與新世界的產生

德國漢學家衛禮賢（Richard Wilhelm）於1924年從中國回到德國，成立法蘭克福大學的中國研究所（China-Institut）。不久之後，他出版具有傳記性質的《中國靈魂》。衛禮賢清楚意識到，在他居留中國的期間內（1899-1924），中國發生了前所未有的歷史巨變。因此，《中國靈魂》大部分的內容並不是針對古中國，而是關於「新」或「青年」中國的描述和省思。在前言一開始他指出：

> 在中國，「百年光陰亦不過彈指一瞬。」這是以往遠東舊殖民者的信條。這種態度現在早已過時。今日之中國，生活在一種狂熱的速度中向前飛馳，每一天都有新的事件和新的發展；在日常的混亂和鬥爭背後，一個巨大的事件正在發生：一種新世界的到來。這個過程的開始雖然很緩慢，但事情的巨輪卻越轉越快，這是復活的巨輪，它旋轉著，把古老和過時的一切帶入遺忘的地獄，又把嶄新和從未發生的一切從一無所有中標舉出來。但新事物並不是突然產生的。它的端倪和連接點在過去。

只有懂得闡釋生成流變之端倪〔即《易經》所謂「知幾」〕的
人，才能從過去中預測未來。〔……〕過去的二十五年之所以
特別重要，原因就在於這是一個古今交織的時代。我見識過古
中國，它的一切那時看來還將世世代代延續下去。我也目睹了
它的崩潰，看著新生活的幼芽從廢墟中生長出來。[1]

　　衛禮賢敏銳地觀察並參與了中國在辛亥革命前後的巨變。儘管
他的興趣與愛好並不在新中國，而是在古中國（讓他長久投入中國
經典的德語翻譯和詮釋），但他確實深信：若要了解新中國，則必
須了解古中國；若要了解古中國，也必須了解新中國。然而，在1925
年撰寫《中國靈魂》序言之時，他未能預知剛從廢墟開始萌生的新
生命，很快地又被戰爭及另一場革命的廢墟所掩埋。從傳記的種種
描述和分析可知，所謂徹底反傳統的歷史現象在民國初年並非特別
突出，反而是1949年共產革命成功之後的產物，不應將徹底反傳統
的主張簡單地投射到民國文化身上。在1949年後，視古中國為現代
化的主要障礙，因而要求徹底毀滅傳統的話語才獲得了主導地位。
　　然而，面對文革結束後的發展，此判斷顯然有誤。在1976年後，
另一種運動開始萌生形成，儘管剛開始生長的速度仍相當緩慢：即
中華文化之復興。在媒體、教育、日常生活，甚至在政治領域中，
對中國古典文化的著重，逐漸獲得了不容忽視的影響力。古典中國
與現代中國所產生的「古今交織」，在數十年前被認為幾無可能（例
如，在1958年的新儒家宣言中，牟宗三、徐復觀、唐君毅和張君勱

1　Richard Wilhelm, *Die Seele Chinas*, Frankfurt am Main: Insel, 1980
　　（1926）, p. 25. 衛禮賢著，王宇浩、羅敏、朱普平譯，《中國心靈》
　　（北京：國際文化出版公司，1998），頁1（中文翻譯依據德文原
　　文修改過）。筆者建議將Seele譯成「靈魂」而非「心靈」。

以沉痛絕望的心態，呼喚古典中華文化的生命力）。復興古典文教的趨勢逼迫人們省思殘酷歷史所帶來的弔詭反轉：文化大革命的野蠻暴力不僅沒有徹底摧毀「傳統」，也沒有摧毀古典文教，反而促生了對古中國的強烈（甚至盲目）嚮往，使得此一另類的中華文化復興獲得了遠超出學院領域的廣泛動能。

　　在此情況下，衛禮賢的描寫令人驚訝，因為他在民國初年的艱困文化處境中，已明確主張，若新中國的現代化要成功，古中國與今中國勢必有所溝通。他相信，「通古今東西之變」是必要的：

> 如果一個人想要真正理解近幾十年出現的新中國，那麼僅僅看到表現出來的外部政治環境和軍閥之間的複雜鬥爭，還是遠遠不夠的。中國目前在發生的是雙重的歷史：第一種歷史是從歐洲傳入的軍國主義，其在相互鬥爭中已經氣息奄奄了，第二種歷史是逐漸有自我意識的、默默生長的中國文化。青年中國之精神運動的領袖們有時將之與歐洲文藝復興時代相比。此運動的確也是精神領域的一次再生。[2]

　　衛禮賢的民國經驗對察覺民國文化的規範價值或許有些幫助，因為讓遮蔽於軍事、政治、經濟和意識形態鬥爭的深層潛能顯現於世。

　　衛禮賢低估了所處情況的爆炸性後果，尤其低估了中華文明經過了清朝的統治，以及西方國家和日本的侵略暴力之下，到何種程度失去了文化自信，並陷入了你死我活的野蠻鬥爭。儘管如此，衛禮賢對清末民初的歷史轉折，確實發展出值得參考的哲學角度，而

2　Wilhelm, *Die Seele Chinas*, p. 104.

且在不同的歷史條件下，能呈現出嶄新意義。他對古中國與今中國之關係的理解認為，「新中國」並不是全新的開始，也脫離不了歷史的興與衰、死亡與重生的轉化邏輯。在此邏輯中，人類與自然界的變化是相互交錯的。無論多麼曲折，革命性的巨變和斷裂也能容納到《易經》的轉化思想。他深信，《易經》的思想並非過時。

衛禮賢一方面強調，忽略新中國已發生了革命性斷裂的中國形象是「違背真理」，另方面他也反對另一種觀點，認為對新中國的理解可不顧古中國的悠久歷史。在此背景下，他借用《易經》的轉化哲學來加以思考（《易經》的德文翻譯，很可能是衛禮賢在中國生活長達二十多年最重要的哲學及漢學成果）。他強調，「知幾」者能「從中解讀未來」，既承認《易經》作為卜筮之書的診斷和預測未來的意義，又觸及儒家詮釋傳統中所強調的歷史哲學、道德，及政治面向[3]。沉思過去、現在、未來之動態關係的關鍵在於「知幾」，在於認知新發展的精微開端，由隱微於現狀的趨勢，預知在未來才會顯明的現象。

衛禮賢歡迎新中國的到來。他特別和一些用心推進「通古今之變」的知識分子有所交流（如《中國靈魂》一書即是獻給友人蔡元培）。同時不能忽略，他對未來端倪直覺性的窺見，事實上也有明顯的局限。主要的理由在於他對「古代文化」的濃厚愛好。在居留

3　此處衛禮賢是指《易經・繫辭傳》的名句：「子曰：『知幾其神乎？君子上交不諂，下交不瀆，其知幾乎，幾者動之微，吉之先見者也，君子見幾而作，不俟終日。』」在《中國靈魂》前言中所謂「生成流變的端倪」（Keime des Werdens）意味著《易經》的當代運用。參見 I Ging. Das Buch der Wandlungen, aus dem Chinesischen übertragen und herausgegeben von Richard Wilhelm（München: Eugen Diederichs, 1989），p. 315.

青島期間，他尤其喜歡與深受古典教育的老派學者們交流（此交流之所以建立，是因為在當時有許多學者為逃脫文化政治的混亂而移居青島）。但他並不抱持懷舊心態，反而相信，從帝制時期的廢墟中重生的文化與精神生命，能夠並正學習如何在連續與斷裂之中通貫「古今中西」。

二、以三民主義為跨文化通道

衛禮賢對民國初年文化政治情境之理解，充滿了規範性的涵義。這方面的重要例子是他關於「中國革命領袖」孫中山的討論。相關表述分散於衛禮賢的各著作中，但仍能歸納出他對孫中山的基本看法。就衛禮賢而言，孫中山作為「集會點」（Sammlungsmittelpunkt）及「統一的象徵」[4]之意，奠基於溝通三種易生衝突的面向：一，「孫中山認識到哪一些來自中國古代的價值對新社會是必要的」[5]；二，堅持「古中國的基礎」並沒有妨礙孫中山以自由的方式「把西方的成就當作新中國社會的基礎」[6]；三，他對「社會問題」的關注，終究使他將「越來越多的社會主義思想」容納到他的政治理念之中[7]（衛禮賢強調，「社會主義的信念」不僅來自蘇聯的影響，因為「中國人的古典文獻」早已接近社會主義的理念[8]）。換言之，衛禮賢對孫中山形象的勾勒，在文化方面將之視

4　Wilhelm, *Die Seele Chinas*, p. 116.
5　Wilhelm, *Ostasien. Werden und Wandel des chinesischen Kulturkreises* (Potsdam: Müller & Kiepenheuer Verlag, 1928), p. 188.
6　Wilhelm, *Ostasien*, pp. 190-191.
7　Wilhelm, *Ostasien*, p. 180.
8　Wilhelm, *Die Seele Chinas*, p. 111.

為溫和但卻具有批判性的保守主義者，在政治方面將之視為強調憲政民主的自由派（威權的機制只能是暫時的），而在社會經濟方面則將之視為反對階級鬥爭的社會主義者。

顯而易見，衛禮賢所描寫的三面向，呼應著三民主義的理論格局，以及相關的政治綱領。雖然民族主義、民權主義和民生主義的關係和內容，經由孫中山本人的多次修改與調整，大體上呼應著法國大革命的三大原則：博愛、自由，平等，也對應著西方現代政治話語的三大意識形態：保守主義、自由主義、社會主義。在衛禮賢看來，孫中山的思想在中國新科學的發展裡，以及在「文學革命」[9]對白話文的創造中，已然獲得證實，是以「我們能夠看到中國進入偉大自覺的時刻」[10]。他也明瞭，三面向的溝通很困難（他明確批評歐洲殖民主義和資本主義在中國嚴重違反人權，造成破壞性的後果[11]），對孫中山思想的內部張力不甚理解，因而終究無法體會孫中山的政治話語所發生的激進化傾向，尤其無法解釋為何三民主義逐漸傾向於容納「越來越多的社會主義觀點」。

1928年衛禮賢出版了《東亞》一書。在以「危險與危機」為標題的章節中，他指出：「無論一切的混亂糾結，中國處在新時代的開端，大家看到來自西方的危險而願意做出堅定的回應。人們正在有意識地投入鬥爭，但問題是，此鬥爭的結果究竟為何。」[12]衛禮賢特別關注中國與西方殖民主義的鬥爭，忽視了國民黨內部及中國內部的政治鬥爭的災難性危機。孫中山逝世後，激烈內鬥立刻爆發，使得他的精神遺產陷入意識形態鬥爭的殘酷漩渦。在意識形態的鬥

9   Wilhelm, *Die Seele Chinas*, p. 123.
10   Wilhelm, *Ostasien*, p. 191.
11   Wilhelm, *Ostasien*, p. 182.
12   Wilhelm, *Ostasien*, p. 195.

爭中,「三民主義」的規範性價值很快地遭到扭曲與遮蔽。

　　無疑,孫中山不是一位偉大的理論家。《三民主義》的基本構想並非他個人獨自之創見。在滿清帝國崩潰之前,一群流亡日本的革命知識分子共同構思了大方向,而最後的版本是基於孫中山1924年的系列演講所擬(演講沒有完整的講稿,因為相關書稿在孫中山住家的火災中付之一炬)。對許多革命同志而言,三民主義過於理想化,但孫中山始終相信,這樣的指導性原則是必要的。由於在辛亥革命前後的種種挫敗,以及三民主義在他死後所引起之意識形態鬥爭和教條化,所以察覺其當代意義,用以部分重構民國文化的規範性價值極為困難。在此情況下,衛禮賢的回顧和反思至少有助於描繪此一規範性價值,並釐清民國思想有哪些資源具有發展潛力。在如何思考和實現「通古今東西之變」的巨大問題下,主要的潛力在於「跨文化」及「跨立場」的溝通。所謂「跨文化溝通」意味著「東方」(包含中國、日本、印度)的資源與「西方」(尤其是歐美)的文化資源藉由互相學習和互相批判,而產生相互穿透和轉化的跨文化格局;「跨立場溝通」意味著,弔詭地穿越相互排斥的立場,如保守主義、自由主義和社會主義。

　　在衛禮賢有關民國初年之文化與政治情境的描寫中,易於發現上述兩種要素。透過與當時重要學者知識分子的密切交往,他觀察到,文化自覺及對西方保持開放的學習態度並非相互違背,儘管兩者的關係有時面臨困難甚至衝突。其實,衛禮賢特別關注能讓兩者順利進入相互啟發、充滿活力的交流狀態。他在民國初年即實際見到,在互相排斥的不同立場之間,亦存在著溝通交流的可能。他所舉的例子依然是蔡元培在北京大學所扮演的角色:

　　在蔡元培管理北京大學期間,他把這所學校改造成了一個綜合

性的大學和研究機構。他把學校分成不同的院系。教導處負責
推舉大學的官員，因而它對整個機構的管理擁有獨立的權力。
蔡元培成功地網羅了一批年輕的傑出人才，科研活動以讓人難
以置信的活力開展起來。儘管由於財政狀況不佳，薪水很低，
有時甚至發不出薪水來，但教授們都以極高的熱情投入工作，
師生之間關係融洽。在這時的北京大學，蔡元培確定了思想自
由的原則，一些極端保守的教師都可以不受干擾地參與教學工
作。甚至反動的辜鴻銘都曾在北京大學任教過一段時間。[13]

　　在衛禮賢對孫中山政治話語的描寫中，跨立場的開放性和溝通
能力意味著創造和建立不同立場弔詭共存的通道。由此或許可初步
推論，民國初年的重要規範性價值隱含在跨文化、跨立場溝通機制
的萌生和建構：在極為艱困的歷史情境下，通古今東西之變，通保
守主義、自由主義和社會主義之變的可能性條件逐漸建立起來。然
而，「弔詭溝通」的萌生並未如預期成長，反而被歷史事件的暴力
快速淹沒。即便如此也不能就此抹滅此溝通機制的規範性價值。三

13　Wilhelm, *Die Seele Chinas*, p. 121-122. 歷史學家馮客（Frank Dikötter）
的觀點相似。他強調，1949年前的中華民國是中國與世界互動的「黃
金時代」："[…] there were literally tens of thousands of creative
individuals who were at the top of their fields, fully clued up with the rest
of the world in the decades before the communist takeover." Frank
Dikötter, *The Age of Openness: China Before Mao* （Berkeley and Los
Angeles: University of California Press, 2009），pp. 60-61。馮客的角
度與楊儒賓討論1949年對台灣的意義有所呼應。可參閱楊儒賓，
《1949禮讚》（台北：聯經，2015）；楊儒賓、何乏筆、錢永祥對
談，〈混雜、流離、現代性（「回到1949」展系列對談）〉，《文
訊》，第411期（2020年1月），頁48-56。

民主義的溝通格局僅於實驗性的部分實現，因而常被看成是失敗
的，然而，孫中山「跨文化越界者」和「溝通者」[14]的角色，難道
不是仍然隱含著突出的規範性價值？而且，經由幾十年殘酷的意識
形態鬥爭之後，難道孫中山弔詭共存的思想格局不是再度顯現出難
以否認的希望[15]？

三、從共和革命到共產革命

從魏復古（Karl August Wittfogel 或譯魏特夫）對民國早期的分
析來看，衛禮賢的解讀是非常可疑的。在實際的政治和社會鬥爭面
前，難道不是顯得極為天真，不是一種理想主義的美化？衛禮賢出
版《中國靈魂》（1926）與《東亞》（1928）的同時，魏復古的兩
本書問世：《覺醒中的中國》（1926）與《孫中山》（1927）[16]。

---

14 Marie-Claire Bergère, *Sun Yat-sen* （Stanford, California: Stanford
    University Press 1998）, p. 394, p. 6.

15 "Long considered in China itself as an unlucky pioneer or a frustrated
    utopian, Sun Yat-sen has been dismissed as a man of transition who
    occupied the stage for no more than an interlude, only until such time as
    the real hero could make his entrance. Mao Zedong, the man with an iron
    fist and an assured dogma, got the credit for restoring China's national
    sovereignty and institutional stability and for launching economic
    modernization. But （…） it may well be that in years to come,
    perspectives will change and, with the anticipated triumph of ‚Greater
    China' in the twenty-first century, communism in its turn will appear as
    no more than a transitory phase in the revolution and modernization
    prophesied by Sun Yat-sen." （Bergère, *Sun Yat-sen*, pp. 7-8.）

16 Karl August Wittfogel, *Das erwachende China. Ein Abriß der
    Geschichte und der gegenwärtigen Probleme Chinas* （Wien:
    Agis-Verlag, 1926）, p. 7; Wittfolgel, *Sun Yat Sen. Aufzeichnungen eines*

當時，他是法蘭克福社會研究所的成員，同時與衛禮賢所領導的「中國研究所」有所接觸[17]。他對「中國當代問題」進行了馬克思主義的分析（在二戰後，他改變了政治立場，成為著名的反共知識分子；本文僅限於討論1920年代的著作）。同時他也高度同情革命家孫中山的奮鬥，但同情的方式與衛禮賢大為不同。衛禮賢當時認為「中國的布爾什維克化」至少「在短期內」不會成功[18]。在為戴季陶《孫文主義哲學的基礎》德文版所撰寫的序言中，衛禮賢歌頌孫中山如下：

> 孫中山的偉大在於能找到儒家基本原則與新時代之間的靈活調和，此一調和將在中國的範圍外對全人類顯出其意義。孫中山融合了革命家的剛強堅持與革新者的偉大仁愛。在人類所有革命家之中，孫中山是最仁慈的。而此一仁慈來自孔夫子的遺產。因此，他的精神創作在於樹立能連接古今的橋樑。堅定地走上此橋樑將會為中國帶來福祉。[19]

據張君勱表示，衛禮賢是「我們這個時代的世界公民」[20]。在

（續）

chinesischen Revolutionärs, herausgegeben und eingeleitet durch eine Darstellung der Entwicklung Sun Yat Sens und des Sun-Yat-Senismus von K.A. Wittfogel （Wien-Berlin: Agis-Verlag, o.J. [1927]），p. 162.

17　參閱Wittfogel, *Sun Yat Sen*, p. 155。

18　Wilhelm, *Ostasien*, p. 184.

19　Richard Wilhelm, "Vorwort", in Tai Tschi Tao, *Die geistigen Grundlagen des Sun Yat Senismus* （Berlin: Würfel Verlag, 1931），pp. 8-9.

20　Carson Chang, "Richard Wilhelm. Der Weltbürger", in *Sinica*, Jahrgang 5 （1930），Nr. 2, pp. 71-73.

孫中山所倡導的理想（如博愛、仁愛、大同）中，他顯然看到了自己所認同的價值。

但對魏復古來說，戴季陶是「右派國民黨的主要理論家」，只不過是一位反動的修正主義者，僅試圖創造「資產階級的階級立場」，而否認孫中山以列寧（而非以孔夫子）為「中國革命的大師」[21]。由此觀之，衛禮賢支持右派國民黨的立場，魏復古反而主張左派國民黨才能正當接續孫中山的精神遺產。難以否認的是，魏復古的批判眼光對當時政治情勢進行了敏銳的分析，而能預測到共產主義將興盛於中國——別忘記，這是蔣介石所領導的「右派」國民黨藉由血腥打壓攻擊中國共產黨的時代。從共產革命的政治成功來看，魏復古似乎比衛禮賢更能「知幾」，更能從生成流變的端倪中「解讀未來」。

魏復古對孫中山以及對「新中國」之政治經濟情勢的討論，表達出衛禮賢所缺乏的歷史批判。藉由他的分析，能清楚看到毛澤東對共產革命的理念，是透過哪些策略性的決定，並且如何與孫中山所代表的「共和革命」（或所謂「民主革命」、「中國舊民主主義革命」）劃清界線——相似地，孫中山及其追隨者也曾經與康有為所代表的「保守革命」劃清界線。魏復古表明，孫中山與毛澤東對「革命」的理解，儘管有所重疊，但卻代表著中國的兩種現代化範式。由此角度觀之，毛澤東所偏好的現代化策略將在三民主義的每一原則中融入對共產黨政治鬥爭有利的策略性分裂：首先是民族主義與傳統文化（以儒家為代表）的分裂；再者是民主與公民（資產階級）自由之間的分裂：為了達成人民（尤其是工人和農民）的權力，必須對抗資本主義，並且以無產階級民主取代公民民主；最後

---

21 Wittfogel, *Sun Yat Sen*, pp. 144-145.

認為，藉由孫中山所提倡的調和態度，民生主義所蘊含的平等原則根本無法實現，因而需要加強階級鬥爭。根據衛禮賢有關三民主義的理解，三種主義相輔相成，是可互通協調的，但就魏復古而言，三者不能共生共存，反而構成了歷史進程中的三階段。無論是從孫中山個人的生平發展或從中國革命史來看，皆是如此。魏復古尖銳分析的優點在於暴露孫中山理論的不足和脆弱，並且能說明哪些歷史因素迫使孫中山自己不得不走上了激進化的道路，使其成為共產革命的先驅者[22]。

　　魏復古認為，孫中山革命意識的局限，在於拒絕成為共產主義者或馬克思主義者[23]。從共產主義的角度來看，孫中山作為跨文化和跨立場溝通者，總是無法解開不同現代化路線之間的死結，仍被困在儒家如何現代化、中國的民主治理如何建立、公平的民生條件如何實現的難題之中。當時在中國代表共產國際的印度革命家羅易（Manabendra Nath Roy），對孫中山的批評比魏復古還更加露骨（魏復古在《覺醒中的中國》也提到他）。羅易在《中國的革命與反革命》中指出，孫中山只不過是以「反動的、小資產階級的激進主義為核心」的使徒[24]，既不清楚古中國與新中國之間的不可協調，又不明白代議民主的小資產階級性質必須被超越：

> 孫中山從未明確支持過革命民主〔即無產階級民主〕，因為他沒有認識到，若不徹底消除古中國就無法建立新中國。他行走在孔夫子的足跡上，努力於尋找古中國的社會情況與爭取現代

22　參閱Wittfogel, *Sun Yat Sen*, pp. 149-150.

23　Wittfogel, *Sun Yat Sen*, p. 149.

24　Manabendra Nath Roy, *Revolution und Konterrevolution in China*（Berlin: Soziologische Verlagsanstalt 1930）, p. 241.

民主之間的妥協公式。他的三民主義涵蓋這樣的公式〔……〕。[25]

對羅易來說，孫中山直到逝世為止，仍被困在民族主義、民權主義、民生主義三者的弔詭格局之中，找不到徹底解開死結的方案。與此不同，魏復古認為，孫中山晚年的社會主義轉折，意味著決定性的步驟，以化解三種不可協調的政治原則所構成的糾結。他表示，孫中山「看到了未來的端倪，而且老年時自己也已走上了此一道路。不過，他停留在此軌道的開端。他只看到了道路的起點，而虧欠他非常多的中國勞動民眾，將會接續他的遺產而繼續走上這一條路。」[26]他以革命的激情結束《孫中山》一書的導論：

> 東亞的歷史將會「超越」孫中山，但如同第二部超過第一部那樣。如果沒有第一部在先，第二部便不可能。第二部「揚棄」第一部，而以革命的方式從中生長出來，第二部同時接續與毀滅第一部。只有如此，孫中山能夠既在理論上又在實踐上被正確地尊敬──並且被正確地「超克」。[27]

值得留意的不僅是魏復古關於必須超越孫中山的判斷，也是他關於孫中山自我超越歷程的描寫。因為能夠不斷地超越自己，他才逐漸醞釀了革命家的條件。魏復古指出：

> 四十年來，中國的革命（以孫中山為主腦）經過了一系列的發

---

25 Roy, *Revolution und Konterrevolution in China*, p. 209.

26 Wittfogel, *Sun Yat Sen*, p. 149.

27 Wittfogel, *Sun Yat Sen*, p. 150.

展階段，而為了克服這些階段，西方國家各自花了幾十年甚至
幾百年的時間。〔……〕孫中山的力量是他發展能力的力量，
是他能應付新的需求、新的革命情境的力量。[28]

　　他進一步區分孫中山個人及整個中國革命史所經過的四種歷史
階段：一、「晚期中世紀」的農民起義（到了1895年孫中山同情太
平天國）；二、「早期資產階級」時期對君主立憲制的要求，以及
逐漸傾向顛覆滿清的激進化（1895到1905）；三、對公民（資產階
級）革命（bürgerliche Revolution）的要求，以及為了共和的奮鬥（1900
到1921）；四、1922年以來支持「所有被壓抑之階級的革命統一戰
線」的社會主義鬥爭。根據此敘述可發現，1924年的《三民主義》
的民族主義與第二階段相應，民權主義與第三階段相應，且民生主
義與第四階段相應。三民主義的規範性要求乃在於：一、民族主義
與文化重構的和解；二、代議民主與現代經濟的和解；三、避免階
級鬥爭的社會主義。

　　魏復古有關孫中山個人發展與革命發展之關聯的陳述，應該不
會引起太大的爭論。不過，他以馬克思主義的歷史哲學解讀三民主
義的發展具有明顯的盲點。如果避免將三種「主義」的關係片面地
理解為歷史目的論下的發展階段，反而將之理解為三種「規範性原
則」之間的動態格局，三種原則之間的「規範性弔詭」很可能不能
完全化解，但關係也不必然要陷入你死我活的殘酷鬥爭之中。

　　的確，痛苦的歷史經驗迫使孫中山懷疑三民主義過於和諧的構
想：對民族主義（保守主義）、民權主義（自由主義）、民生主義
（社會主義）的思考，可參考儒、道、佛「三教合一」的範式，但

28　Wittfogel, *Sun Yat Sen*, p. 138.

不應該過於強調三者的「和」而忽略三者的「不同」。經由長久的意識形態鬥爭後，重新反思現代政治三大意識形態的關係是必要的。在此歷史處境下，孫中山的革命範式較之毛澤東的革命範式具有顯著的優點：前者更能夠回應混雜的現代化，更能夠以跨立場的溝通回應現代政治和文化所形成的弔詭格局，也更能夠回應「通古今東西之變」的跨文化任務。可惜的是，孫中山思想的潛能被「三民主義」的意識形態化所遮蔽。在資產階級革命與無產階級革命或在自由民主與人民民主的鬥爭下，通貫保守主義、自由主義、社會主義，以均衡實現博愛、自由、平等的規範性理想，成為了難以想像的世界夢。

四、結語

　　中國的歷史的確「超過」了孫中山。共和革命的「尚未成功」與共產革命的「成功」息息相關。共產革命真的「成功」了嗎？從另外的角度看，共產革命的「成功」是否僅是因為共和革命仍然「尚未成功」。三民主義所設想的「新通三統」仍然富有規範性價值，不僅從未過時，恰好相反，其以「通古今東西之變」為基礎，推展保守主義（或說古典文教）、自由主義和社會主義的「弔詭溝通」，是更值得重視的視野。
　　尤其在1989年之後，共產革命的「成功」便顯現出其「失敗」的反面。儘管「三民主義統一中國」的口號早已成為了笑話，孫中山作為「集會點」的意義仍未消失。或者說，魏復古當時無法預料，中山思想對照中國的後共產主義未來不可或缺。這方面，衛禮賢的民國經驗反而更能察覺未來之「幾」。在民國初年的雜亂中，他更能從發展的端倪中，把握民國文化的規範性價值。儘管衛禮賢與魏

復古對孫中山的討論，在許多方面是對立的，但在今日，對要繼承古今東西通變之倫理態度的學者而言，連接衛禮賢與魏復古的視角，似乎有助於釐清中國當前的文化和政治處境，有助於走出意識形態鬥爭的災難性脈動，有助於拒絕盲目地跟從前人在特定歷史情境下所作的單面抉擇。

　　可確定的是，經由20世紀的諸種殘暴和曲折的發展，共產革命並未化解保守主義、自由主義和社會主義，以及博愛、自由和平等的規範性弔詭。相反的，在中國大陸，傳統文化的復興、自由市場的推動和馬克思主義中國化能否弔詭共存仍然是急迫的當代問題。「古今中西」的通變與「中、西、馬」的對話是「尚未成功」的重任。「孫中山」的過時及其不足大家耳熟能詳，但他尚未敞開的潛能大家難能知想。中華民國的規範性價值是否隱藏在「國父」的不足和挫敗之中，在他無力無用的缺陷之中？

　　何乏筆 Fabian Heubel，中央研究院中國文哲研究所研究員，中山大學哲學研究所合聘教授，德國法蘭克福歌德大學哲學系兼任教授。研究領域：跨文化哲學、批判理論、漢語哲學、西方漢學、藝術哲學。專書：*Das Dispositiv der Kreativität*（2002），*Chinesische Gegenwartsphilosophie zur Einführung*（2016），*Gewundene Wege nach China: Heidegger – Daoismus – Adorno*（2020）.

貨幣、圖像與國家[*]：
中華民國的臺灣化，1945-2002

林滿紅

前言

1945年10月25日，依照麥克阿瑟命令第一號，日本最後一任臺灣總督安藤利吉（1884-1946）向中華民國臺灣省行政長官陳儀（1883-1950）投降。陳儀此項任務受到軍事委員長蔣中正的任命[1]。1945年12月17日在重慶的中華民國政府計劃在臺灣流通的貨幣上加上中華民國的國號與紀年。然而，臺灣將使用臺灣銀行所發行的臺幣，中央銀行發行的法幣不得在臺灣流通[2]。

臺（台）灣銀行成立於日本統治臺灣時期，經中華民國改組。是這個銀行，而非中華民國的中央銀行，承擔了原來日本政府對臺

---

[*] 本文另以英文詳版發表於*Twentieth Century China*（John Hopkins University Press），42:3（Oct. 2017），pp. 274-296.

[1] 國史館，〈中山堂受降檔案分析〉，《國史館館訊》，第五期（台北，2010），頁158-163。

[2] 〈整理臺灣幣制〉，《天津大公報》，1945年12月5日（重慶二日發專電）；史全生、費曉明，〈光復初期關於臺灣幣制的爭論和臺幣的發行〉，《民國檔案》，2001年第1期（南京，2001.2），頁95-100。

灣銀行券持有者的負債。臺灣與中國大陸雙方的貨幣，如同不同國家間一樣，要計算匯率。在中國大陸，1945年7月3日政府已公布法律取消省銀行發行紙幣的權利；中央銀行在各省設有分行發行印有該行名稱，並有該行建築圖像的法幣[3]。臺灣則是例外。臺灣沒有建立中央銀行的臺灣分行，而臺幣上印有臺灣銀行總行的建築圖像[4]。

1949年，中華民國政府在臺灣發行新臺幣以取代臺幣。2000年通過的「中央銀行發行新臺幣辦法」明確規定新臺幣為中華民國的國幣。2002年以後，「中央銀行」字樣、該行印章和總裁職章也印在新臺幣上[5]。

2000-2002年的改革源自臺灣內部的民主化。但本文發現，即使在蔣中正統治臺灣期間，1960年以後鈔票圖像上的建築物改為總統府。在1949年到1960年間的「第一印刷廠」或「臺灣銀行印刷所」字樣，1961年為「中央印製廠」字樣所取代[6]。同年，中央銀行在臺灣復業，並開始在紙幣上印製「中央」水印。1964年行政院核定梅花為國花後，梅花不斷出現在新臺幣之上。象徵中華文化復興運動與臺灣推動民主體制的中山樓圖像，則於1969年出現在新臺幣之上。這些貨幣圖像透露，即使在蔣中正總統領導下的臺灣，並不是

3　郭榮生，《中國省銀行史略》（台北：中央銀行經濟研究處，1967），頁127、301。

4　許義宗，《中國紙幣圖說》（台北：江台郵幣社，1981），頁403-424。

5　國史館，《你也可以當總統》（台北：國史館，2012），頁178-180、末頁；《中央銀行發行新臺幣辦法》，https://www.cbc.gov.tw/public/Attachment/6322152402.pdf（檢索日期：2018年6月1日）；林邵彥，〈新臺幣圖案的歷史意義——以鈔票為例〉（中國文化大學歷史學系碩士論文，2011），頁15-16、36。

6　許義宗，《中國紙幣圖說》，頁403-457。

只在「大中國」的意識形態下發展[7]。將臺灣視為受中國文化和西方民主影響的「小中國」的認知，也影響了臺灣的政治經濟。

在分析1946年到2002年間臺灣貨幣圖像所顯示的中華民國與臺灣越來越是結合的過程當中，本文將指出國際史在其中所發揮的作用。比方說，在蔣中正去世之前，臺灣貨幣上只有孫中山頭像。這受到了二次大戰後期日本所扶持的汪精衛政府的印刷廠的影響。中央銀行在臺灣的復業則得到美國的協助。藉由檢視臺灣貨幣圖像的變化，本文將梳理跨躍1945年和1949年的歷史延續性及斷裂性，以及全球歷史與中國和臺灣歷史間關係等議題。

本文利用國史館和中央研究院存藏的中華民國檔案、新聞、貨幣圖錄等進行研究。全文先描繪1946-1960及1961-1975年間臺灣貨幣上的圖像。隨後將指出蔣中正時期如何為往後臺灣貨幣圖像中的中華民國臺灣化奠基。最後將摘述在蔣中正和後蔣中正時期影響臺灣貨幣圖像的因素，並比較傳統中國、1949年以前的中華民國、以及中華民國在臺灣時期的貨幣圖像。

貨幣上的圖像，1946-1960

1946年5月11日，在臺北發行的《民報》（第一期第二頁）報導，臺灣銀行將於5月20日改組後重新運作。臺灣銀行發行的臺幣將循原有臺灣銀行券的管道流通。新舊兩幣的兌換比為1：1。

7　Cf. Man-hZZZ Lin, "Taiwan's Sovereignty Status: The Neglected Taipei Treaty," in Kimie Hara（ed.）, *The San Francisco System and Its Legacies: Continuation, Transformation, and Historical Reconciliation in the Asia-Pacific*（London and New York: Routledge, 2015）, pp. 129-135.

　　臺灣銀行於日本統治臺灣時期的1899年成立。為方便日本資本
進出，並加強臺灣與日本本土的關係，日本在1895年5月8日開始統
治臺灣後，逐步改革臺灣的貨幣制度。針對臺灣市面上兩百多種的
貨幣，臺灣銀行禁止銀元以外的貨幣、未加工的銀塊、中國和香港
的銀元流通，銀元限用日本龍銀[8]。

　　日本龍銀於1871年開始發行。1886年日本開始發行銀元券，建
立了銀本位的紙幣制度。1897年日本本土利用馬關條約中的中國賠
款，改行金本位。但在習慣用銀的臺灣則先採行銀本位，以銀元或
銀元券為主要貨幣。銀元由政府機關收納之後不再支出，對於民間
之流通銀元則政府不加干涉。1904年初因銀價相對金價上漲，臺灣
人民以銀易金，將蒙其利，日本政府趁機在臺灣改行金本位。但臺
灣並無足夠黃金作為準備，是透過法律使臺灣銀行券與有黃金作為
準備的日本銀行券等值流通[9]。

　　在日本統治臺灣初期，臺灣銀行券正面使用龍鳳圖案，印有銀
行名號、面額之日英文對照。1918年第一次改版，正面一律印圓山
官幣大社臺灣神社圖像，背面印臺灣最南端之鵝鑾鼻燈塔[10]。1931
年日本進入十五年戰爭期，取消了英文，並改用臺灣銀行頭取（經

8　張翰中，〈戰後初期臺灣貨幣改革之研究——從臺灣銀行券到臺幣
　　的發行〉（台南：國立成功大學歷史學系碩士論文，2008），頁31、
　　35。

9　張翰中，頁32-36; Michael Schiltz, *The Money Doctors from Japan:
　　Finance, Imperialism, and the Building of the Yen Bloc, 1895-1937*
　　（Cambridge, Mass., London: Harvard University Asia Center,
　　distributed by Harvard University Press, 2012），pp. 26-57; 作者於2014
　　年3月8日參訪日本銀行貨幣博物館筆記。

10　許義宗，《臺灣貨幣圖說》（台北：圓融文教基金會，1999），頁
　　56、62-64、66-69、76-88。

理）職章，取代西方式的經理簽名。1937年，百元券正面出現日本
皇室十六瓣菊紋徽章，為彰顯臺灣特產，拾圓券印有鳳梨與香蕉底
紋。由於1931年的九一八事變，臺灣銀行決定放棄金本位，並將日
本銀行券加入臺灣銀行發行準備中，以方便日本調控臺灣的貨幣供
給來支援戰爭。這些發展使臺灣面臨通貨膨脹，但幅度較重慶的中
華民國小[11]。

　　1941年日本發動太平洋戰爭，中華民國正式對日宣戰，並加入
同盟國的行列。1942年中華民國外交部長宋子文（1894-1971）發表：
「我國戰後決定收復臺灣、澎湖、東北四省等失地」之文告。1943
年中、美、英三國共同發表「開羅宣言」，宣布日本戰敗後必須將
東北、臺灣和澎湖等領土歸還中華民國。中華民國政府於1944年在
中央設計局內成立「臺灣調查委員會」，著手擬訂臺灣的收復計畫[12]。

　　到1945年6月以前，臺灣調查委員會幾乎未作出有關臺灣貨幣的
任何決定。1945年7月，美國空軍日以繼夜的轟炸日本工業城市。眼
看日本投降是早晚之事，中華民國也更積極準備接收事宜。但為免
惡化的大陸通貨膨脹波及臺灣，1945年8月至10月間雖有財政部長兼
中央銀行總裁俞鴻鈞（1898-1960）希望由中央銀行主管臺灣金融，
將臺灣金融與中國合一，經行政長官陳儀力爭，美國顧問也支持，
中央政府最後決定沿用原臺灣銀行而發行臺幣。陳儀先是阻擋代表
法幣的「臺灣流通券」，繼而排除中國大陸的金融體系入主臺灣[13]。

　　1946年5月20日臺灣省行政長官公署正式接收株式會社臺灣銀

11　張翰中，頁39、61。
12　蘇珈瑤，〈從「地方貨幣」到「國幣」：新臺幣相關地位爭議及其
　　影響（1949-2000）〉（國立臺灣師範大學歷史系所碩士論文，2013），
　　頁12-18；張翰中，頁45、55、60、62。
13　張翰中，頁45、55、60、62；蘇珈瑤，頁4-5；史全生，頁96-97。

行，並改組成立臺灣銀行，經報奉核定於1946年5月22日發行臺幣（俗稱舊臺幣），僅在臺灣地區流通行使，法幣或金圓券等國幣在此不能通行[14]。臺幣上的臺灣銀行與臺幣皆書寫成「台灣銀行」與「台幣」。

針對汪精衛國民政府的中央儲備銀行券與華北的聯合準備銀行券，中華民國占領軍規定這些舊幣的折換率僅為面額的30%。這些地區的民眾對重慶政府的期待，迅速轉為絕望[15]。為防止相同的混亂發生，新發行的臺幣，以等值兌換原有的臺灣銀行券。同時，臺幣的發行經歷了一年多的準備期。

孫中山的圖像和印製廠字樣

除了中華民國的國家名稱和紀年之外，臺幣也開始印上在1940年被重慶政府尊為國父的孫中山的圖像[16]。在日本統治時期，臺灣的貨幣沒有國家領袖頭像，1946年以後的孫中山頭像則將臺灣的貨幣與國家更緊密地聯繫在一起。

兩千年來，中國人的貨幣並沒有國家領袖頭像。直到1912年3月11日，孫中山臨時大總統批准鼓鑄帶有大總統肖像的紀念幣與流通幣，中國國家領袖的頭像才經過行政程序以貨幣圖像進入人民的日常生活中[17]。之後，孫中山頭像一再出現於中華民國的貨幣上。

---

14 郭榮生，頁127、301。

15 鄭會欣，〈關於戰後偽中儲券兌換決策的制定經過〉，收於吳景平、戴建兵主編，《近代以來中國金融變遷的回顧與反思》（上海：上海遠東出版社，2012），頁312-334，特別是330-333。

16 國史館，《你也可以當總統》，頁19。

17 有關兩千年來之相關變化，詳見：林滿紅，〈兩千年間的「佛」與「國」：傳統中國對西方貨幣領袖頭像的認知〉，《中國經濟史研究》（北京：中國社會科學院經濟研究所），2018年第2期（3月號），

1945年以後，蔣中正頭像才出現在中國大陸的貨幣上。但1945到1949年間，中國大陸的貨幣又有孫中山、又有蔣中正的頭像，臺幣則只有孫中山的頭像[18]。

臺灣銀行的第一批紙幣由上海的中央印製廠印製。這間印製廠原是日本支持的汪精衛政府所有。汪政府為強調其繼承孫中山所創中華民國的正統地位，其所發行的貨幣無論面額大小，都只有孫中山頭像[19]。在1945-1949年間，政治的動盪和技術上高度依賴這間上海印製廠，是臺幣與中國大陸有所不同的一項原因。

日本統治時期的臺灣銀行沒有紙幣印製廠。當時的臺灣銀行券是由日本印製後運交臺灣使用。戰爭末期因海空交通為盟軍封鎖，改由臺灣銀行自1944年起以甘蔗與香蕉葉纖維平版自行印製，品質粗糙[20]。這個印刷廠，戰後稱為第二印刷廠，因為技術不足，不再印製紙幣[21]。

重慶政府於1941年成立中央印製廠。1945年9月該廠接收汪精衛政府位於上海的中央儲備銀行印刷廠，成為其上海廠，並奉准運用「中美租借法案」款項，向美國購置新式印鈔設備，於1946年陸續運交，戰時遴選派赴美國學習之技術人員先後返國。第一批臺幣，

(續)——————————

　　頁5-22。

18　國史館，《你也可以當總統》，頁134、141-142、170、175。

19　國史館，《你也可以當總統》，頁166；許光、梁直，《日偽政權
　　舊紙幣圖錄》（哈爾濱：黑龍江人民出版社，2005），頁101-136；
　　徐楓、趙隆業，《日偽政權銀行貨幣圖鑑》（北京：中國社會科學
　　出版社，1991），頁81-97。

20　張翰中，頁32-36，頁98-99。

21　中央印製廠編，《中央印製廠建廠六十週年紀念》（台北：中央印
　　製廠，2001），頁84。

是由中央印製廠上海廠印製[22]。

　　1945年戰爭結束，全中國正忙於復員與接收工作，法幣需求量大增，中央印製廠趕不及印製所需紙幣，曾委託國內各書局代印，臺幣是由大東書局承印。大東書局總經理陶百川（1901-2002）於1946年致蔣中正總裁的信函透露，書局在出版方面除為國民黨負責宣傳之外，又為政府印製紙幣[23]。

　　臺灣銀行並邀請大東書局江西廠廠長王兆年（1895-？）來臺建廠，並於1947年8月開工，稱為第一印刷廠[24]。王兆年之前已有36年的印鈔經驗，曾在財政部與商務印書館的印鈔業務中學取美國和日本的印鈔知識與技術，也在大東書局的印鈔業務中培植很多相關人才。來到台灣後，王同樣以極高的熱忱領導他的部屬[25]。第一印刷廠1952年轉為臺灣銀行印刷所，而於1961年併入中央印製廠。1949年遷臺的中央印製廠，其設備與人員均來自上海。在中央印製廠的現行印刷廠於1978年建立之前，該廠主要仍沿用1945年由汪精衛政府的印刷廠所提供的技術[26]。

1949年以來較低面額的新臺幣

　　1949-1960年間，新臺幣上的國家圖像要素幾乎與1946-1949年

22　中央印製廠編，頁37、45。
23　「國史館檔案」，卷名：鈔券發行印製 137.001084100A003，檔案號碼：001084100003127a－001084100003129a。
24　張翰中，頁98-99。
25　國史館檔案，全宗名：軍事委員會侍從室，全宗號：129，入藏登錄號：129000100753A，卷名：王兆年（王雪樵）。
26　中央印製廠編，頁66、84。.

的臺幣一致，但面額卻有很大的不同。1946-1949年的面額有1角、5角、1元、10元、50元、100元、500元、1,000元和10,000元，但1949年發行的新臺幣只有1元、5元和10元[27]。這與該年進行的貨幣改革有關。

　　1945年以後，臺灣的通貨膨脹更為惡化，原因有三：一為軍政機關的借款，如臺灣糖業公司奉政府命令捐獻，又缺乏營運資金，只能向臺灣銀行借貸。二為戰後復員建設的借款。1946年時此種放款占臺灣銀行放款總數的76.91％，隔年還增長至80％以上[28]。三為行政長官公署訂定一元臺幣兌三十五元法幣之低估臺幣匯率，其後雖採機動調整，但一直跟不上法幣貶值的速度，造成大量法幣換取臺幣的現象[29]。從1949年1月到6月，躉售物價指數平均每月上升57.25%[30]。

　　嚴重的通貨膨脹使臺幣瀕臨崩潰。1949年6月15日臺灣省政府公布「臺灣省幣制改革方案」、「新臺幣發行辦法」，發行新臺幣取代臺幣，臺幣4萬元折合新臺幣1元，限期兌換[31]。

　　1949年12月9日，中華民國中央政府遷移臺灣，財政赤字占中央政府支出31.6%。藉由美國在1950-1965年間的援助增加生產和出口，臺灣銀行不再需要過度發行貨幣，在穩定的購買力基礎上，新臺幣維持其低面額[32]。由於交易額的增加，1961年開始發行100元面額，接著是1976年的發行500元和1,000元面額，和2001年的發行200元和2,000

27　中央印製廠編，頁61-63、頁74-86、頁88-91。
28　程世仁，〈國家建立與中央銀行之復業〉（東吳大學政治學系碩士
　　論文，2003），頁43。
29　張翰中，頁86，102-103；程世仁，頁43。
30　吳聰敏，〈臺灣戰後的惡性物價膨脹（1945-1950）〉，《國史館
　　學術集刊》第10期（台北，2006），頁148-154。
31　陸大同，〈我國中央銀行沿革及幣制演變〉（未出版手稿）。
32　吳聰敏，頁148-154。

元面額。未曾出現1949年臺灣的一萬元或中國大陸的六十萬元面額[33]。

1949年-2002年的「臺灣銀行」字樣

從1949年到2002年，「臺灣銀行」字樣在臺幣上持續出現，臺灣銀行的「台」字轉為繁體的「臺」[34]。

1949年中國、交通、農民三家國有銀行與中央銀行同時遷臺，但組織、人員都大幅縮減。中央銀行僅餘六個單位，職員只剩140人。在中國大陸，中央銀行有71家分行，但在臺灣一家也沒有[35]。其他三大銀行，也只在臺灣設立總管理處，且在臺灣島內未重新營業，僅中國銀行的海外分行維持業務。

行政院於1951年5月頒布「中央銀行監督指揮臺灣銀行新臺幣發行業務辦法」。但因中央銀行職員人數只剩140人，包括貨幣發行、國庫收支、外匯等業務，均由臺灣銀行代理。此時臺灣銀行同時承擔一般商業銀行與中央銀行的雙重任務[36]。

臺灣貨幣圖像的統一

在1949年之後，中華民國的貨幣以統一的圖像在臺灣各地流

---

33 國史館，《你也可以當總統》，書末摺頁。

34 國史館，《你也可以當總統》，書末摺頁。

35 陳思宇，〈冷戰、國家建設與治理技術的轉變：戰後臺灣宏觀經濟治理體制的形成（1949-1973）〉（台北：國立臺灣大學歷史學系博士論文，2011），頁155-156。

36 國史館，《你也可以當總統》，頁178-180；林紹彥，頁15-16、36；郭榮生，頁129；蘇珈瑤，頁31、36。

通，只有金門、馬祖和大陳等反共前線地區略有不同。

　　大陳、金馬曾使用與臺幣或新臺幣形式、面額大致相同的貨幣，但為如「限制金門地區使用」的地名券。大陳於1955年淪陷，金門、馬祖之地名券則於2002年6月30日配合「金門新臺幣行使辦法」、「馬祖新臺幣行使辦法」廢止，停止流通[37]。

　　相對於印鈔技術之受大陸時期中華民國影響，戰後臺灣統一的貨幣圖像則繼承了戰前的臺灣。日本政府將原為200多種的臺灣貨幣加以統一。在原有貨幣之中，即使是清朝政府鑄造的制錢也不是國幣。不同的地方或部門的鑄局鑄造只供該地方或部門使用的制錢。這種中國傳統可以追溯到西元前770年至西元前255年使用布幣或刀幣的時期，也影響了朝鮮、越南和日本[38]。在大陸時期的中華民國，當中央銀行與另外三個在中國大陸的官方銀行發行貨幣時，外國或本國的民營銀行也發行不同種類的貨幣。特別是在其他政權林立之時，它種貨幣與在重慶的中央銀行發行的貨幣並存。戰後的中華民國在日本統治時期統一的基礎上建構國幣。1959年中華人民共和國在西藏採用人民幣之後，也完成了貨幣的統一[39]。這些都揭示了中國幾千年歷史的新發展。

1960年代的重要改變

37　臺幣新臺幣圖鑑編輯委員會編，《臺幣・新臺幣圖鑑》（台北：中央銀行發行局，1998），頁109-113。

38　J. H. Stewart Lockhart, *Currency of the Farther East: From the Earliest Times up to 1895* （Hongkong: Noronha, 1907）, vol.1: 5-10, 22-23, 45, 56, 61-67, vol.2: 1-12, 66-68, 74-89, 127-129, 138-142.

39　中華人民共和國貨幣統一過程詳見董志凱，〈人民幣之初〉，《黨史文匯》第9期（1995），頁17-20。1955年中華人民共和國採行人民幣改革，以一萬元舊幣換一元新幣。

1960年代，中華民國進一步將其貨幣圖像臺灣化。

總統府、中央印製廠與梅花

1961年臺灣紙幣背面的建築由1946年以來的臺灣銀行總行改為總統府，而正面仍維持孫中山的頭像[40]。

在1945至1949年間的臺幣時期，紙幣上印的承印單位有中央印製廠及第一印刷廠。但在1949年印新臺幣之後，1949年到1959年間臺澎部分的承印單位轉為臺灣銀行印刷所，金馬地區則主要依然為中央印製廠（或中央印製廠臺北廠）及第一印刷廠，偶而馬祖出現臺灣銀行印刷所。臺澎部分，1960年未印承印單位，1961年以後則改為中央印製廠[41]。

1964年中華民國行政院核定梅花為國花[42]。它經常出現在中華民國的貨幣上：1969年5圓紙幣上有梅花水印，拾圓紙幣上除了有梅花水印，還有梅花紋飾鑲在「拾圓」兩字周邊[43]。1976年版10圓、50圓、100圓、500圓、1000圓紙幣的幣值的上下或左右都有梅花裝飾[44]。1988年新臺幣首度提供協助盲胞或失去視力者的盲人點，是以梅花來表示[45]。

40　日本臺灣總督府於1919年落成。1945年因美軍轟炸而受到相當程度的損壞。中華民國在1946-1948年間予以修復，並於1950年之後用為總統府。參見林滿紅主編，《總統府一樓展覽「從總督府到總統府」：建築的故事》（台北：國史館，2009）。

41　許義宗，《中國紙幣圖說》，頁403-457。

42　中華民國總統府網站為http://www.president. gov. tw。

43　許義宗，《中國紙幣圖說》，頁426，430-433。《中央日報》（台北），1961年12月3日，版5。

44　簡義雄，《臺灣錢淹腳目》（台北：作者自印，2006），頁245。

45　臺幣新臺幣圖鑑編輯委員會，頁22。

　　大陸時期的中華民國政府，有時會將黨徽用在貨幣上[46]。1928
年和1930年的「中華民國國民政府組織法」在第一條或前言規定由
國民黨領導國民政府[47]。這與現行中華人民共和國的憲法相同。相
反地，1947年在中國大陸公布而主要在臺灣實施的中華民國憲法，
絲毫沒有提及領導的政黨。這透漏了臺灣時期的中華民國較為強調
國家，而在中國大陸時期則較為強調政黨。

中山樓的出現

　　中山樓的建築圖像1969年開始出現在新臺幣上。這棟建築於
1966年11月12日落成。11月12日是孫中山的誕辰日。這棟建築用以
紀念根據西方民主理念建立中華民國，並宏揚中國文化的孫中山。
相對於中國大陸於該年展開文化大革命，11月12日這一天也是在臺
灣的中華民國的中華文化復興節[48]。

　　清代民間紙幣有時會刻印〈朱子治家格言〉[49]。儒家符號在1912
年以後的出現，最明顯的是與日本合作政權的貨幣。孔子與孟子頭
像出現在滿州國和華北的聯合準備銀行的貨幣上[50]，南京與重慶國

46　有關大陸時期中華民國硬幣上的黨徽圖像可參考：Write, Richard N
　　J. Joe Cribb and Helen Wang （eds.），*The Modern Coinage of China
　　1866-1949: The Evidence in Western Archives*（London: Spink, 2012），
　　p. 16.

47　國民政府秘書處，《國民政府公報》，第99號第13期 （1928年10
　　月8日）；1930年第631號命令（1930年11月17日）。

48　林紹彥，頁56。

49　林滿紅，《銀線：十九世紀的世界與中國》（台北：國立台灣大學
　　出版中心，2011），頁175。

50　國史館，《你也可以當總統》，頁162、163、165、166。

民政府的紙幣圖案上有孔廟、至聖林[51]。但都不如1969年出現在新臺幣上的中山樓那般，是統治者領導的儒家文化復興運動的一環[52]。

中山樓也是國民大會開會選出總統的場所，象徵著中華民國的民主體制。

「中央」水印

中央銀行至1961年方始復業，並逐漸取代臺灣銀行之發行貨幣業務。1961年所發行壹圓紙幣出現「中央」水印，之後1964年的50圓、100圓紙幣上及1968年的5圓及1969年的10圓紙幣上也有「中央」水印[53]。

1949年中央銀行遷臺，但由臺灣銀行承擔該銀行的責任，產生許多問題。臺灣銀行隸屬於省政府之下，但有關國家經濟政策，究竟聽命於中央政府還是省政府常產生衝突。另外，臺灣銀行沒有能力進行公開市場操作，以便在經濟力提升時，增加貨幣供給，來滿足貨幣需求。1959年6月11日，美國國際合作總署駐華共同安全分署署長郝樂遜（Wesley C. Haraldson）提出「加速經濟發展計劃綱要」八點作為中華民國的施政參考，在當時受到社會的廣泛關注。中華民國的行政院美援運用委員會於1959年12月公布十九點財經改革措施，以為因應。其中第十五點和第十七點內容「將建立中央銀行制

51 許義宗，《原色中國紙幣圖說：中央、中國、交通、中國農民銀行篇》（台北：許義宗自印，1994），頁38-39、170-174、180、185；許義宗，《中國紙幣圖說》，頁64-66、275-276、286。
52 教育部文化局編，《中華文化復興：蔣總統文告暨訓詞》（台北：教育部文化局，1971），頁1-3。
53 許義宗，《中國紙幣圖說》，頁426，430-433。

度，使負責調整利率，進而對信用加以控制，以穩定經濟。」[54]

在中華民國的政治經濟領袖與曾服務於美國聯邦準備銀行多年的美國顧問鄧明（F. L. Deming）及李安樂（R. F. Leonard）的合作下，1961年6月中旬完成「中央銀行復業方案」。經蔣中正總統核定後，中央銀行於1961年7月1日復業[55]。在這過程中，美國不只在中央銀行復業時提供建議與諮詢，也幫助其業務運作。1964年12月，拋售美援物資累聚的相對基金構占中央銀行準備金的72.1%[56]。美國也協助在臺灣境內或海外培育中央銀行在會計以及統計方面的人才，並購買所需設備[57]。

後蔣時期出現的「中央銀行」字樣

1961年行政院院會通過、總統核定的「中央銀行復業方案」僅為行政命令[58]。一直到1979年11月8日才有經立法院修正通過的「中央銀行法」公布[59]。但新臺幣由臺灣銀行發行改由中央銀行發行，並在法律上取得完全的國幣地位又要等到2000年。從2002年起，新臺幣上也出現「中央銀行」字樣。

1979年中華民國《總統府公報》所公布的「中央銀行法」。其第十四條，「本行於必要時得分區委託公營銀行代理發行貨幣，視同國幣。其有關發行之資產及負債，均屬於本行。」加強了新臺幣

54　Wei-chen Lee and I-min Chang, "US aid and Taiwan," *Asian Review of World Histories*, 2:1（January 2014），47-80: 65-66

55　蘇珈瑤，頁42。

56　劉進慶，《台灣戰後經濟分析》（台北：人間，1992），頁291。

57　陳思宇，頁15-156。

58　程世仁，頁152-153。

59　總統府第三局，《總統府公報》，第3588號。

的國幣地位，但新臺幣之取得國幣地位，還得面對銀元的國幣地位
問題。

　　1935年發行法幣之後，到了1948年通貨膨脹已經嚴重，蔣中正
總統於是在1948年8月19日依1948年5月10日公布的「動員戡亂時期
臨時條款」，頒布財政經濟緊急處分令，制定公布「金圓券發行辦
法」，以1比300萬的比率回收法幣，正式承認法幣破產，並規定中
華民國之國幣以金圓為本位幣。又因進一步的通貨膨脹，行政院會
議於1949年7月2日依「動員戡亂時期臨時條款」決議，制定公布「銀
元及銀元兌換券發行辦法」，規定中華民國國幣為銀元，將幣制又
恢復為銀本位制[60]。

　　由於此銀元未曾在臺灣使用，臺灣在1949年6月15日以後的公私
收支均使用新臺幣，新臺幣與黃金、外匯聯繫，具有本位貨幣效能。
面臨銀元與新臺幣兩本位幣並行，1950年行政院決議，各機關將核
定之銀元數一律按一比三折算新臺幣。此折算率是依該年年底最後
一次牌告兩幣比價訂定，從此未再變動。新臺幣則一直未在法律上
取得如同銀元般的國幣地位[61]。

　　1992年8月5日李登輝總統因為該年「動員戡亂時期臨時條款」
的廢除，明令廢止「銀元及銀元兌換券發行辦法」。1992至2000年
間中華民國在法律上沒有國幣，於是有2000年（民國89年7月1日）
「中央銀行發行新臺幣辦法」之頒行[62]。根據2000年（民國89年4月
15日）制訂公布的「中央銀行委託臺灣銀行經理新臺幣發行附隨業
務辦法」，臺灣銀行仍負責新臺幣在各地之運送、調節及回籠券之

60　張翰中，頁12；陸大同，〈我國中央銀行沿革及幣制演變〉。

61　蘇珈瑤，頁50；陸大同，〈我國中央銀行沿革及幣制演變〉。

62　陸大同，〈我國中央銀行沿革及幣制演變〉；蘇珈瑤，頁72-73、
　　80-81。

整理。經過這些立法，中央銀行才完全執行該行應有之職掌，它所發行的新臺幣才在法律上取得完全的國幣地位。2002年（民國91年7月1日）起，所有1999年以前發行的新臺幣都要回收。2002年7月開始，中央銀行發行印有「中央銀行」字樣及「中央銀行」印章和「中央銀行總裁」職章的新臺幣鈔券[63]。

2002年之後，也出現了小學生在地球儀上尋找臺灣的位置、棒球球員、臺灣特有的魚類、鳥類和山岳等圖像。但孫中山頭像與很多蔣中正總統時期的新臺幣圖案，包括總統府、中山樓、中央印製廠字樣等在西元2002年之後依然存在[64]。

在2000-2002年改革的前夕，孫中山和蔣中正的圖像都幾乎遭到移除。在抗議者的反對之下，中央銀行予以保留[65]。即使綠色的美鈔為世界各國所喜，綠色、印有蔣中正頭像的200圓鈔票並不太流通。反之，紅色的孫中山頭像，就臺灣民俗而言，較為喜氣，加上100較方便累計，則流通甚廣。

代表豐收的稻穗在民國初年的硬幣上經常出現，在2002年版的50圓新臺幣硬幣背面的稻穗，有類似意義。在2002年版的100圓、200圓、500圓、1000圓、2000圓面額新臺幣紙鈔上，可分別看到傳統中國民間紙幣常用的梅蘭竹菊松圖案的透光水印。在紀念民國百年的10圓硬幣之0字內有臺灣與梅花之隱藏圖案，往左傾斜是臺灣，往右傾斜是梅花[66]。即使中華民國的貨幣在2002年之後在法律層面完全

---

63 國史館，《你也可以當總統》，頁178-180；中央銀行網站
  （www.cbc.gov.tw），央行主管法令規章，「法規體系查尋」及「發行」部分；林紹彥，頁15-16、36。

64 許義宗，《中國紙幣圖說》，頁403-424、432-438，林紹彥，頁64。

65 林紹彥，頁64。

66 http://www.currency.cbc.gov.tw/tbl.htm（中央銀行網站新臺幣介紹）。

與臺灣結合，在國家符號及文化象徵上，與1949年以前的中國仍有
所聯繫。

結論

　　蔣中正經常被認為在其統治臺灣期間強調「大中國」政策。但
在貨幣圖像方面，他已經開始使中華民國臺灣化。即使沒有證據指
出他曾為這些貨幣圖像發布命令，但相關的貨幣制度是根據他的命
令建立，而這些貨幣圖像他畢竟都看得到。從1946年到1960年，臺
灣銀行發行的臺幣或新臺幣有了孫中山的圖像和中華民國的紀年。
而在1960年代，總統府、中央印製廠、梅花和「中央」水印的出現，
並全保留於現行的新臺幣之上，都指出了中華民國與臺灣的結合。

　　中華民國貨幣圖像的臺灣化過程，在蔣中正時期與後蔣時期的
促成因素則有所不同。在蔣中正時期，較受國家安全備受威脅與國
際因素影響。後蔣時期則在國家較趨安定之際，較由國內的法律程
序推動。

　　中山樓自1969年起在新臺幣上的持續出現，顯示中華民國在臺
灣時期試圖保留自傳統中國時期延續的中國文化。臺灣繼續使用中
華民國的國號、紀年與紙幣印刷技術，都表達中華民國在臺灣時期
與1949年以前的中華民國或傳統中國的延續性。另一方面，中華民
國在臺灣時期承續日本統治時期貨幣圖像的統一，則與1949年以前
的中華民國或傳統中國截然有別。

　　1945年政權移轉期間，沿用日本留下的臺灣銀行作為準中央銀
行，曾有美國建議。美國的援助強化了中華民國印製紙幣的技術，
並協助穩定了臺灣銀行所發行的新臺幣。1961年中央銀行的復業受
到了美國的建議與協助。

　　臺幣圖像也受到日本影響。1946-1975年間臺灣貨幣上的孫中山頭像，受到日本所支持的汪精衛政府的影響。在清末到1949年以前的中華民國紙幣中，長期延續匯豐銀行在鈔券上有銀行經理簽名的西方習慣[67]，只是在廣州中央銀行成立之前的鈔幣，還是以英文簽名，之後則以中文簽名，一直到原擬使用的臺灣流通券都是如此[68]。但1946年迄今，臺灣發行的紙幣都只有「臺灣銀行經理」或「中央銀行總裁」職章，而無其簽名字樣或姓名章，這應是受1931-1945年間日本與英美作戰，消除臺灣貨幣上的英文或西方習慣的影響。

　　1961年中央銀行於臺灣復業，主要根據行政院頒布的行政命令，而非經過立法院修法。相對的，1979年「中央銀行法」修訂是由行政院順應輿論，在立法院提出並獲通過的修正案。1992年，臺灣的立法委員由主要由大陸選出改為主要由臺灣選出。2000年的新臺幣修法主要由1992年改選後的立法委員提出。中央銀行先是有所保留，但在這八年的過程中，憲法修訂為由自由地區選出中華民國總統、副總統與中央民意代表，整個臺灣的國家認同也顯著往中華民國的有效統治範圍移動，央行終於表示接受[69]。中央銀行的英文行名於2007年由Central Bank of China改為The Central Bank of the Republic of China（Taiwan）[70]。相對於蔣中正總統統治時期，後蔣時呈現了政府與公民社會透過法律程序的更多互動。

　　即使有這麼一個顯著對照，在究竟是銀元還是新臺幣是國幣的

67　張敦智，〈清代民間紙幣編排設計之研究〉（雲林：國立雲林科技大學設計學研究所博士論文，2013年），頁117。
68　中央印製廠編，頁38。
69　蘇珈瑤，頁56、69、72-73、80-81。
70　http://www.cbc.gov.tw/ct.asp?xItem=23993&ctNode=302&mp=1.（中央銀行網站）

爭議上，也呈現在蔣中正總統時期，仍有政府與公民社會透過法律
的互動。新臺幣未在法律上取得國幣地位，偽造新臺幣的量刑較輕，
導致新臺幣的偽造猖獗，因此將新臺幣納入「妨害國幣懲治條例」
適用範圍的呼聲四起。在1961年中央銀行復業，新臺幣發行權由中
央銀行收回後，各方又籲請大法官依環境與條件變遷重新解釋新臺
幣的性質。1962年大法官解釋第99號，是政府單位首次公開認可新
臺幣具備國幣性質[71]。

　　在戰後初期的臺灣，遷臺的中華民國政府與在日本統治時期有
深厚日本關係的臺灣商人高度合作以發展國家經濟[72]。根據本文所
述，由戰後臺灣的貨幣圖像，可充分看到中華民國的臺灣化。兩者
都呈現中華民國在政治經濟層面的務實發展。

　　林滿紅，中央研究院近代史研究所研究員，師大歷史系教授。所
著專書包括《銀線：十九世紀的世界與中國》、《茶、糖、樟腦業
與臺灣之社會經濟變遷，1860-1895》、《獵巫、叫魂與臺灣定位》，
與論文80餘篇，主要由貿易、貨幣、條約與政治經濟思想等角度探
討全球史中的中國近代史與臺灣近代史。

71　蘇珈瑤，頁51。

72　Man-houng Lin, "The Survival of Economic Elites during Regime
　　Transition: Government-Merchant Cooperation in Taiwan's Trade with
　　Japan, 1950-1961," in Shigeru Akita and Nicholas J. White（eds），
　　*International Order of Asia in the 1930s and 1950s: Contexts,
　　Hypotheses and Scope*（London and New York: Ashgate, 2009），
　　275-301.

台灣是否能發展出自己的民主理論？

以鄧育仁的「公民儒學」為考察對象

陳康寧

一、前言：在台灣談儒學與民主

本文想要探討具台灣特色的民主理論，主要來自兩個問題意識：（1）作為傳統文化的儒家思想，在現代化的今天，具有什麼重要的意義？（2）學界探討台灣民主的政治思想大部分都是援用西方的理論，在這個脈絡下，台灣的主體性要如何凸顯出來？基本上，這兩個問題都是環繞在現代化的思考上延伸而來的。自晚明以降，如何回應現代化一直都是迫切的問題。現代化的精神是追求進步、破除守舊，而西方現代文明又經常被視為進步的象徵，因此在這股「趨西追新」的思潮中，傳統文化遭受到極大的挑戰。對很多人來說，「現代化」就是一個「西化」的過程。然而，把「現代化」歸為西方歷史的專屬，是一種文化想像的建構，背後潛藏著文化帝國主義與「西方中心論」的意識形態。陳光興主張，為了避免西方想像的牽制與制約，應該要重新尋找亞洲各地現代化過程中的在地史與殖民史的遭遇和意識型態的碰撞歷程，在這個具體實踐的轉動過程裡，會逐漸形成文化的混雜體與新形式。他強調，這樣的一種操作過程，並不是要提倡亞洲本質化的價值體系，而是要從在地的歷

史社會脈絡下提煉出新的政治實踐（2011：361）。陳光興提到的「混雜體」或「新形式」，對台灣的啟發在於，要建立台灣的「文化主體」或「台灣意識」，並不一定要抵抗外來的文化，更不需要以「去中國化」的模式進行。何乏筆則提出了「混雜現代化」的概念，即主張東亞不同的現代化進路，都是西方外部現代化與東亞各地內部現代化的交織過程。他認為，要在混雜現代化中重新談中華文化，應該要採取「批判性重構」的方式，也就是說，對於自身歷史文化的選取動機和當代解讀必須要有一定的自覺。在這個意義下，「現代化」不能簡單視為「西化」的過程。放到本文的思考脈絡則是：若要從台灣的歷史經驗中提煉出有別於西方民主政治的實踐方式，影響台灣甚深的儒家文化應該扮演什麼角色呢？

　　自牟宗三從儒家提出「民主開出說」之後，儒家與民主的關係就成了學界爭論的議題。在台灣，這個爭議的發端可以追溯到上一個世紀牟宗三、徐復觀與張佛泉、殷海光的文化論戰，這段時期普遍又被視為新儒家與自由主義的對立。然而，殷海光並不見得都否定傳統文化，他說：

> 道德傳統中的道德原理之所以依然適於現代社會，係因他們廣含，所斷說的少，而且可作多樣的解釋。例如，「別善惡」。在這一律令中，「善」及「惡」都未特指何善何惡。但是，並不因此而有人能明目張膽反對「別善惡」。所以，「別善惡」也就不因此而失其為道德原理。經典語言常有此妙。孔仁孟義，基督博愛，和佛家慈悲都是這類道德原理。今日要挽人類於浩劫，必須使這三者整合起來以發揮協同的道德力量，再用這深厚而又龐大無比的道德力來推動西方世界自工業革進以來所形成的巨大經濟力與器用力，這個世界的危疑震撼局勢才能由穩

定而改觀。當然，這三者各產自不同的社會文化背景，因而各
有不同的色調和不同的涵義，不過孔仁、博愛和慈悲是可以通
約的共同核心。這一共同的核心也就是三者整合的真實基礎。
自由世界並不缺乏經濟力和器物力，但是在道德上總是打不起
精神的樣子。自由世界的道德力萎縮，抵消了它在經濟上和器
用上的優勢。這是自由世界的弱點之基本的所在。可是，這個
弱點並非不能移除。移除的契機就是振起道德的精神。自由世
界要能振起道德的精神，除了以佛門的慈悲為懷和仲尼的仁照
以外，最不可少的就是孟軻的義峙。（1996：702）

對殷海光來說，儒家、佛教和基督教雖然是來自不同社會的傳統文
化，但三者共同的道德精神，都能夠補自由世界的不足。換言之，
即使是自由的世界，仍需結合傳統文化。由此觀之，在21世紀的今
天，已經落實自由民主的台灣，傳統文化依然有著重要的意義。如
果說，在台灣，儒家與自由主義並不是非對立不可，那麼兩者可以
產生怎樣的結合、互補呢？關於這個問題，鄧育仁提出的「公民儒
學」深具意義。基本上，公民儒學是結合了羅爾斯和儒學所發展出
來的公民哲學，一方面藉由羅爾斯的正義原則來開發儒學在政治上
「自由主義」的可能性，一方面透過儒學的「故事思考」來調節羅
爾斯對康德的「自主」內涵的詮釋。

　　台灣歷經了明鄭、清領、日治、光復到民主國，儒家思想幾乎
都在這些不同的時期發揮不同的作用[1]。即使到了今天，儒家思想依

1　潘朝陽：「明鄭時代儒學為治臺反清的國家意識形態；清朝時代儒
　　學則以閩南學體系而為台灣吏治之觀念依據，也是清代臺人基本生
　　活典範；日據時代的儒學則成為台灣菁英抗日的信仰經典，而民間
　　則以儒學價值系統作為被殖民者維持生存尊嚴的根本文化堡寨；光

然滲透在草根階層，影響著人們的生命價值、日常習俗、起居戒律、人際禮節、家庭觀念等。撤除「中國」的意識形態，儒學已經構築台灣豐厚的文化土壤，也是形塑台灣特色不可缺的部分。如果說，區域在地化與西方現代化的具體實踐過程也表現在學術理論上，那麼從東西方智慧中汲取養分的公民儒學應該屬於一種「台灣理論」。台灣理論如何可能？構成台灣理論的條件是什麼？為什麼公民儒學是一種台灣理論？關於這些問題，本文將會援引陳瑞麟對「台灣理論」的界定來提供說明。

二、羅爾斯的「正義論」

　　要從儒家的智慧汲取出民主的養分，並非想當然爾的事情，特別是在歷史上，儒家經常是帝王鞏固政權的統治手段。畢來德（François Billeter）指出，中國從先秦進入漢代之後，以儒家文化重建新秩序的基礎，是為了合理化其政權的存在，並符合事物發展的秩序，使人淡忘帝國的暴力和專橫。這樣的一種深層結構，歷經了時代的變遷，其根基依然屹立不倒，維持了兩千多年。然而，儒學不盡然都是鞏固帝王政權的文化力量，至少到了明代黃宗羲，他在《明夷待訪錄》提出了一套理論來批評帝王的權力以及質疑帝制的合法性，並且做出了一系列政治改革的建議。狄培理（Theodore de Bary）從這本著作中挖掘出更多的儒家的自由內涵。依據他的觀察，黃宗羲發現過去的一些「法」只能為權貴服務，無法保護一般的平

（續）————————————————
　　復之後，儒學一方面是國民政府對抗中共的意志性武器以及加以變相詮釋之後用以統治台灣的思想網絡，而在社會和學界，則有當代新儒家從超然的道統層次對儒學進行深刻的創造轉化之新詮釋。」（2008：序i）

民百姓，因此黃宗羲主張「治法」優先於「治人」，並且建構了對人類有價值的法律。狄培理認為，黃宗羲雖然不是宋代以降的新儒家中第一個批評帝制的人，但他卻是對中國朝代政治進行了全面批評的儒家人物。事實上，鄧育仁也注意到黃宗羲的《明夷待訪錄》，也充分肯定黃宗羲對帝王權力的批評，而他所談的公民儒學的政治理念，也是從這裡出發。《明夷待訪錄》指出了君王「家天下」的弊端，主張應該將治理的權力交由儒家來建立「公天下」的制度。不過，鄧育仁發現，黃宗羲提倡的是一種打壓異文化（如佛、道教）的政治思想，也就是說，黃宗羲企圖打造一個壟斷政治的儒家集團。對此，鄧育仁亦對儒學在皇權時代被奉為文化正統而最終可能不得不以各種手段來迫害異己的思想進行了深刻反思，他將這時期的儒學定位為「皇權時代儒學的歷史困局」（2015：31-35）。鄧育仁強調，批判《明夷待訪錄》並不是要指出儒學的缺陷，而是藉由批判反思來梳理出公民儒學的現代意涵。他認為，儒學依然可以在合乎時宜的立憲民主脈絡下，落實顧念蒼生百姓的「公天下」。只是這樣的「公天下」，將以價值多元、自由平等為基礎。

　　鄧育仁指出，台灣歷經各種價值的糾結和洗鍊的動盪過程，在人民各方的努力下，從1987年的戒嚴到1991年國會改選、1996年總統直選，民主逐漸得以落實。雖然，傳統的陋習如利益關係、賄選風波等依然存在，但不表示現代民主不能融合傳統的美好良善的價值。他認為，儒學是台灣民間的一個重要傳統文化，雖然儒學本身欠缺民主自由平等的思想，「但這不表示秉持儒學理念或深受儒學傳統影響的人，不能融入以自由平等的公民地位相待的民主社會，更不表示他們不會願意以民主程序解決政治爭端。在這意義上，尊重儒學傳統是尊重此傳統中人的公民地位。」（2015：29）。某個意義上來說，否定傳統也等於在否定民主的多元，因為傳統也是多

元價值之一。要了解公民儒學的重要意義，首先需要先清楚鄧育仁
想要回應的問題是什麼。

　　在人類的歷史經驗裡，「立憲民主」是落實最好的政治制度，
然而民主制度本身卻會產生多元價值衝突的問題。自由民主容許不
同的多元價值、思想，任何人不能使用武力來威脅或迫害與你相反
觀點、立場的人。也因為如此，每個人都有自己一套哲學觀、宗教
觀、世界觀等，這些不同的價值觀會形塑每個人對於某一政策持不
同的觀點或立場。基於各自所認同的價值觀，人們會形成不同的團
體，表現在政治上則可能是支持不同的黨派。一般來說，不同的團
體會對某一政策採取不同的立場，也會用各種方式向政府傳達訴
求，而團體之間所認同的價值往往也會有所衝突，這種情形若沒有
好好調節，就會形成社會對立。一旦長久維持對立的僵局，則會威
脅到民主的運作，甚至帶來社會動盪。就以經濟政策而言，財富分
配的問題向來是一個很大的爭議點，基於自由市場的運作而帶來的
貧富差距問題[2]，到底是「有能力的人應該拿更多」還是「有能力的
人應該幫助更多的窮苦人」？這個爭論就牽涉到對公平正義的理解
是什麼。鄧育仁指出，即使對立的雙方（願意理性溝通，但是不見
得雙方就會願意接受彼此的觀點，甚至可能對彼此提出的觀點感到
「訝異」或覺得「不可思議」，他將這種溝通困境稱為「多元的問
題」：

　　走到民主多元的時代，哲學工作者必須明白自覺地提醒自己，

2　皮凱蒂（Thomas Piketty）指出，當一個國家的資本收益率（r）大
　　於經濟增長率（g）的時候，就會形成社會貧富分化的力量，而且r
　　大於g的情形，跟市場缺陷無關，反而當資本市場越完善，越有可
　　能促使r大於g（2014：26-28）。

無論自己有多確信，觀點有多深入，論證有多嚴謹，言說有多清晰明朗，都不能一廂情願地期待所有願意講道理的人都會接受你的觀點。而且，即使有著再好的溝通條件，以及再長時間進行說明與討論，也不要預期終有一日人人會接受你的觀點，或者大家會建立起共同的一套哲學觀。假設你真的有用不完的時間一個一個去與人討論，你早晚會遇到行事合理也願意講理但秉持與你很不一樣哲學觀點的人。在那觀點下，有些你認為重要的基本問題，對方認為不重要；有些你認為基本的真知灼見，對方卻難以置信地「發現」你竟然會真心誠意地秉持那種觀點。我把這種在民主多元情勢裡實際上時而會遇到的說理困境稱作「多元的問題」（2015：2）。

針對這種基於多元價值而形成的溝通困境，鄧育仁進一步區分了「權衡問題」和「深度問題」。「權衡問題」是指爭論雙方（或多方）的歧見，來自對問題的重要性以及證據的判讀上各有側重，對於證據的支持強度亦有著不同的權衡。在這個問題上，彼此還是具有溝通的基礎，彼此都贊成某些問題是重要的問題或某些觀點是不錯的證據，只是側重程度、權衡判別上有歧見。真正形成溝通障礙的，會是「深度問題」。「深度問題」則如同上述引文所描述的，你認為重要的問題或理由，對方不一定贊成，甚至可能覺得那完全沒有證據效力。同樣的，對方認為相當重要的問題或理由，你可能覺得毫無道理，這時候雙方都可能覺得對方「誤解」了自己的意思。鄧育仁認為，真正造成彼此價值衝突而難以溝通、理解的困境，主要是深度歧見的問題。

另外，鄧育仁也參照了海特的道德心理學所主張的「直覺先來，策略推理後到」。依據海特，人的道德認知是一系列的感測器，當

遇到某一道德觸發事件時，會馬上產生道德直覺，而這個道德直覺往往也是道德判斷。當人在當下形成道德判斷之後，才會尋找理由來支持該道德判斷。換言之，人不是先經過道德推理後才形成最適切的道德判斷，而是先形成道德直覺／判斷後，才藉由道德推理來支持自己的直覺反應。對此，海特提出人的道德認知模組，可以區分為六項道德基本原則：關懷／傷害、公平／欺騙、自由／壓迫、忠誠／背叛、權威／顛覆、聖潔／墮落（2015：206-265）。也就是說，人的道德認知模組可以區分為六個維度，它是構成人在具體情境中形成道德直覺的基本模式。簡言之，人的道德判斷之形成並非單一維度，而是多維的，個體差異會對這六個維度的道德原則有不同的比重。海特以美國政治的自由派和保守派為例，他發現保守派同時重視六項道德原則，但是自由派只重視關懷／傷害、公平／欺騙和自由／壓迫三項原則，另外，兩派雖然有三項原則彼此重疊，但是比重不同，自由派對這三項原則的比重遠大於保守派。鄧育仁認為，不管我們認為道德認知模式有多少個維度或有哪些維度，基本上以下三點是可以成立的：（一）道德認知模式是多維的（二）在維度側重上人與人之間有著相當的差異（三）「直覺確立方向、理由隨後支援」的看法是大多數人都有的情況，他稱之為「維度側重不同的多元問題」（2016：101）。也因為道德認知是多維的，而不同人所側重的維度又不同，因此針對同一道德情境會產生不同的道德判斷。若大部分人都是「直覺確立方向、理由隨後支援」，那也意味著即使是願意講理的人，彼此也難以達到相互理解、溝通的目的。

在一個健全的立憲民主的社會裡，很自然會發展出不同的良善價值，而它事實上也發生在民主的社會裡，羅爾斯稱之為「合理多元的事實」。由於這些良善價值很可能已經涵蓋人生很多方面，從

形上的宇宙原理、人在天地之間的價值到日常的做人道理等都有涉獵，故羅爾斯又稱之為「全幅的（comprehensive）價值觀點」。每個人都可以基於自己所認可的良善價值而選擇自己的生活方式，只要「互不干擾」就好，但是一旦涉及公共議題、公共政策，則難以用互不干擾的方式來解決。在民主社會裡，面對各種爭議，不能訴諸武力或權力來解決問題，因此彼此需要找到更好的調節方案。羅爾斯認為，一個可以帶來「良序」（well-ordered）社會的正義原則，必須是人人都能夠接受且知道其他人也會接受的原則。在這個思考下，羅爾斯提出了「政治觀點」的主張。依據羅爾斯，政治觀點有別於一般的良善觀（哲學觀、道德觀、人生觀、宗教觀等）或全幅的價值觀點，因為政治領域賦予了政府具有以武力為後盾的強制手段之意涵，這樣的意涵也表現在直接影響到每個人民的生活方式、資源分配、社會的基本組織等等。羅爾斯主張，在私人領域，每個人可以基於自由而選擇不同的良善觀，但是在公共領域，則應當要立足在政治觀點。所謂的政治觀點，是指基於互惠互利的合作模式下，以「理性」和「合理」的方式協商出彼此都能夠接受的政治規範原則。互惠互利並不只是表現在經濟上，而是要公民都承認人人都有公平自由的身分地位。羅爾斯認為人具有兩種能力，一種是「理性能力」（rationality），另一種是「合理能力」（reasonableness）。前者是指對目標的設定以及行動的規劃，包括思考如何達成、評估值不值得落實等，而後者則是指願意理性溝通、嘗試顧及別人的意願和立場，以公平的方式做事。對羅爾斯來說，具備這兩種能力，才構成人的身分，也是立基在政治觀點上所展現的「公共理性」。基於互惠合作的理念下，羅爾斯主張「公平即正義」，並提出了有名的兩大正義原則（Rawls, 1999:53-58；鄧育仁，2015：139-140）：

第一原則：每位成員在制度上都應享有充分、合適且彼此相當
　　　　　的基本自由與權利。
第二原則：社經條件是依工作職位而定，而且（第一項）所有
　　　　　職位與工作機會都必須實質公平地開放給每位社會
　　　　　成員；（第二項）社經條件不均的分布，必須以對
　　　　　受益最少的成員們有著最大的利益為原則。

第一原則簡稱為「自由平等的原則」，第二原則又分為兩項，第一
項簡稱為「機會公平的原則」，第二項則是「差異原則」。對羅爾
斯而言，「自由平等的原則」是最為優先的，但一個人是否享有「實
質的」基本自由和權利，依賴於他個人的經濟能力，因此為了保障
每個社會成員都可以「實質的」享有自由平等，「機會公平的原則」
要求每項職位和工作機會都必須開放給所有人。而「差異原則」則
是為了保障貧困的弱勢族群，同時也是要對治貧富懸殊的社會問
題。必須注意的是，羅爾斯立基在政治觀點所提出的互惠合作及公
共理性，是傳承自康德的「自主」理念。自主與民主有著密切的關
係，人民要自己當家作主，就必須具足自主的條件。因此，羅爾斯
對康德的「定言令式」之詮釋，是非常關鍵的，可以從三點來分析。
第一，定言令式要求一個人的道德行為必須是「只為做正當的事而
做正當的事」（鄧育仁，2015：55），因此這裡會有一個行事的準
則（maxim），該準則宛如自然律般可以普遍化。羅爾斯進一步指
出「好好推想在受到宛如自然律般的準則所規範社會裡，我們活出
怎樣的生活秩序」（鄧育仁，2015：57），若依據該準則而採取的
行動，是大家都願意生活其中、非常肯定的社會，那麼該行為可以
通過定言測試。第二，定言令式要求「在任何行動裡，都不可以把
任何人只當手段來對待，而總必須同時是目的」（鄧育仁，2015：

58）。羅爾斯從這裡提出人的身分必須具有「理性能力」和「合理能力」。對此，鄧育仁解釋：

> 有著起碼的理性與合理的能力，就擁有人的身分。只把人當手段，意指只是在利用人這兩項能力，而從未同時顧及涵養或培養這兩項界定人的身分的能力。如果你只為名利而規劃、而講理，即使你功成名就，你付出的代價是：只把自己當手段去達成名利設定的目標。你忘了在這過程中同時涵養自己身為人的內涵。通常，只把自己當手段的情況是一味追求名利，從而剝奪了自己反省人生目標的機會。只把別人當手段也是從剝奪別人為他自己反省人生目標的機會而開始；在具體做法上，則是從罔顧他人的意願開始，而強迫、欺騙是罔顧他人意願最常見的手段。……如果你以這種態度待人，定言令式要求你重新反省，改正態度。如果你讓別人以這種態度對待你，定言令式要求你重新商榷並調節彼此之間的對待方式。（2015：58）

依據羅爾斯，定言令式的第三點要求是，行事準則必須在個人行動中成為公共的道德規範，也就是說，行動主體是立法者，他的行事準則不只是約束自己，同時也規範眾人。在這個要求下，該準則是「任何擁有理性與合理能力的人都能依其人的身分而背書的規範」（鄧育仁，2015：60）。上述「定言令式」的三點要求，乃羅爾斯從康德繼承而來的自主理念。

三、儒學的「關懷弱勢」、「故事地位」與「民主別傳」

了解了羅爾斯是如何從康德的自主理念來展開民主傳承的公共

理性之後，接下來則是要探討儒學如何結合羅爾斯來銜接西方的民主傳承。鄧育仁對儒學的詮釋有他獨特的見解。首先，他注意到儒學最重視的「不忍人之政」是以「關懷弱勢、減少苦難」為政治訴求（2015：45-47、104-105）。孟子說：

> 老而無妻曰鰥。老而無夫曰寡。老而無子曰獨。幼而無父曰孤。此四者，天下之窮民而無告者。文王發政施仁，必先斯四者。詩云：「哿矣富人，哀此煢獨。」（朱熹，2011：302）

「鰥寡獨孤」是古時候貧苦且無所依靠的族群，孟子認為政策的制定應該要優先考慮到這些弱勢族群。《詩經》的這一段話，主要是表達富貴人家已經過得不錯，應該要更加關注在那些無所依靠的人。另外，孟子亦針對鄒穆公不知民間疾苦提出了「上慢而殘下」的批評：

> 孟子對曰：「凶年饑歲，君之民，老弱轉乎溝壑，壯者散而之四方者，幾千人矣；而君之倉廩實，府庫充，有司莫以告，是上慢而殘下也。」（朱熹，2011：309）

孟子指出，在飢荒的時候，鄒穆公的人民苦不堪言，老弱者被棄屍在山溝荒野，年輕力壯的人則逃散到四方各地，這樣的人數達到幾千人。而政府的糧庫充裕，負責的官吏卻沒有據實稟報，這是一種不關心人民、甚至是殘害人民的表現。即使在封建的時代，孟子已經發展出重要的「民本」思想。除了「關懷弱勢、減少苦難」的不忍人之政，儒家的「公天下」之政治理念也非常重要，《禮記·禮運》有云：

> 大道之行也，天下為公。選賢與能，講信修睦，故人不獨親其
> 親，不獨子其子，使老有所終，壯有所用，幼有所長，矜寡孤
> 獨廢疾者，皆有所養。（孔穎達，1989：413）

不管是「天下為公」、「選賢與能」、「講信修睦」的理念，還是
非常關注「矜寡孤獨廢疾者」的精神，放到現代民主脈絡的社會，
則會是強調一個公平、和睦的社會，考量投票給選舉的人更是要以
能夠服務人民的賢與能為標準，而一個公平、自由的社會，其政策
的制定要能夠顧及弱勢族群，包括孤獨老人、單親家庭、無依孤兒、
罹患重病、身心障礙等，甚至以他們為優先。鄧育仁主張，公民儒
學也可以秉持「公天下」的理念走出皇權時代的歷史限制，銜接羅
爾斯的政治自由主義，在牽涉到價值衝突的貧富懸殊問題上，儒學
會本著「關懷弱勢、減少苦難」的政治承諾來為貧窮者發聲。
　　其次，鄧育仁以「故事地位」來理解儒學的核心思想。故事地
位的提出，無疑打開了詮釋儒學的新視角，值得注意。「故事地位」
是鄧育仁從寇思葛（Christine M. Korsgaard）對「行動」的見解進一
步發展出來的概念。人活在世界上，無時無刻都必須面臨選擇行動
的處境。一般來說，當人在選擇採取什麼行動的時候，考慮的是該
行動是否可以有效快速實現某個目的，在這個意義下，行動只是手
段。但寇思葛反對把行動僅僅理解為手段，她認為行動主體在當下
的選擇，也必須同步包含目的。也就是說，具體的行動將會是「為
了此目的而如此做」的過程。也因為具體的行動是如此的過程，因
此行動的選擇會涉及「值不值得」的問題。如何才是值得選擇的行
動？寇思葛認為，重點在於是否有把別人或自己只當作手段、工具
來看待。寇思葛繼承康德的思想，主張行動的當事人不能把任何人

（包括自己）只當作手段、利用的工具來看待，還必須同步視為目的。而且，寇思葛主張，具體的行動會形塑當事人的地位，也就是說，面對生活大大小小各種行動選擇的處境裡，採取怎樣的行動本身就決定了你會成為一個怎樣的人。鄧育仁認為寇思葛的想法非常有見地，然而，他進一步主張應該要打破「目的—手段」的框架，放到更為宏觀的生活脈絡來考量行動。在生活的脈絡中，有很多瑣碎細微的細節，一個「目的」的完成，看似結束的時刻，事實上卻是「新起另一波的後續發展，或意外的情節轉折」（2010：105）。而且，在生活的脈絡裡，人與人之間並不僅僅只有「做事」的關係而已，若只是從「目的—手段」的框架來思考人與人的關係，會失掉「做事」以外更為重要的人生意義，而這樣的人生意義通常交付給「生活故事」的歷練來展開。關於生活故事，鄧育仁提出了兩點說明：

> 第一，每個人都經歷過幼兒時期，都得與人一起生活才得以長大成人。成為人，一開始就是人與人彼此之間的相互歷練，而人與人之間的相處與歷練，總是以活出故事情節的方式展開。這意味著生活故事的觀點，總會扣連人與人之間的相處與歷練。第二，每一個世代都會活出屬於自己世代的故事。或者換個角度來說，人與人之間的相處，都會在有所傳承中，歷練出打動彼此心弦的感人故事，而感人的故事在隱喻調節下而成。在此，「感人的故事」指「令人覺得有意義而沒有白白活過這一遭的故事」（2010：107-108）。

鄧育仁認為，儒家本身就具備了這樣的故事意涵，儒家的人生意義建立在「從不忍之心到不忍人之政」的實踐過程，而且是把它交付

到一生的歷練來訴說自己的故事，其道德主張所採取的道德行動，也凸顯了儒家要成就一個怎樣的人。孟子區分了「天爵」（人格的富貴）與「人爵」（財權的富貴），任何人都可以秉著惻隱之心、透過生命實踐以成就「天爵」的身分地位。更重要的是，這樣的生命實踐，是放到「如何過一生，如何歷練成人」（鄧育仁，2015：50）的脈絡來思考人際之間的生活故事。儒家的「行遠」意象，如「任重而道遠」（《論語‧泰伯》）、「行遠必自邇」（《中庸》）、「登高必自卑」（《中庸》）、「終身行之」（《論語‧衛靈公》）以及重視「人倫關係」的形象，如「善與人交、久而敬之」（《論語‧公冶長》）、「不患人之不己知，患不知人也」（《論語‧學而》）、「三人行，必有我師焉」（《論語‧述而》）等都揭示出儒學的「故事地位」的意涵。關於「故事地位」的要求，鄧育仁進一步解釋：

> 故事地位的基本要求：每一個人都有新啟一段故事情節，以及賦予或調節行動意涵的地位；沒有人是其他人的附屬，或只是別人生活故事裡的道具，而尊重一個人最起碼的要求是承認他新啟情節、調節意涵的故事地位。（鄧育仁，2015：51）

也因為沒有任何人是其他人的附屬或生活故事的道具，所以在面對意見不同的他者時，儒者不但會願意傾聽對方的意見和心聲，還會把與不同他者的遭遇視為重要的人生歷練過程，甚至將終身的實踐交給「關懷弱勢，減少苦難」的價值來調節行動的選擇。

鄧育仁主張，在民主立憲的社會裡，儒學公民可藉由民本思想、關懷弱勢和減少苦難的政治承諾以及故事地位來深入理解、學習、收編西方民主傳承的優點，他稱之為「民主別傳」（2015：145-146）。

儒學不但在民主社會裡可以支持自由平等的原則和機會平等的原則
（因為要尊重每個人的故事地位，透過憲法來保障每個人的基本自
由和權利是起碼的條件），而且還會以關懷弱勢和減少苦難來具體
落實到基本的社會組織和政策裡。另外，鄧育仁建議以「沒有人是
其他人的附屬，或只是別人生活故事裡的道具」的故事地位要求來
取代康德的「在任何行動裡，都不可以把任何人只當手段來對待」
的定言令式要求。在這個意義下，儒學跳脫了西方的「目的─手段」
包裹式的框架，也不能只是用理性與合理能力來審思人的身分，而
必須放到更大的生活故事的脈絡來看待他人和自己。鄧育仁強調，
公民儒學的理念不只是用儒學來銜接西方民主而已，還進一步調節
了羅爾斯從康德繼承而來的民主傳承，這樣的一種調節是多元價值
中不同思想傳承之間的深度對話，而傳承之間的深度對話是民主健
全發展的根基。本節重點在於透過羅爾斯來發展儒學的公民哲學，
下一節會深化探討公民儒學如何調節羅爾斯。

四、以「公民儒學」作為調節多元歧見的理論方案

作為自由主義者，羅爾斯傳承了康德的「自主」精神，他所提
出的政治觀點和公共理性，是為了避免多元價值的衝突和競爭；當
公民立足在政治觀點以及運用理性和合理的能力時，會接受自由平
等和機會平等的原則，但是公民對怎樣的政策才符合自由平等和機
會平等的原則仍存在爭議。換言之，羅爾斯提出政治觀點和公共理
性，是試圖把「深度問題」轉化為「權衡問題」。羅爾斯的想法，
有著西方深厚的民主傳承，若直接原封不動地套用在台灣，不見得
適合。儒學傳承在台灣其來已久，儒學公民不一定要接受「自主」
的理念，但仍能以「終身行之」的故事地位和「關懷弱勢，減少苦

難」的政治承諾來學習、檢視和接受羅爾斯的自由平等和機會平等的原則。在這個過程，勢必也會對羅爾斯有所調節。

　　要公平地制定人人都可以接受的原則，羅爾斯進行了一個思想實驗，他「邀請」各方公民的代表進入「原初位置」，共同協商制定一套規範社會經濟的制度原則。在「原初位置」的公民代表，被「無知之幕」遮蓋，在彼此不知道任何人（包括自己代表的是什麼族群）的各種社會條件（性別、年齡、宗教、職業、種族、階級、教育程度、政黨傾向、人生理想等等等）下，要在眾多原則選項中選出最好的政治和社經原則。在這些原則的選項裡，分別有效益主義、契約論、完美主義等，當然還有自由平等與機會平等原則（Rawls, 1999:15-19；鄧育仁，2016：113-114）。上述的選項，基本上都是奠基在歐美文化土壤所滋長出來的各種理論或原則。由於參與的人會擔心，一旦「無知之幕」掀開之後，自己和所代表的種群是屬於社會弱勢或社會條件不好的族群，因此會選擇最起碼能夠維持生命尊嚴的原則。依據羅爾斯，每個公民的代表都具備理性和合理的能力，基於這兩項能力，公民會彼此互惠合作，協商的結果定然是「自由平等的原則」、「機會平等的原則」和「差異原則」。大體上來說，羅爾斯的思考模式，依然不脫西方「目的—工具」的框架，即由「工具理性定位理性選擇」（鄧育仁，2016：124-125）。「原初位置」的思想實驗，正好說明了公民的代表是以「最大效果、最小代價」的手段思考來斟酌要選擇哪項原則作為政治規範的原則。然而，對儒學公民來說，「理性」和「合理」的能力固然重要，但那不是用來界定互惠合作成員的必要條件，很多處於弱勢地位的人並不一定具備這兩項能力，那是否意味著這些弱勢的人的心聲就可以忽略呢？在這一點上，儒學會調節羅爾斯「互惠合作」的設定：

當我們回到儒學的基本理念，試圖藉由羅爾斯對歐美立憲民主深刻嚴謹的反思而來接軌民主自由的制度時，所謂「互惠合作」的政治觀點，立生疑問。孟子很明白地主張，政治應由平常生活裡的不忍人之心出發。基於此，政治的首要任務在於解決人民的生活問題，並在制度和政策上，承諾並實現關懷弱勢、消除或設法減少人間的苦難，以及不會因為利益，包括公眾的利益，而犧牲弱小或傷害無辜。人間總有弱勢者，也總有苦難發生。不願正視這種人間事實的政治觀點，不會是合乎情理的政治觀點。但由羅爾斯「互惠合作」的政治視野來看，自由、平等、權利、機會、利益、地位，以及社經資源的分布與分配，才是主要的關切項目，而弱勢者的處境以及人間的苦難，只能落在邊緣的位置。請注意，在互惠合作的政治理念下，許許多多的人，由於缺乏講理與規劃人生的能力，或因其他人間的苦難，而無法成為互惠合作的對象；這些人，有何政治地位呢？羅爾斯的隱喻設定一開始就將這種問題排除在外，或當成只是邊緣性的議題，如果有必要，要等核心議題解決後才來斟酌。然而，由政治強制的事實來看，這些無法成為互惠合作對象的人，就活在我們生活圈裡，同樣受到以眾人之名而具正當性，且以合法武力為後盾的政府與法律所約束，因此，延後再斟酌他們的政治地位的問題，恐怕就已經是不公的處置方式了（鄧育仁，2015：143-144）。

必須釐清的是，羅爾斯並非完全沒有顧及到弱勢的群體，「差異原則」的提出，正是要試圖要幫助社經分配不均造成的貧苦問題。比起「效益原則」可能會犧牲掉少部分貧窮弱勢的人（以成就更大的社會利益）來說，羅爾斯的「差異原則」的確是有照顧到弱勢，但

跟儒家的「不忍人之政」的理念相比，卻是屬於比較邊緣的問題。另外，羅爾斯只是考慮到以社經條件的重新分配來補救貧困的問題，在這個情況下，弱勢群體始終只能是被憐憫與施捨的對象，並不具有真正的政治地位和人格尊嚴。特別是，雖然弱勢群體被賦予了平等的「權利」，但是在「權力」的運作下，他們往往成為被欺壓的對象。艾莉斯‧楊在《正義與差異原則》對「分配式典範」的批評，恰好可以補充這一點。楊指出，很多正義的理論家包括羅爾斯，都把收入或財富的平等與否視為正義的首要問題，因此往往提出許多關於「分配」的理論。在這個意義下，社會正義就變成了只是「如何分配」的問題。但她認為真正造成社會不平等的原因是「產生分配的制度性脈絡」，這些制度性脈絡包括決策結構與程序、勞動分工以及文化（2017：60-61）。楊認為，應該要把不正義界定為支配與壓迫，而在社會結構中存在的權力和壓迫的關係，可以區分為剝削、邊緣化、無能、文化帝國主義和暴力五種形式（2017：102-125）。若把楊的觀點放到對羅爾斯的反思來看，即使職位和工作的機會都開放給身心障礙、單親媽媽、孤獨老人等弱勢族群，也都保障他們有一定的社經條件，但他們在職場上還是可能會遭受到各種歧視、偏見、欺壓，甚至影響到他們的人際相處（對他人更不信任）、自尊（屈辱、覺得人格上低人一等）。然而，關懷弱勢與重視每個人的故事地位的公民儒者，則會致力打造一個能夠消除偏見、欺壓且在人格上尊重這些弱勢族群的環境與制度，在很多政策上會優先考慮他們，盡可能讓他們可以在政治上能夠自由發聲。換言之，公民儒學除了在財富或收入上的濟助之外，還會在其他方面給予更多的關懷。例如在重要的公共場所設下無障礙通道、對於聽障提供一些手語或聽打服務（設想一下，若很多的政治選舉或政策相關的新聞裡，螢幕上沒有手語，聾人朋友根本無法了解自己的國

家目前發生了什麼事情、有什麼政策在討論等，更無從發聲），建置更多以關懷弱勢為宗旨的公益團體、非政府或非營利組織，特別是儒學所重視的學校教育，讓學校能夠承擔更多的弱勢關懷的政策研究、評估與傳播的責任，透過學校培養更多的身障人才以及教授平權教育等等。

在「原初位置」的公民代表，完全不須顧及人與人之間的倫理關係、人際的生活脈絡等，純粹獨自運用理性思考、對未來人生的規劃等做為考量，就可以做出最明智的選擇。在台灣的文化傳承中，「人情義理」往往影響了一個人的道德思慮，也就是說，實際的生活脈絡、故事情境，恐怕是影響一個人道德或價值判斷的關鍵。如此一來，要嘗試調節各方歧見，就很難要大家進入「原初位置」，撤除一切社會條件、生活脈絡，單單以自己的「最大效果、做小代價」的利益做出考量。因此，什麼樣的原則可以打造一個公平正義、幸福理想的社會，就不只是「權衡問題」，而是「深度問題」。公民儒者雖然會支持羅爾斯的「自由平等的原則」、「機會平等的原則」[3]，但他們不會強迫或以武力的方式強制所有人都要接受這些原則；基於尊重每個人的故事地位，除了在道理上嘗試與之溝通之外，也會願意了解對方的感受、生活情境、人情脈絡。社會之所以造成深度歧見的問題，是因為每個人都有不同的故事經歷，如：不同的成長環境、文化認同、教育背景、生命的遭遇等等。社會學家Hochschild認為，所有人都有一個「深度故事」（the deep story），

3　基於關懷弱勢、減少苦難，公民儒者也會支持「差異原則」，不過鄧育仁認為公民儒者也會發展出「底線原則」來調節「差異原則」（參《公民儒學》第六章）。這部分牽涉到比較細緻的討論，不在本文的討論範圍，但大體來說公民儒者是贊成經濟政策要以更有利於收益最小的社會成員為原則。

而深度故事是「一種感覺就像是的故事」（a feels as if story），也是一種象徵符號的語言，它並不訴說任何的事實判斷，卻反映了真實的感受，這些感受包括希望、恐懼、榮譽、羞恥感、憤怒、焦慮等（Hochschild，2016：135）。深度故事通常都會用隱喻的方式重新建構、表達，因此，透過對方的隱喻故事的脈絡來重設看待問題的方式，將會是一種調節深度歧見的可能方式。鄧育仁指出，故事思考總會涉及「情理」，而情理往往是主導行動的力量，用故事思考來調節目的與手段的思考方式，也相當於用情理來調節理性與合理的能力。故事總是蘊涵深度的感覺、情緒和感情，透過整體展示的視野和感覺的力量來闡述一個道理，一旦透過隱喻來重新設定當下的整體視野，也會引發全新的感受力量，鄧育仁稱之為「重設法則」（2015：85）。在討論、爭論一個議題的時候，邏輯推論、言辭清晰、有條理的思考方式固然重要，但是一旦彼此觀點的差距大到一個程度，特別是出現深度問題的時候，彼此退一步以情節故事和隱喻的條理網絡來調節，恐怕才是關鍵。基本而言，隱喻是一種透過「來源域」（source domain）來表述、映射「目標域」（target domain）的跨領域認知模式。

　　孟子擅用隱喻，特別是在與告子和齊宣王的對話中，總是能以隱喻說理的方式重新構築道德要求。在一場孟子與告子的對話裡，告子主張人性如同湍急的水流，在東方進行疏導，水則流往東方；在西方進行疏導，水則流往西方，因此人性不分善與不善，如同水流不分東西方（端看外力使然）。孟子接續以水來隱喻人性的故事脈絡，但是卻從「上下方」來重新設定推論框架來詢問告子：水流不分東西方，難道不分上下方？孟子主張，人性的善，就如同水流總是往下方流動。在這個設定的框架下，還可以進一步說明：人之所以會行不善，就如用手拍打水流造成水往上飛濺一樣。有一次，

齊宣王詢問孟子，文王的狩獵場（原文為「囿」）是否有七十里那麼大？孟子回答：人民還覺得太小了。齊宣王就感到納悶，為何他的狩獵場只有四十里，但是人民卻覺得太大了呢？孟子回答，文王的狩獵場，不但可以讓人民自由進出，而且開放人民使用裡面的資源，砍柴打獵都沒問題，但是齊宣王的狩獵場，卻是「殺其麋鹿者，如殺人之罪。則是方四十里，為阱於國中」。在這場對話裡，孟子使用了「陷阱」來隱喻齊宣王的狩獵場，透過陷阱的概念來表達人民不滿的感受（鄧育仁，2015：124-125）。一旦從歡樂感受的狩獵場轉變成陷阱，整體的視野和感受馬上就會轉換為一種令人感到恐懼、憂慮、厭惡的氣氛。鄧育仁強調，隱喻和重設法則，不只是一種說理的方式，也是一種讓對方全身投入其中的感覺方式：

> 隱喻不會僅是抽象的跨域的看待方式，那份承載價值判斷，限定了決定與選擇範圍的感覺，也會在跨域的調節中，引導人如何去感覺對目標域應有的價值判斷、選擇和決定。在孟子手中，重設法則不只是一種講理的方式，也是調節那份可以包括全身投入的感覺方式。在孟學的傳承裡，那份感覺，追根究柢，是以惻隱之心、羞惡之心、辭讓之心及是非之心為根基（2015：97）。

從儒學傳承的故事思考中可以了解到，每個人看待同一事物或議題有不同的看法，彼此的深度歧見，其實是來自不同的看待方式和不同的問題設定。每個人都有自己一套看待事物的認知框架，在這個框架的設定下，會產生不同的故事感受。反之亦然，不同的故事主題，往往也會造成不同的認知框架。鄧育仁所主張的「公民儒學」，

不只是孔孟的傳統，還包括莊學的傳承。[4]莊子同樣善用隱喻，而且
更懂得自我反省和覺察。鄧育仁透過「莊周夢蝶」故事指出，很多
的人間事實其實是隱喻設定下所形構的，隱喻的解構，也意味著進
入另一組隱喻的設定。「莊周夢蝶」有一句很核心的話「**不知周之
夢為胡蝶與，胡蝶之夢為周與？**」，鄧育仁認為莊子是邀請人們保
留一塊「不知」的空間，如此才有足夠的餘地去體會、理解不同人
的隱喻設定下的人間事實。換言之，孟莊聯合的閱讀觀點所發展出
來的故事思考，正是要去體會不同人的隱喻設定、尊重每個人的故
事地位，一方面嘗試聆聽對方的故事脈絡，必要時可藉由重設法則
來邀請對方投入不同的感覺、情緒和感受的隱喻，一方面要時時刻
刻提醒自己對某一事物的看法和認知，其實是來自不同的隱喻設定
下形成的觀看角度或框架。簡言之，公民儒學的本懷，正是從不忍
人之心到不忍人之政作為出發點，期許讓更多人來聆聽弱勢族群的
故事。

五、作為「台灣理論」的「公民儒學」

對鄧育仁來說，《孟》《莊》是東亞文明的重要思想，透過它
們來調節、反思羅爾斯，正是「要由東亞這塊一開始就以人間苦難
為起點的政治場域，思考如何與良好的民主理念接軌」（2015：144）。
他認為，羅爾斯是「歐美立憲民主傳承中的公民論述」（2015：144），
展示了如何從自己的文化傳承中深刻反思多元難纏的政治局勢。同

---

4 鄧育仁的依據是楊儒賓所發展的「莊子儒門別傳」一說，他補充，
   假設不接受「莊子儒門別傳」的說法，不表示一定要反對孟莊的聯
   合觀點，但如果接受孟莊的聯合觀點，那麼就有很好的理由去支持
   或考慮「莊子是門別傳」的說法（2015：116）。

樣的，公民儒學的提出，正是要透過東亞文明的菁華來思考台灣的
政治局勢。在這個意義下，鄧育仁的公民儒學，是否具有台灣特色
的民主理論？陳瑞麟在〈可以有台灣理論嗎？如何可能？〉一文完
整地建構了一套「台灣理論」的方法和策略（或稱為「台灣理論」
的「理論」），它可以幫助界定鄧育仁的公民儒學是否一種「台灣
理論」。

　　首先，陳瑞麟指出「台灣理論」不是只有一個（英文是Taiwanese
theories）。其次，他釐清台灣理論的成立，預設了「區域性理論」
的可能。很多人認為，理論是具有「普世性」的，特別是物理科學，
應該是一體適用於物理世界。然而，隨著生物學、社會科學乃至於
人文學的發展以及影響，這些不同學科的「理論」不見得具有完全
相同的特徵和結構，特別是在社會科學和人文學領域，很難找到人
人都接受的理論「典範」。不過陳瑞麟認為，這些不同領域的理論
卻還是具有相似或共同的特徵，他建議使用「家族相似」和「原型
結構」來理解。陳瑞麟就理論的本質、結構、發展和演變，歸納出
四個原型特徵：模型（模式、假說、類比、模擬）、概念架構（概
念網絡、分類結構、詞彙結構、範疇系統）、論題（主張、宣稱、
判斷、通則、命題）和理論版本家族的潛能（2016：21-22）。並不
是每個理論都同時具備這四個原型特徵，而在探討「台灣理論」的
脈絡裡，「理論版本家族」的潛能特徵最為關鍵。理論版本家族是
以家族的關係來類比不同理論版本之間的關係，可以區分為「親代
版本」（parent versions）和「後代版本」（daughter versions）[5]。
後代版本是受到親代版本的啟發和影響下所產生的。同一個親代版

5　陳瑞麟以「子代版本」或「女兒版本」稱之，為了避免「性別」上
　　的問題，本文一律使用「後代版本」。

本下的不同後代版本，又會衍生出一代又一代的版本，這些後代版本總稱為「後裔版本」（descendant versions），而比較早先的版本則總稱為「祖先版本」（ancestor versions）。當然，每個理論家族都會有一個「初祖」（the primary ancestor）作為最先開創的原型版本（2016：23）。不同家族的親代版本會產生出不同的後代版本，而不同的後代版本很可能來自不同的家族源頭，因此來源是多元而不一定是單一的。陳瑞麟強調，一個好的理論版本，表示有能力可以產生新的後代，也就有可能建立一個新家族的典範或原型版本。不同的理論版本之間具有競爭關係，包括對立、批判、啟發與生產。通常，不同的立場的競爭者，也就是主張不同的版本理論。另外，陳瑞麟一方面主張理論具有「區域性」，一方面認為理論也具有「跨區域」、「跨脈絡性」（cross-contextuality）。

即使當今被視為具有普遍性的諸西方理論，都是依據自己區域的歷史、文化的脈絡下所誕生出來的，它們能夠有效解釋所屬區域的各種現象。同樣的，所謂的台灣理論，也必須可以解釋、說明台灣的過去、現在和未來的各種現象。不同的歷史文化的經驗形成該區域的特色，而台灣作為東亞的一個子區域，也跟日本、韓國、菲律賓、馬來西亞等國家共同分享了被殖民的歷史經驗，因此也構成了所謂的東亞特色。不過，在多元文化的思潮衝擊下，現今的台灣已經不純粹只有傳統的儒、釋、道的文化經驗，因此台灣理論的建立，不能只是建立在傳統文化的基礎上，歐美的文化也是關鍵。在這個意義下，陳瑞麟提出了「跨脈絡性」的概念，在此之前，須要先界定台灣理論的充分必要條件。陳瑞麟主張，台灣（區域）的歷史脈絡只是台灣理論的充分條件，而必要條件的關鍵在理論建構者的身分認同。他釐清，理論的身分認同並不是以國族身分（「台灣人」）來界定，而是「台灣學」（Taiwan Studies）的學術認同，也

就是說，台灣理論的建構者的身分必須是「台灣學學者」，而且認同「台灣學」（2016：30）。「台灣學」的研究對象是發生在台灣的歷史經驗與文化脈絡下的台灣現象，其範圍和領域也不斷在擴張，研究者是由認同台灣學的學者所構成的社群。「換言之，台灣學、台灣學社群和台灣現象三者之間是處在一種相互的、循環的共建構（co-construction）的具體關係中」（2016：31）。同時，台灣學的學者必須「互相閱讀彼此的作品、互相溝通、互相討論、互相對話、互相引證、甚至互相批判」（2016：32）。接著，陳瑞麟進一步說明怎樣才算是認同「台灣學」，他提出了主觀隸屬、連結、參與和投入、相互承認四個條件，而且必須同時滿足。簡言之，陳瑞麟以研究脈絡性的現象作為充分條件、以建構者的學術認同作為必要條件來界定「台灣理論」。就這一點來說，台灣理論的建構者並不一定是「台灣人」，只要他是台灣學的社群成員，而且認同「台灣學」、不斷促進「台灣學」的發展，就滿足了「台灣理論」的必要條件。

接著來看理論的「跨脈絡性」。依據陳瑞麟的觀點，理論雖然產生自特定的歷史經驗、文化脈絡，但所有區域性理論卻可以跨脈絡、跨區域地應用到其他的脈絡和區域。目前台灣很多人文學的學者，也都是藉由歐美的人文學理論來解釋、重建台灣的許多現象。有意思的是，理論的跨脈絡和跨區域的投射是誕生「新理論版本」的重要來源：

> 當研究者跨脈絡投射和應用一個理論時，發現它無法完全配合新的脈絡中某些現象和經驗，或者在新脈絡中遭遇其他理論（如該脈絡本身原有理論或其他同樣來自脈絡外的理論）的競爭與對抗，或者受到持有不同理論者（異議者）的批評，使它不得

　　不修改原理論的概念架構或基本的存有論範疇來同化那些經驗、或在評價上超越其競爭理論，或者化解批判的效力時，新的理論版本就誕生了。從這兒，我們可以看到建構「台灣理論」的一個策略，研究者在應用歐美理論到台灣的現象時，如果可以因為台灣的歷史經驗與脈絡、或由於其他競爭理論的挑戰，從而修改原理論的概念架構或基本存有論範疇，那麼就可以說他提出一個新的理論版本；如果她又有台灣學與社群的學術認同時，那麼她就在發展一個「台灣理論」。（2016：37）

以理論的「跨脈絡性投射」來思考新理論版本有一個重要的意義：既可以避免被西方學術殖民（完全套用西方理論），又可以避免掉落大中國框架下傳統學術的復古主義（只強調回歸傳統學術）。

　　筆者認為，上述的「理論版本家族」以及「跨脈絡性投射」，能夠有效說明鄧育仁的「公民儒學」是一種具有台灣特色的民主理論。首先，他藉由羅爾斯的民主傳承和正義原則來檢視台灣和儒學，本身就是一種跨脈絡性的投射。其次，他透過儒學的故事地位來**調節**羅爾斯的「理性」和「合理」的能力，因此發展出新的理論版本（民主別傳），而且該理論版本跟原本的正義論具有家族的相似性。再者，羅爾斯提出的政治觀點，是企圖把民主多元的「深度問題」轉換為「權衡問題」，無法直接套用在缺乏深厚民主傳承的台灣，多元的價值衝突在政治上依然是「深度問題」。「公民儒學」的提出，正是奠基在台灣的歷史脈絡下所提煉出來的理論菁華，也非常適合解釋台灣重視「人情義理」的現象，故符合「台灣理論」的充分條件。第四，鄧育仁在建構公民儒學的過程，相當積極投入「台灣學社群」的互動，互動的學者包括李明輝、楊儒賓、陳瑞麟、林遠澤、曾國祥、林明照等等。筆者認為，「台灣儒學」是「台灣學」

的重要一環，台灣學界最早正式提出「台灣儒學」[6]的學者是陳昭英，而潘朝陽把新儒家的牟宗三、唐君毅和徐復觀視為台灣儒學的近代發展的重要人物。在《公民儒學》裡，鄧育仁也不斷援引、討論、反思牟唐徐的觀點。就以上四點而言，鄧育仁的「公民儒學」不但是一種「台灣理論」，而且還是有別於西方民主和傳統學術的理論，更進一步來說，其提供的理論版本，不應該只是適用於台灣，也可以反過來給予歐美社會更多的反思和啟發。換言之，理論的「跨脈絡性投射」不會只有單向的「歐美→台灣」，而是雙向的「歐美←→台灣」，這才是真正跨脈絡、跨文化的意義。

鄧育仁的「公民儒學」，格局宏大、關懷深切，所帶出的議題亦發人深省。但也因為涉及的領域和議題相當廣，所以容易引發一些質疑。在台灣「去中國化」的政治氛圍裡，很多人認為儒家與民主是有張力的，特別是從整個歷史文化來看，所謂的「中華秩序」或「中國文明」，儒家在相當程度上都扮演了鞏固統治者地位、壓迫異文化、強化父權結構的意識形態角色。若儒家要繼承民主的理念，從歷史文化上對儒家做一完整的批判性檢視，恐怕是免不了。然而，鄧育仁並非要建構一套「儒家民主理論」，所以他不用「儒家」，而是「儒學」，重點不在於「成一家之言」，而是如何從「公民」地位出發，吸收儒學的文化傳承和精華來調節「深度問題」。在這個意義下，儒學在民主立憲的社會裡，就會是很好的一個思想資源。但這又會引發另外一個質疑：民主的危機或挑戰，是否來自多元的溝通困境？依據布倫南（Jason Brennan）的《反民主》，民

6　因為文化的傳播，儒學可以說是構成東亞文明的思想文化之一，但基於不同區域的歷史經驗和特殊脈絡，又可以區分為韓國儒學、日本儒學、台灣儒學、越南儒學、東南亞儒學等。

主遭遇的挑戰，是選民不理性投票、缺乏公民素養和政治知識，若加上近幾年的「後真相政治」，那麼民主的問題根源就未必是多元的「深度問題」。此外，公民儒學關注弱勢族群的地位，但要如何關懷他們，鄧育仁的著墨並不多。在台灣，勞工、東南亞移民工和原住民的基本權益是一個重要的問題，該如何站在他們的立場發聲，應該是公民儒學會關切的問題。

近幾年，鄧育仁改以「公民哲學」來定位自己的理念，從「公民儒學」到「公民哲學」，基本方向還是一致的，但不特別標舉「儒學」，這更在表明他不是要建構儒家的「一家之言」。他也很明確表示，不同的文化傳承（如道家、人間佛教等）也可以投入到公民哲學的關懷，這可以打破儒家過去給人一種文化霸權的刻板印象。當然，如何說服別人「深度問題」的重要性以及儒學會如何關懷弱勢族群的地位，這些依然還是重要的問題。總的來說，公民儒學或公民哲學，是還在發展的民主理論，這個發展過程所帶出的思考，對於台灣的未來而言，深具意義。

六、結論

針對「台灣／理論」的問題，陳瑞麟反對「中國—西方」的文化二分框架：

> 在台灣的人文社會學術中，有一個「中西文化二分法」的討論傳統，它已演變成一個固定的框架，束縛我們的學術想像。我主張我們應該拋開這個框架，把傳統上所謂的「西方文化」（傳統）和「中國文化」（傳統）都當成今日台灣學術建構（可以擴張到文化建構）的資源。但這並不表示學術文化間

　　完全沒有區分，就台灣的學術現狀來看，更適當的區分是「歐
　　美」（特別是美國、英國、法國和德國）和「東亞」（中國、
　　日本、韓國和台灣），或「歐美」、「東亞」和「台灣」。
　　其中，「歐美」和「東亞」也都可以是台灣的學術文化活動
　　的背景資源。（2016：49，重點為筆者所加）

這樣的一個宣稱非常重要，就歐美和東亞的傳統作為台灣的文化資
源來說，鄧育仁的公民儒學，正是結合了歐美自由主義的正義論和
東亞的孟莊傳統所發展出來的公民哲學，而結合的一個關鍵是認知
語言學的故事思考。換言之，公民儒學是跨越了分析哲學、傳統儒
學和認知語言學的整合性成果，值得台灣學界的注意。鄧育仁區分
了公民報導、公共哲學和公民哲學。公民報導是公共事務的報導和
公共評論，公共哲學則是透過深入淺出的哲學來分析、評論社會重
要的時事議題和事件，而公民哲學側重在調節多元的深度問題，並
反思基本與重新設定框架的哲學議題。他期許，「在妥善發展下，
公民報導、公共哲學與公民哲學，能聯合為民主多元開放的社會，
涵養出有助於公議與公德健康成長的文化沃土」（2016：138）。
公民儒學的提出，無疑重新打開了新的思考框架，為儒學賦予了新
的現代性內涵，並且在台灣的多元文化脈絡下，給出了一條指引的
道路，值得正視。

　　陳康寧，國立中正大學中文所博士候選人，研究先秦儒道、
跨文化哲學、政治哲學。發表的論文有〈倫理與美學的雙環
迴中：《孟》、《莊》在當代的修養與批判〉、〈從「主體」
的角度探討《莊子》「支離」與「通一」辯證下的倫理內涵〉。

參考文獻

一、古籍

孔穎達（唐）。《十三經注疏》第5冊（台北：藝文印書館，1989，重栞宋本）。

朱熹（宋）。《四書章句集注》（台北：大安出版社，2011）。

郭慶藩（清）輯、朱孝魚整理。《莊子集釋》（台北：華正書局有限公司，2010）。

二、現代文獻

皮凱蒂著、巴曙松等譯（2014）。《21世紀資本論》。北京：中信出版社。

牟宗三（1984）。《時代與感受》。台北：鵝湖出版社。

艾莉斯・楊著、陳雅馨譯（2017）。《正義與差異政治》。台北：商周出版。

何乏筆（2014）。〈創傷與創造：台灣的文化糾結與中華文化的重構〉，《思想》，25：159-168。

狄培理（2016）。《中國的自由傳統》。台北：聯經出版公司。

洪子偉（2016）。〈化解社會對立？海特的認知模型及其批判〉，《政治與社會哲學評論》，58：129-173。

海特（2015）。《好人總是自以為是：政治與宗教如何將我們四分五裂》。台北：大塊文化出版公司。

畢來德（2011）。《駁于連》。高雄：無境文化事業。

殷海光（1996）。《中國文化的展望》。台北：桂冠圖書公司。

陳光興（2011）。《去帝國：亞洲作為方法》。台北：行人文化實驗室。

陳俊啟（2009）。〈晚清小說的現代性追求：以公案／偵探／推理小說為

探討中心〉，王瓊玲、胡曉真（主編）《經典轉化與明清敘事文學》，389-425。台北：聯經出版公司。

陳俊啟（2016）。〈五四新文化運動的異聲／和聲？──重探《學衡》與新文化運動〉，《東海中文學報》，32：25-54。

陳昭英（2008）。《台灣儒學：起源、發展於轉化》。台北：國立台灣大學出版中心。

陳瑞麟（2010）。《科學哲學：理論與歷史》。台北：群學出版公司。

陳瑞麟（2016）。〈可以有台灣理論嗎？如何可能？〉，史書美、梅家玲等（主編）《知識台灣：台灣理論的可能性》，15-54。台北：麥田出版。

潘朝陽（2008）。《台灣儒學的傳統與現代》。台北：國立台灣大學出版中心。

鄧育仁（2010）。〈何謂行動：由故事與人際觀點看〉，林從一（主編）《哲學分析與視域融合》，95-117。台北：國立台灣大學出版中心。

鄧育仁（2015）。《公民儒學》。台北：國立台灣大學出版中心。

鄧育仁（2016）。〈公民哲學的理念：從政治自由主義到公民儒學〉，《政治與社會哲學評論》，59：93-151。

Hochschild, Arlie Russell.（2016）. *Strangers in their own land*. New York: The New Press.

Rawls, John.（1999）. *A Theory of Justice*. Cambridge: Harvard University Press.

《學衡》與西方保守主義思想傳統：
兼論「人道主義」與「人文主義」的現代命運 [1]

郭亞珮

　　《學衡》雜誌創刊於 1922年。它的最初創辦人，是一批從美國哈佛大學留學歸國的人文學者，其中最知名的是梅光迪與吳宓。梅光迪（1890-1945）是北京清華學校的畢業生，藉著庚子退款官費的資助，於1912年赴美攻讀學位，1919年得到哈佛大學比較文學的碩士，返國後正值南京師範高等學校醞釀改組為第一所設立於中國南方的國立大學，舊友劉伯明出任副校長兼文理科主任。透過劉的引介，梅進入東南大學英語及英國文學系任教。吳宓（1894-1978）的背景與梅光迪類似，1917年從清華學校的畢業，赴美後於1918年進入哈佛，與梅光迪相識，決定追隨梅所推薦的同一位指導教授，遂投入歐文・白璧德（Irving Babbitt, 1865-1933）的門下[2]。他在取得

1　本文初稿曾於文哲所2016年11月9日「近代啟蒙脈絡中的思想論爭：倫理與人道」會議中發表，獲益匪淺，在此特向與會學者致謝。
2　白璧德是哈佛大學法文系的教授。他生於美國俄亥俄州，1893年於哈佛取得碩士學位後，於次年開始在哈佛法文系任講師，1912年升為正教授。白璧德的著作以西洋文學作品為基礎，評論其中的社會哲學思想。他的文學研究，因此帶有很深的社會評論的性質。他一生提倡人文主義（humanism），不僅以此分析文學作品，並延伸討論社會文化價值的在歷史上的變化。一般論者將他的「人文主義」稱為「新人文主義」。

比較文學的學士學位後，放棄碩士學位的學程，於1921年回國後進入東南大學任教。根據吳宓的回憶，吳宓與梅光迪在美國時就曾談過將來回到中國後，要興辦一個與北大《新青年》走向不同的刊物[3]。梅光迪在東南大學找到教職後，就開始醞釀這個計畫的實行。他身在外國文學系，聯絡了歷史系的柳詒徵、徐則陵，地理系的胡先驌，經濟系的蕭純錦，哲學系的劉伯明，一起創辦了《學衡》這個刊物。

刊物的產生，是各種歷史因素互動的結果：

第一，東南大學從1920-21年成立以來，在原有的以江南菁英為主體的教職員之外，招聘了大量的歸國留學生任教。梅、吳雖然本身具有留學生背景，但是《學衡》從一開始就積極吸收了南京在地宿耆及南大元老教師的參與，算是一個融合新舊學問的平台。

第二，東南大學是中國進入民國時期後在南方設立的第一所大學，在建立之初就有與北方的大學，尤其是北大，相抗衡的意味。透過標榜融合新舊學於一爐的做法，劉伯明等學校的領導者也企圖建立有別於北方專以標新而行於世的形象，發展出東南大學自己的特色。

第三，梅光迪與吳宓兩人，在美計畫新刊物時，立意於挑戰《新青年》雜誌所提倡的文學革命。梅光迪與胡適同是安徽人，前後進入清華，赴美後又同樣隸屬於對人文科學感興趣的小圈子，交誼甚深。梅光迪不同意胡適提倡專用白話文就能改革中國文學的想法，早年曾在私人書信中與胡有過激烈辯論。胡適暴得大名後，梅一直希望把反對意見匯集，平衡新文學運動中獨重白話創作的走向。

第四，吳宓與梅光迪都是白璧德的學生。白璧德一直對於東方

3　吳宓，《自編年譜》（北京：生活·讀書·新知三聯書店，1995），頁177。

的哲學傳統有興趣。他在私下與公開場合，不只一次提到過「人文國際」（Humanist International）的想法，希望將全球各地的人文學者聯繫起來，造成一個新的國際運動[4]。吳宓和梅光迪歸國後的行動，在一定程度上也是受了白璧德的啟發。

這些因素交錯，促成了《學衡》的出版，並且決定了刊物的樣貌。但是在1923年以後，《學衡》的出版條件有很大的改變。劉伯明在1923年底驟然去世，大學內部也派系傾軋，學潮洶湧。梅光迪於1924年赴美，吳宓也帶著《學衡》遠去東北大學，一年後再遷往北京任清華大學國學院主任。1924年後的《學衡》雜誌，基本上已脫離當初的人事基礎，成為吳宓的一人事業[5]。但即使吳宓獨力在瀋陽、北京辦刊，他仍努力延續早期的理念。吳宓在南京的舊同事跟學生，也持續地為雜誌供稿，不時參與著刊物的籌劃[6]。

4　白璧德於1921年9月受美國東部之中國學生年會之邀所做的演講中提到過這個想法。同年正月，吳宓在日記裡也記錄了白璧德在談話間表達了這個期望。白氏的演講後發表在《留美學生月報》，見*The Chinese Students' Monthly* 17.2（1921），85-91；後由胡先驌譯出，以〈白璧德中西人文教育說〉為題發表於次年3月份的《學衡》。吳宓與白璧德私人交談紀錄，見《吳宓日記》（北京：三聯書店，1998）第二冊，頁212-213。

5　由於人事上的變化，高恒文認為從1924年6月開始，《學衡》進入解體的過程，在1926年12月之後，它完全蛻變為另一份刊物，只是仍由同一個編輯所編。見《《學衡》與東南大學》（桂林：廣西師範大學出版社，2002），頁3-6。

6　例如，柳詒徵的《中國文化史》於1925年開始在《學衡》連載；1926年3月，柳詒徵與吳宓在北京見面，共同刪改關於《學衡》的特色的聲明；1927年11月，吳宓接到中華書局同意續辦《學衡》的通知後，當天即刻「函告天繆〔鳳林〕、景〔昌極〕、劉〔樸〕等及南京柳〔詒徵〕、湯〔用彤〕等諸社員，報告續辦立約，索文稿」。見吳宓，《吳宓日記》，冊三，頁162、442。

　　由於吳宓、梅光迪與白璧德的淵源，《學衡》從未間斷過關於「新人文主義」的介紹。從1922到1933年，《學衡》一共刊出過九篇以白璧德或人文主義為題的譯文或介紹文章。其中六篇是白氏著作或演講的翻譯，三篇由他人所寫的介紹。最早一篇出現於1922年3月，最後一篇1931年。總數雖然不多，但是在年份上分布平均，表示了總編輯吳宓對於推廣「新人文主義」這一使命一貫的堅持。除了直接翻譯白璧德的作品與相關文章，白璧德的影響，也許更重要地表現在整個雜誌的選材上。在這個號稱兼容中西的園地裡，許多從西文翻譯成中文的作品，來自於吳宓在美期間受了白璧德的指導而接觸的書籍。他們本身就是根據「新人文主義」的立場而篩選出的材料。另外，吳宓也不時利用他編輯的特權，在譯文或他人所作的文章前後，甚至中間，藉著「編著按」這樣的體例，來闡釋「新人文主義」的觀點。

　　1980年代，在中文世界的學衡研究史上是一個重要突破點。沈松僑的《學衡派與五四時期的反新文化運動》首開其端，指出學衡派的「保守主義」，乃全球現代思潮的一支[7]。樂黛雲的文章〈世界文化對話中的中國現代保守主義〉，進一步從全球視角重估《學衡》的歷史意義[8]。樂文指出，在西方思想史上，激進主義、自由主義與保守主義是一個「不可分離的整體」；「三者往往在同一框架中運作，試圖從不同途徑解決同一問題」。20世紀初的中國一旦與世界接軌，「自然也出現了激進主義、自由主義與保守主義這樣的三位一體」。激進派的李大釗與陳獨秀、自由派的胡適，與保守派的學

7　沈松僑，《學衡派與五四時期的反新文化運動》（台北：國立臺灣大學文學院，1984），頁4。
8　樂黛雲，〈世界文化對話中的中國現代保守主義〉，《中國文化》第一期（1989），頁132-136

衡派，表面上針鋒相對，實際上「思考和企圖解決的問題大體相同。」三者共同構成了中國的啟蒙文化。樂文的出版，在兩個層次上為其後研究提供了新的出發點。一方面，《學衡》的歷史意義被重新理解。它不再代表一種以西方思想為妝點的復古主義；研究討論的焦點，從它對傳統文化的維護，轉向了它對中國文化前景的探索。另一方面，將《學衡》雜誌的出現詮釋成中國文化啟蒙的一部分，無可避免地也意味著改寫新文化運動的內涵。新文化運動不再只是中國激進運動的起始點，它內在的豐富性與複雜性受到新的重視；在激進思想醞釀發生的同時，對於激進思想的質疑與批判，也成了新文化運動的重要成分[9]。

　　受到了樂黛雲的啟發，在進入新世紀前後的20年間，幾本重要的關於《學衡》的中文著作，都不約而同地強調它所代表的現代性；這份刊物的「保守」從一個與「復古」、「反動」同義的貶抑詞，轉變為「世界文化對話」中的一環。但是在目前為止的研究中，對於學衡派所代表的保守主義，仍只有相當模糊的定性分析。樂黛雲將學衡派所倡導的新人文主義，直接連結到18世紀末、19世紀初西方對法國大革命的批判反思，但卻沒有具體地說明：學衡派的新人文主義在什麼意義上體現或繼承了與法國大革命同時發生的西方保守主義思想傳統。這樣的模糊性，使得「保守主義」一詞的意義高度不穩定，在樂文發表後，它從指涉一個思想傳統，快速變為一種意識形態的標籤。在後一定義下，它描述了《學衡》在現代中國

9　參見程巍，〈「中國新文化運動史」寫作傳統──兼談樂黛雲「新文化運動另一潮流」〉《中國圖書評論》2017年11期，頁36-48；余英時，〈文藝復興乎？啟蒙運動乎？──一個史學家對於五四運動的反思〉，收於《五四新論：既非文藝復興‧亦非啟蒙運》（台北：聯經出版公司，1999），頁1-32。

思想光譜上與其他「激進」或「自由」團體、刊物相比較時的相對
位置，而不是這份刊物思想內涵的特質[10]。這樣意義下的「保守主
義」，正如劉禾所批判的，有它的根本問題：它預設了西方「激進
─自由─保守」三分的歷史經驗，是放諸四海皆準的普世模式，可
以直接套用於中國現代歷史[11]。而在學衡派的案例上，標籤化的「保
守主義」有著另外的問題，它不但不能幫助我們更精準的了解《學
衡》思想的內容與意義，而且轉移了研究者對於《學衡》與西方保
守主義實際接軌這一事實的關注。因為對於此一接軌過程缺乏精確
掌握，近年的學衡研究中，出現了將「新人文主義」與「保守主義」
二分的提法，有些學者甚至於認為，學衡派的保守主義使得「新人
文主義」在中國蒙上了原本沒有的負面陰影，誤導了五四時期一般
讀者對與白璧德的認識[12]。

　　本文試圖以思想史的角度，釐清學衡派的「新人文主義」在什
麼意義上繼承了西方現代保守主義的思想傳統。分析所著重的重要

10　例如張源在討論《學衡》的保守主義時，不但將它視為一個完全獨
　　立於人文主義的思想成分，而且在用法上，主要是以吳宓的復古傾
　　向為其保守主義的證明。在這樣的脈絡下，保守主義主要還是以守
　　舊與抗拒新事物為主要內涵，與保守主義作為一個法國大革命後形
　　成的思想傳統，並不是一個意思。見張源，〈從「人文主義」到「保
　　守主義」：《學衡》吳宓譯文研究〉，《從「人文主義」到「保守
　　主義」：《學衡》中的白璧德》（北京：生活・讀書・新知三聯書
　　店，2009），頁218-276。

11　因為這樣的根本問題，其他的學者更願意用其它的分析概念，例如
　　新傳統主義，來談《學衡》的特色，見Benjamin Schwartz, "Themes
　　in intellectual history: May Fourth and after," In John Fairbank, ed., *The
　　Cambridge History of China* （Cambridge: Cambridge University Press,
　　1983），406-450.

12　見 Zhu Shoutong, "Chinese Reactions to Babbitt: Admiration,
　　Encumbrance, Vilification," *Humanitas* 17.1-2（2004），26-45.

關鍵，在於馬修‧安諾德（1822-1888）的文化概念，如何啟發了吳
宓、梅光迪的導師白璧德的新人文主義。安諾德是保守主義奠基者
艾德蒙‧伯克（1726-1797）在維多利亞時期最重要的服膺者與詮釋
者，在19世紀中葉的英國，安諾德獨樹一幟的提出以個人修為為基
礎的「文化」作為社會改革的前提，引起了許多爭議。進入20世紀
以後，他更成了左派學者眼中西方舊式精英主義的代言人[13]。在關
於保守主義的討論裡，他是一個不陌生的名字[14]。同樣的，白璧德
也是一個伯克的追隨者，他的新人文主義堅持個人必須藉著傳統的
規範去實踐人性中的「更高意志」（higher will），不論是在他同時
代人眼中，還是在學術研究者的筆下[15]，都與保守主義有千絲萬縷
的關係。在這個脈絡下，《學衡》藉著提倡「新人文主義」，的確
如樂黛雲所見，扮演了現代西方保守主義傳入中國的媒介。但是，
安諾德的文化概念有特定的歷史性與針對性，它從英國19世紀的社

---

13 參見Edward W. Said, *Culture and Imperialism* （New York: Vintage
Books, 1994）, xiii, 130-131, 316; Daniel Martin Varisco, "Reading
Against Culture in Edward Said's *Culture and Imperialism*," *Culture,
Theory and Critique* 45:2 （2004）, 93-112, esp. 103.

14 Jerry Z. Muller於1997年所編輯的選集，就收有安諾德作品的片段來
呈現保守主義者對於「權威」（authority）的反思。見Jerry Z. Muller,
ed., *Conservatism: An Anthology of Social and Political Thought from
David Hume to The Present* （Princeton: Princeton University Press,
1997）, 167-186。

15 參見*Russell* Kirk, *The Conservative Mind* （Chicago: Regnery Books,
1986 ）, 419-432 ； J. David Hoeveler, "Babbitt and Contemporary
Conservative Thought In America," *Modern Age* 28.2（1984）, 181-192;
Stephen C. Brennan and Stephen R. Yarbrough, *Irving Babbitt* （Boston,
MA: Twayne Publishers, 1987）, 100; J. David Hoeveler, "American
Burke: Irving Babbitt Formulated Conservatism for a World in Whirl,"
The American Conservative 10 （*2011*）, 7-12.

會政治變化中吸納了新的歷史經驗，對伯克的保守主義在思想內容上有所揚棄。精確的說，新人文主義所上承的是這種19世紀中葉、安諾德式的保守主義，其最重要的特色之一是它所反思的焦點已從以法國大革命為代表的政治變革，轉變為工業社會的興起對於知識結構與文化價值的衝擊；它所使用的概念，例如「文化」、「批判」、「民主」，是19世紀工業革命後才被建構出來的新的概念。從安諾德、白璧德到學衡派之間一脈相承的，是在方法上高度自覺地使用新概念來進行社會批判。這種自覺，是18世紀末葉的保守主義思想者無法想像的。在這個意義下，他們的思想淵源，雖然可以上溯到18、19世紀之交出現的保守主義學說，但是卻不是以伯克為典型的保守主義最忠實的繼承者。

在這樣的脈絡下，本文希望重新探討新人文主義與學衡派的保守主義之間的關係。就如同「文化」在19世紀的英國一樣，白璧德的「新人文主義」，也應當被視為一種新建構的理念。它的功能，並不在於倡議恢復古典的或文藝復興時期的道德典型，而更在於建立關照、分析現代文化、社會的立足點。具體的說，它代表的是在工業化與世俗化的衝擊下，重新尋求道德基準的企圖與理想。白璧德的「新人文主義」因此跟安諾德的「文化」一樣，有著「抽象」與「絕對」的雙重特質。學衡派的成員雖然在遇到白璧德之前，已經有了反對激進變革的傾向[16]，但是，他們在五四運動之後的文化論戰中所持的論述模式，必須要從白璧德的新人文主義對他們的影響來理解。

---

16 李歡，走向白璧德：學衡派之「前史」——以梅光迪、胡先驌為例〉，《中國現代文學研究叢刊》2016年第1期，頁29-46。

一

　　在學衡派的論述中，「人文主義」是與「人道主義」相對照的概念，而兩者都是中西「跨語際實踐」[17]中的一個部分。後者在19世紀末葉的日文及中文歷史論著裡，也曾被用來翻譯文藝復興史上的humanism，說明了它與人文主義在意義上一度的重疊性。但在共和革命後的中國，「人道主義」開始被大量地使用，漸漸確立了它自己的語義與用法。在1911年，一位名為華式金的作者，在《軍中白話宣講書》的第六期，首次發表了題為〈軍人宜尊重人道主義〉的文章；同年《北洋政學旬刊》也刊載了未具名的〈佛學與人道主義的關係〉一文。次年，《人道》雜誌創刊。在此後的四十年間，這個名詞持續地在各種社會批判跟改革的論述出現，成為一個流行的概念。在使用上，它指涉一種對於人與人之間基本平權的信念，同時也用來涵蓋所有願意為此而無私奉獻的行為。在行文中，它時常與「博愛主義」甚至「社會主義」的立場相提並論。例如江亢虎等人在給《人道》雜誌的創刊祝詞中，就已經將「人道主義」當作「社會主義」的同義詞。對江來說，社會主義的真諦，不外是本於人道情懷，而去提倡社會的平等化。

　　從目前所見的資料看來，「人道主義」一詞早期的意涵主要受到了日本新詞彙的影響，但卻很快地被留學西方的學衡諸人用於他們對於白璧德的譯介中。《學衡》創刊後在第三年刊印了〈白璧德

17　Lydia H. Liu, *Translingual Practice: Literature, National Culture, and Translated Modernity--China, 1900-1937*（Stanford, CA: Stanford University Press, 1995），241.

釋人文主義〉一文[18]。這篇文章是由白璧德自己所寫,原題為〈何
謂人文主義?〉(What is Humanism?),收錄在他於1908年出版
的《文學與美國大學教育:維護人文學科的文集》中。在白璧德的
寫作生涯裡,它是白氏第一次正面地嘗試用自己的語言去定義人文
主義。跟日後的類似作品相比[19],白璧德在〈何謂人文主義?〉中
的概念表達仍屬粗疏,缺乏細緻開展。但是也正因為如此,在這篇
文章裡,讀者比較能清楚地看出他概念建構的痕跡。《學衡》刊出
的中文版,由徐震堮翻譯。徐是柳詒徵所任教的東南大學國文系的
學生,大學四年級時上吳宓的「修辭原理」,為吳所賞識[20]。他為
《學衡》翻譯白璧德的作品,極可能由吳宓所主動委託,並在事後
加以潤飾修正[21]。

　　白璧德的這篇文章的主旨,在於批判近現代社會中過度氾濫的
感情主義[22](sentimentalism)。Humanitarianism是這種情緒主義最
主要的表現方式之一。徐震堮在譯文中,直接將這一概念翻譯為「人

18　徐震堮(譯),〈白璧德釋人文主義〉,《學衡》第34期(1924),
　　頁5-24。

19　〈白璧德釋人文主義〉出版後,白璧德到1930年才又提筆寫了兩篇
　　關於人文主義的綜述性文章,見"Humanism: An Essay at Definition,"
　　in Norman Foerster, ed, *Humanism and America*(New York: Farrar and
　　Rhinehart, 1930),25-51; "What I Believe," *Forum* 133(1930),80-87.

20　《自編年譜》,頁222、224。

21　張源,〈白璧德「人文主義」思想在中國——《學衡》雜誌徐震堮
　　譯文研究〉一文中對於徐的背景及譯文有詳細分析,見《現代中國》
　　第九輯(2007),頁185-200。

22　本文預設,學衡諸人在翻譯白璧德的著作時所選用的中文語言,不
　　但代表了他們對於白璧德思想的理解,也是出於一種策略性考量。
　　因此行文儘量引用在《學衡》刊出的原始譯文,只以標出英文原文
　　的方式,來釐清文字的意義。參見註94。

道主義」。這樣的作法，可以視為一種將白璧德對於humanitarianism
的詮釋注入中文人道主義這一原有詞彙中的企圖。根據白璧德的解
釋，人道主義者將平等視為終極價值，其實是「同情」這一情感的
擴大。它代表著同情已經失去具體的社會脈絡，變為一種抽象情感，
人道主義者不但將個人情感投射於人類全體，並相信人類未來命運
全繫於這種信念的實踐 。

> 凡人表同情於全人類，致信於將來之進步而亟欲盡力於此事
> 者，但可謂為人道派，……而其所信仰者，即可謂之人道主
> 義。……蓋人道主義幾專重智識與同情之廣被而不問其他。[23]

　　這種感情主義式的同情，在白璧德的詮釋裡，是一種本末倒置
的道德行為。它本身也預設、強化了施予與接受兩方的不平等地位。
而在現實裡，大多數的人道主義者「但見其熙往攘來，懷抱改良世
間一切之計劃，唯獨不謀改良其自身。」[24] 因此是注重外在行動而
不要求內在修為的信念。另外，也正因為人道主義者不謀求自身的
改良，他們在社會改革上的成效非常有限，說到最後，都只是「無
事忙」（busybody）。
　　值得注意的是，白璧德雖然將人文主義與人道主義的混淆追溯
到古典時期，但是卻十分強調從歷史的大趨勢而言，人道主義到了
人類文明進入現代時期，才成為教育、文學、哲學思想的主流。

> 對尊仁愛與同情為至高具足之原理，而不必更以規訓與紀律為

23　〈白璧德釋人文主義〉，頁11。
24　〈白璧德釋人文主義〉，頁12。

之輔。此種思想行事，惟當近今人道主義盛行之世，始有之耳，前此烏得而見之。[25]

在《學衡》第三期所刊的另一篇譯文裡，白璧德對於人道主義的來由，有更進一步的分析。〈白璧德中西人文教育說〉（Humanistic Education in China and the West），是白璧德在1921年9月在美東中國學生年會上的演講，中文版由胡先驌執筆翻譯，於1922年3月刊出。文章一開端就以人道主義來標誌西方現代文化的特性。白璧德根據自己的研究，說明「人道主義」在現代歷史上的呈現，結合了西方在16世紀以來的兩個「極端的擴張」的運動，

> 一方則注重功利，以培根為其先覺，其信徒之主旨，在注重組織與效率，而崇信機械之功用；一方則注重感情之擴張，對人則尚博愛，對己則尚個性之表現，此感情擴張運動之先覺，則十八世紀之盧梭是也。[26]

這兩種趨勢，一為社會的，一為情感的，結合起來成為「人道主義」。而其中所蘊含的進步的概念，在前現代時期，尤其是聞所未聞。

> 綜此兩者而觀之，人類全體須日進於管理自然界，而增加利用與安適。同時以友愛之精神，為擴張感情之方法，以日進於親

25　〈白璧德釋人文主義〉，頁13。
26　胡先驌（譯），〈白璧德中西人文教育說〉，《學衡》第3期（1922），頁9-12。

密。此兩種運動合而論之，可稱為人道主義。[27]

對於進步的崇信，是西方近代的擴張運動的根本。

> 蓋進步主義，實吾西方主擴張者之一種宗教也。十九世紀之人，
> 每以為科學發明且同情心擴張，人類將日進於丁尼孫所言之聖
> 神光明之域，然實則向大戰場而行。[28]

　　一次世界大戰，在白璧德看來，就是以人道主義為標誌的擴張
運動，走到了極端所帶來的結果。

　　因為「人道主義」是在現代世界才成為時代特徵，做為一個概
念，它是現代語境下的產物。在〈白璧德釋人文主義〉一文裡，白
璧德開宗明義地指出，在西方思想史上，humanism 與
humanitarianism一直是夾纏不清、共同存在。兩者的語源，都上溯
到遠在西元2世紀，拉丁文中的humanitas一詞。對於如何理解這一
概念，卻一直有兩種對立的說法。大多數人將它解釋為「汎愛，即
希臘人所謂博愛」（"promiscuous benevolence, what the Greeks call
philanthropy"）。但是另一些人仍堅持它更基本的意思，即「一種曾
受訓練而能選擇之同情」（"a disciplined and selective sympathy"）。
白璧德的文章清楚承認，他將同一字元的兩層意義，分別用兩個不
同的現代名詞來指涉，完全是為了解釋說明現代世界的精神危機。
在此意義下，白璧德與他在中國的追隨者，非常自覺於他們在進行
的工作。在英文與中文世界，他們同步建構了一套對於現代世界的

27　〈白璧德中西人文教育說〉，頁12。
28　〈白璧德中西人文教育說〉，頁12。

論述，而「人道主義」與「人文主義」是其中重要的核心概念。

如同「人道主義」，「人文主義」也是中文與英文同步創發的概念。在中文世界裡，《學衡》出版之前，「人文」這個詞，已經廣為流傳。1911年，胡文藻所著的《人文地理學教材》在《蒙學報》發表連載。在此後的二三十年間，人文一詞，主要以兩種用法出現於報刊，其一是地理學中的兩大分支中的一支，「人文地理」與「自然地理」相對稱，指地理上人為，非天然的現象；其二，是以通俗文言文的形式，使用在像「人文薈萃」這樣的成語中。這兩種用法裡，前者明顯是新創的名詞，但是它直接呼應這個詞在文言文中的使用方法。「文」最原始的意義，是「紋」；《說文解字》用「錯畫」來解釋它，以現在的白話來說，就是「錯綜的紋理形象」。「人文地理學」作為human geography的中文翻譯，沿用了當時的日文語彙；而日本的翻譯，基本上出自東亞舊有的語意系統。在漢字文化圈裡，「人文」與「天文」互相對照，有長久的傳統，前者指人事，後者指自然界中日月星辰的運行。兩者形成一個對照關係。所以《易經賁卦》中才會有「觀乎天文，以察時變；觀乎人文，以化成天下」的句子。以「人文」與來翻譯human，並與「自然」對照，可以看作這一習慣的延伸。這一翻譯方式大約在1910年代的末期固定下來。歐洲文藝復興史上的「人文主義」，在早期的中文翻譯中，曾以「人本主義」或「人道派」[29]的稱謂出現，在蔣百里於1920年寫就的《歐洲文藝復興史》中，蛻變為「人文派」[30]，可說是這一標準化過程的見證。同時，在標準化的過程裡，human在西文中的語

---

29 參見章可，《中國人文主義的概念史（1901-1932）》（上海：復旦大學出版社，2015），頁29、65-67。

30 蔣百里，《歐洲文藝復興史》（北京：東方出版社，2007），頁9。

意也一步步地植入於中文的「人文」一詞中，逐漸轉變了它在現代漢語中的意思。例如蔣百里的翻譯，以「人文」指涉文藝復興時期的反神權的傾向，即是在原本的、與「自然」相對照的義含之外，又植入了西方的、與「神性」相對照的新一層意義。值得注意的是，「人文」成為human的標準翻譯之前，也曾經是culture在中文及日文裡常用的對譯詞[31]。這當然是因為，在西方的語意系統裡，culture從來就是與nature相對照的。這樣的對照結構，與漢字傳統中的「人文」與「自然」的對照結構不謀而合。

　　《學衡》對於白璧德「新人文主義」的譯介，是這一跨語際意義重構的一部分。雜誌在創立之初，同仁間對於如何翻譯humanism，似乎並沒有共識。梅光迪留美期間與胡適的通信中，曾使用「人學主義」來翻譯humanism[32]。而吳宓則一度選用「人本主義」一詞[33]。根據吳事後的追憶，胡先驌在1922年初，著手開始翻譯白璧德在美東中國學生年會上的演講時，決定以「人文主義」為譯詞。從此，《學衡》雜誌中所刊布的所有文章，都統一使用這一詞彙[34]。此後的十一年間，《學衡》藉著持續介紹白璧德的思想，將人文主義一詞轉化為現代中文的常規性語彙，並注入白璧德式的語意。

　　白璧德的定義下，「人文主義者，與人道派適相反，視其一身德業之完善，較之改進全人類為尤急。」在社會行為上，雖然同情

31　《中國人文主義》，頁148、156、158。

32　〈梅光迪信四十五通〉，收於耿雲志（編），《胡適遺稿及秘藏書信》（合肥：黃山書社，1994），第33冊，頁464、465、466。

33　吳宓，〈再論新文化運動（答邱昌渭君）〉，《留美學生季報》第8卷第4號（1921），頁34。

34　《自編年譜》，頁233。

仍然是重要的動機，但是同情「然必加之以訓練，節之以判斷」[35]。

白璧德認為在現代以前的中西傳統中，對於「訓練與選擇」的強調，一直是人文工作者不言而喻的共識。即使是最重同情的耶教——基督教，對於同情的對象，也多有選擇。

> 耶教徒之同情，常限於奉同一信條、受同一訓練者，同為耶教徒則相親愛，而遇異教之人，則深惡痛絕而謀加害。故耶教一方面極重選擇，甚且視上帝為嚴選擇而乏同情者。[36]

同樣的現象，也出現於古典時期代，

> 就大體論之，古代之人文主義實帶貴族性。區別極嚴，其同情心甚為狹隘。而共輕蔑一般未嘗受教之愚夫愚婦。[37]

白璧德對於人文主義者在歷史上所呈現的貴族性，有如是的自覺，但他仍然大力主張、提倡人文主義。這一點，讓一些研究者認為，白璧德以至於他的追隨者，所嚮往的是一種菁英主義式的文化理想[38]。其實白璧德對於在歷史上與人文主義相表裡的貴族性，並不是沒有批評。他明確指出，在文藝復興時期，甚至在20世紀英國上流社會中，經常能看到人文主義提倡者「自立崖岸、輕蔑惡俗」

35　〈白璧德釋人文主義〉，頁11。

36　〈白璧德釋人文主義〉，頁13。

37　〈白璧德釋人文主義〉，頁13。

38　參見Tze-ki Hon, "A New Aristocracy of the Chinese Republic," *The Allure of the Nation: The Cultural and Historical Debates in Late Qing and Republican China*（Leiden: Brill, 2015），113-127.

（aloofness and distain）[39] 的傾向。「此種人文之觀念漸成積習，與身分特權之尊卑相附麗，而知識優越乃因其地位而自負益甚，其同情日趨狹隘。」[40] 白璧德覺得如此狹隘的同情，「誠為可悲」，但是，兩害相權，「然使廣大其同情，而因此墮弛其人文或宗教之訓練，其為可悲，則更甚焉。」[41]

在「如何定義人文主義」這一問題上，白璧德並不認為人文主義就只談訓練、紀律、與選擇，只是「自立崖岸」地專注於自身的修養。它主要的精神，是在同情與訓練兩者之間，有所平衡。

> 真正奉行人文主義者，於同情與選擇二者必持其平。[42]
> 徵之歷史，人文主義者常徘徊於同情與訓練選擇兩極端之間，而其合於人文與否，應視其能否執兩極端之中而得其當。[43]

白璧德提出希臘人的「合度之律」（law of measure），做為人文主義實踐上的金科玉律。在「同情」與「選擇」中間，兩者兼具，有所平衡，才是真正的人文主義。

> 有同情而不加以選擇，其弊失之爛；缺乏同情之選擇，勢必使人流於傲矣。[44]

39　〈白璧德釋人文主義〉，頁15。
40　〈白璧德釋人文主義〉，頁14。
41　〈白璧德釋人文主義〉，頁14。
42　〈白璧德釋人文主義〉，頁12。
43　〈白璧德釋人文主義〉，頁19。
44　〈白璧德釋人文主義〉，頁11-12。

人文主義與人道主義的對立，並不是兩者在內容上的對立，而是合
度與「過度」之間的不同。

二

　　白璧德思想的形成，深受到安諾德的影響，早已是研究者之間
的共識[45]。艾略特在1930年的一篇關於安諾德的短文中就曾說過，
「他是……我們現今所說的人文主義的先導。」[46]艾氏是白璧德在
20世紀最有名的學生，受到過後者的深刻啟發。他的這句話，簡單
說明了安諾德對於了解白璧德思想的重要性。

　　在安諾德的思想中，「擴張」與「專注」是一組歷史發展中交
互出現的特質，彼此互為反動。在於1859年寫就的〈英格蘭與義大
利問題〉中，他首次用「專注時代」（epoch of concentration）來描
述19世紀中葉之前的英國，其最大特色是貴族階段在現實中對於現
有秩序的守護。對安諾德來說，這個時代已經清楚地成為過去，貴
族階級在面對工業化之後的新興社會型態，並沒有具前瞻性的領導
能力，因為他們的個性上太安於現狀。在1864年的演講〈批評在當
代的功能〉裡，安諾德再次以「擴張時代」（epoch of expansion）
與「專注時代」的交互出現，來描述英國歷史的變化。他認為，在
法國大革命之後，英國在伯克式的保守主義的影響下，進入了「專

45　參見Thomas R. Nevin, *Irving Babbitt: An Intellectual Study*（Chapel
　　Hill, University of North Carolina Press, 1984），81-82；周淑媚，〈論
　　學衡派的思想資源──阿諾德的文化論與白璧德的人文主義〉，《東
　　海中文學報》第21期（2009年7月），頁149-178。

46　T. S. Eliot, "Arnold and Pater," in *Selected Essays*（London: Faber and
　　Faber, 1951），434.

注時代」。其特徵是對於固有習慣的維護，和對於抽象觀念的小心
抵制。但是，專注時代無可避免地造成精神的枯萎與壓抑，19世紀
中葉的英國所目睹的正是繼之而起的反動；擴張時代的到來，意味
著人們從之前的限制與拘束中解放出來，重新開始了智識上的好
奇；在物質上，長期的穩定發展帶來進步與安適，也刺激了人們對
於新事物的接受[47]。

　　安諾德在這兩篇文章裡對於貴族階級的公開抨擊，可以視為他
與伯克式的保守主義的決裂。在〈批評〉一文裡，他將英國之所以
能在法國大革命過後的歐洲，獨樹一幟地成為專注時代的重鎮，完
全歸功於伯克的卓見。

> 法國大革命……創造出與它自身相反的、所謂的「專注時代」。
> 那專注時代最偉大的力量來自英國，那專注時代最偉大的聲音
> 是伯克。[48]

　　對安諾德來說，伯克之所以偉大，在於他「在政治中注入了思
想」，在理論上開展了固有制度與習慣所蘊含的歷史價值[49]。但是，
與伯克屬於同一階級的其他貴族子弟，並沒有伯克式的反思能力，
他們對於既有習俗的固守、對於新事物的漠不關心，造成了社會的
停滯不前。安諾德無疑地認為伯克的思想所代表的專注時代已經成

47　Mathew Arnold, "The Function of Criticism at the Present Time," in Stefan Collini, ed., *Arnold: Culture and Anarchy and Other Writings* (Cambridge: Cambridge University Press, 1993), 36.

48　"Function," 33.

49　"Function," 34.

為過去,而他自己所見證的是另一個新的時代的到來[50]。雖然他對伯克有至高的崇敬,但在具體主張上,他無可避免地偏離了伯克的立場。例如,他無法如伯克般相信舊有的貴族階級有能力繼續治理國家,沒有了貴族階級,英國在政治制度上需要徹底更新國家與人民的關係,在作法上應該要向歐陸,尤其是法國,借鏡學習,更重要的,他相信無產階級已一步一步地成為政治中的多數,民主是注定是人類的未來[51]。在宗教上,安諾德在19世紀世俗主義的影響下,也不再如伯克般地確信社會政治結構是由上帝所一手安排的[52]。

安諾德對於貴族的抨擊,還有他對於擴張時代的肯定,也許讓他的讀者以為他是時代進步的歌頌者。但他在1860年代中葉之後所作的一系列文章裡,卻對進入擴張時代後所造的「現代」(the modern epochs)有極為嚴厲的批評。這一系列文章,後來結集成為

---

50 "Function," 36.

51 這基本上是安諾德〈民主〉("democracy") 一文的主旨。本文的初稿為安諾德訪問歐陸國家後的匯報,於1861年完成,以《對於法國、荷蘭、與瑞士法語行政區的大眾教育系統的報告書》為題行世。後經作者刪改後收於1879的文集中。今所參考的版本見Stefan Collini編, *Arnold: Culture and Anarchy and Other Writings*, 1-25。與伯克不同,安諾德對於法國的國家教育系統與民主實踐,有很高的評價,見頁6-8。

52 伯克的宗教觀與他政治思想的關係,見Russell Kirk, *The Conservative Mind: From Burke to Eliot*(Chicago: Regnery Books, 1953), 23-28; Ian Harris, "Burke and Religion," in David Dwan, and Christopher J. Insole, eds., *The Cambridge Companion to Edmund Burke*(Cambridge: Cambridge University Press, 2012), 92-103; Frederick Dreyer, "Burke's Religion," *Studies in Burke and His Time* 17.3(1976), 199-212. 關於安諾德對於宗教的態度,見J. Hillis Miller, *The Disappearance of God: Five Nineteenth-Century Writers*(Cambridge, MA: The Belknap Press, 1963), 212-269。

他最知名的著作——《文化與亂世》。在安諾德眼中，擴張時代所帶來歷史變化中包含著契機，但也有危機。對英國來說，時代的轉變是福是禍，端看它如何面對新的挑戰。而面對挑戰的起點是，對於現狀必須有具批評性的視角。在他的分析裡，擴張時代除了是對於專注時代的反動，並帶有對於新思想的無限好奇，它的特徵更在於「民主」——新的社會階級的崛起——將擴大思想的傳播與意義。雖然安諾德在20世紀後期與21世紀的知識記憶裡，經常被引為維多利亞時期「上流文化」的代言人。但是在實際著作裡，他基本上視工人階級的興起為擴張時代裡最重要且必然的歷史發展。某種程度上，《文化於亂世》是針對如何教育、養成此新興階級的政治參與能力而作的[53]。在安諾德眼中，英國工人階級無疑地已經展現了對於民主程序的興趣與好奇，形成一股新的社會力量[54]。這股「新的、更為民主的勢力」具高度的可塑性，它的出現，挑戰了中產階級與貴族階級的主流意識形態，但是，它本身的性質卻還「無法被正確地判斷」因為它「還沒有發展出屬於他自身的傾向」[55]。

　　若不加引導，工人階級的天真，只會導致它在形成的過程中被其他力量收編[56]。這是安諾德在所謂的擴張時代裡看到的最大危機；也是為什麼他在《文化與亂世》中用極大篇幅去揭發中產階級的偏狹。安諾德稱英國的中產階級為「非利士人」（Philistines），意即庸俗之人。他們眼光短淺、耽溺現狀、缺乏道德想象。英國中

53　參見Mathew Arnold, "Culture and Anarchy," in Stefan Collini, ed., *Arnold: Culture and Anarchy and Other Writings*, 97.

54　Mathew Arnold, "Democracy," in Stefan Collini, ed., *Arnold: Culture and Anarchy and Other Writings*, 10.

55　"Culture and Anarchy," 74.

56　"Culture and Anarchy," 75-76.

產階級之所以具有這些特質，有多方因素。宗教上，大部分的中產
階級為新教徒，而新教中最為極端、也最具代表性的是「不妥協分
子」（nonconformist）。「不妥協分子」有時也被稱為「異議分子」
（dissenters），主要指涉那些不屬於英國國教的少數派教會。雖然
在19世紀中葉，對於「異議分子」的歧視與壓迫大部分已經為法律
所禁止，但是與主流宗教體制長期的抗爭使「異議分子」習慣性地
堅持他們的宗派主義[57]，一意固守於自己所屬團體的成規與教義，
不願意妥協[58]。另外，由於新教教義對於個人良知的極端強調，他
們拒絕將公領域視為凝結、實踐集體道德認知的空間。在公共事務
上，他們務實而精於算計，一心維護現有體制，尤其是高度的地方
分權[59]。經濟上，英國中產階級支持自由貿易、無限制的競爭、工
業上的鉅額利益[60]。他們自滿自誇於英國在19世紀中葉所展示於全
球之前的傲人的經濟力與物質力，不時將它引為自由主義效益的證
明[61]。

　　意識到工人階級將在社會政治生活裡扮演決定性的角色，許多
政治領導者已經開始對他們示好，向他們灌輸中產階級的價值，同
時利用他們的力量來對政府施加壓力[62]。在所有的中產階級價值
中，最為安氏所批評的是「各從所好」（do as one likes）的態度。
安諾德認為中產階級對於個人自由的崇尚已經成了一種僵化教條。
他們不再追問：自由的目的何在？而只是盲目相信，「對一個人來

57　"Culture and Anarchy," 94.

58　"Culture and Anarchy," 70.

59　"Culture and Anarchy," 93.

60　"Culture and Anarchy," 73.

61　"Culture and Anarchy," 65.

62　"Culture and Anarchy," 75, 79, 107.

說，最快樂與最重要的事，是能夠做自己想做的事。」雖然許多評
論人都認為安諾德所謂的「亂世」指的是工人階級的興起，但是細
心的讀者會發現，安氏所預警的是：

> 封建主義——它關於從屬（subordination）的觀點及習慣數世紀
> 來都默默地支撐著英國憲法——一旦逝去之後，我們只剩下制
> 衡的系統（system of checks），還有我們對於「各從所好」乃
> 英國人最重要的權利與快樂的信念。我們正處於漂向亂世
> （anarchy）的危機中。[63]

也就是說，亂世的真正源頭，是中產階級所堅持的個人主義式
的自由主義。而這樣的自由主義價值，正快速在工人階級中擴散[64]。

即將瀕臨亂世，英國必須思考如何振興「文化」。因為只有文
化能讓個人走出日常生活中狹隘的存在，走出階級的限制。安諾德
所說的文化並不指涉過去已形成的行為模式與價值，也並不專指上
層社會的文藝活動。他給予文化的簡單定義是：對於「完美」的嚮
往，是完美的充分表現（the love of perfection；a study of perfection），
而其背後的動力是對於善所發出的道德的與社會的熱情[65]。「文化」
所追求的完美具有如下的特質：（1）和諧的：它和緩而非加劇社會
衝突；（2）全面的：它呈現於社會整體而非個人或少數人身上；（3）
動態的：它不斷地處於形成的過程中，不停留在任何可能被擁有的
物質或表徵上；（4）內在的：它是心靈或精神上的狀態，而非具體

63　"Culture and Anarchy," 83.

64　"Culture and Anarchy," 88.

65　"Culture and Anarchy," 59.

外在條件的組合[66]。在19世紀中葉的英國，由於人們對於物質、機械的沈迷，對於個人主義的深信，還有偏執的性格，「文化」成為一種異常稀有的品質[67]。安諾德仍然相信，

> 在各個階級中都有異類分子（aliens），……——打動這些人最主要的不是階級精神，而是更全面的人的精神，也就是，對於人的完美的嚮往。他們的數目可以被縮小減少，也可以被增加。[68]

明顯地，安諾德所謂的「各個階級」也包括了工人[69]。這些在各階級中的少數分子，對於「最好的自己」（the best self）的追求，也就是對於完美的追求，是否能夠超克「日常的自己」（the ordinary self），在很大程度上端視在現實生活裡能否遇到會幫助它、引導它的外在力量。而這種對於完美的企求，也會非常自然地推動這些異類分子去追隨外在的、能引領自己的力量[70]。安諾德因此主張，英國社會若要走出向「亂世」滑落的危機，需要讓國家變為具權威

66　"Culture and Anarchy," 62.

67　"Culture and Anarchy," 63.

68　"Culture and Anarchy," 110.

69　根據W. F. Connell的詮釋，安諾德此處所說的「異類分子」也就是他在他處所說的「少數分子」（remnant）。而白璧德在不同的著作裡，也反覆地用「高貴的少數分子」（saving remnant）來形容他所期待的領袖特質。在這樣的脈絡裡，菁英是有使命感的人，但不一定是高貴出身的人，他們也能從工人階級中產生。這是討論新人文主義的菁英主義時，經常被忽略的一點。見W. F. Connell, *The Educational Thought and Influence of Matthew Arnold*（London: Routledge & Kegan Paul, 1950），167-168.

70　"Culture and Anarchy,"110-111.

性的文化力量，去提升、培養每一個個人對於「最好的自己」的企
求。只有在這樣的企求中，「我們是合為一體的、是中立的、彼此
和諧的」，它是超克「單獨的、個體的、敵對的」日常的自我的唯
一方法[71]，也是避免陷入亂世的唯一途徑。

三

　　安諾德對於白璧德的影響，可以分兩方面來說。第一，是思想
成分；第二，是理論企圖。
　　在思想成分上，白璧德繼承了許多安諾德對於現代社會的解
讀。例如，安諾德與白璧德都強調現代是一個「擴張」的時代。從
他在20世紀初的早期作品開始，直到他的晚年，白璧德反覆使用「擴
張」這概念來描述現代社會的獨特傾向，而這個概念，也是安諾德
描述現代社會的主要詞彙之一。在擴張的時代裡，對於「機械」的
物質性崇拜，連帶地造成了將人物化的傾向。面對大眾社會的興起，
人們思考的重點不再是個人及社會整體在精神上的提升，人類群體
生活的動物性與機械性得到前所未有的強調。但是，白璧德在吸收
這些思想成分的同時，不但修改、擴充了它們的內容，也對於安諾
德的批判角度有部分揚棄。例如，雖然白璧德的歷史觀無疑受到安
諾德的啟發，但是白氏對所謂「擴張時代」有他自己的詮釋。他不
但將人類歷史上的「擴張時代」追溯到16世紀，而且用它概括了英
國及英國以外的整個西方現代文明。在這個意義上，他繼承了安諾
德針對英國中產階級的分析，但放大了它在時間與空間上的適用
性。雖然白璧德與安諾德同樣地不滿工業社會中對於機械的崇拜，

71　"Culture and Anarchy,"99.

但他的批判包含了後者所不曾觸及的面向。例如白璧德並不強調階級性，也不認為中產階級對於群體生活的無感無視是重要議題，但是卻把無節制的同情、對於平等的偏執，視為現代社會裡人們缺乏道德規範與紀律的表現。另外，白璧德積極地尋求與非西方文化傳統有所對話，例如印度的佛教、中國的儒家與道教，因此比安諾德「更為博大，⋯⋯更具世界性」[72]。

　　即使有著這些思想成分上的偏離，白璧德在理論建構的意圖與取徑上，可以說是與安諾德一脈相傳。根據雷蒙・威廉斯在《文化與社會》一書裡所作的分析，英文裡的「文化」一詞雖早已存在，但是它的現代意義，是在18世紀以後才開始在英國形成。這個概念的出現，與工業革命帶來的社會變化息息相關。從19世紀初開始，政治家、思想家、詩人、作家，持續地尋找、建構一個讓他們能夠立足的分析視角，來理解正在形成的、以工業生產為前提的新興社會，同時對於急速擴散的功利主義跟工業主義等思想方式，提出分析批評。保守主義，浪漫主義，與社會主義的思想家、文學家、與評論家，都在不同程度上，參與了這個建構過程。更重要的是，威廉斯指出是在此歷史脈絡下，「文化」的概念，具有抽象與絕對的雙重特質。他在《文化與社會》這本書的前言裡，清楚的說：

　　我希望讓讀者看到作為一個抽象概念、一種絕對的文化是如何出現的。（I wish to show the emergence of culture as an abstraction and an absolute）[73]

---

72 王晴佳，〈白璧德與「學衡派」──一個學術文化史的比較研究〉，《中央研究院近代史研究所集刊》37（2002），69。
73 Raymond Williams, *Culture and Society*（London: Penguin, 1961），17.

　　威廉斯認為這一出現的過程包含了兩種對於工業社會的反應。其一在於人們認知到「某些道德與知識性的活動」與新興社會的脈動一分為二;其二是藉著對於這些活動的強調,在實際社會判斷之上,建立更高的「申訴機制」(court of human appeal),並讓這一申訴機制成為「和緩(衝突)與凝聚(社會)的另一個選項」(mitigating and rallying alternative)。在威廉斯眼中,文化的建構是在社會輿論之上,建立更高、更「絕對」的視角;同時,因為它自始就是刻意地從現實中超脫出來,它的歷史性模糊而難以捕捉,因此是「抽象」的[74]。

　　安諾德是威廉斯的討論裡重要的一個案例。雖然威廉斯批評了安諾德將國家視為文化中介的想法,但是他承認安諾德是終於把醞釀了半世紀之久的社會批評傳統用一個關鍵詞清楚揭櫫出來的第一人[75],《文化與亂世》因此是此傳統中最有影響力的作品[76]。威廉斯並沒有說明的是,安諾德對自己的行動具有高度自覺性。安諾德在1864年的〈批評在當代的功能〉中,就明白地提出批評立場的建構是擴張時代——也就是他自己所處的時代——所最需要的。因此他說,在對新思想的好奇中,「批評必須尋找發掘自己的敘事理由」,然後「真正具創造性活動的時機」才會到來[77]。也就是說,在現代世界裡,新思想以及對於新思想的吸收,本身並不是真正的創造性活動,「現代」的創發,必須建立在批評反思的實踐中。《文化與亂世》代表的是安諾德對於現代性批判性的思考,而此批判本身也

74　Williams, *Culture*, 17.

75　Williams, *Culture*, 124.

76　Williams, *Culture*, 125.

77　"Criticism,"36.

正是現代精神的進一步實踐。

　文化是安諾德進行社會批評的立基點。根據安諾德自己的說法，進行批評時最基本的原則，在於「與所謂的實際觀點保持距離」[78]。作為一個更高的「申訴機制」，文化代表了不具有階級性、也超脫於既有輿論的一種視角。從這樣的視角出發，《文化與亂世》對於當時英國社會的批評，不但全面，而且高度概念化。它在當時備受爭議，不止因為它所批評的對象，包括了現實裡的所有的組織與團體，同時也因為它所楬櫫的文化概念，純然是為了社會批評而設，幾乎不具有任何的操作性[79]。文化成為一種絕對的價值，用以對照說明現實中既存觀點的有限性，它是一種抽象的思維建構，用以說明真實歷史中的錯誤與危機。在這一層次上，安諾德走的是跟伯克的「實際主義」完全相反的路，文化的提出代表了與伯克式的保守主義的決裂[80]。

　白璧德的「新人文主義」必須放在同樣的脈絡中來理解。它也是一個建構出來的概念工具，用以理解、分析、批判現實[81]。表面

78　"Criticism,"37.

79　參見Sidney Coulling, *Matthew Arnold and His Critics: A Study of Arnold's Controversies*（Athens: Ohio University Press, 1974），181-216.

80　參見Robert J.。Lacey, "Edmund Burke: Pragmatic Conservative," in *Pragmatic Conservatism: Edmund Burke and His American Heirs*（New York: Palgrave Macmillan, 2016），19-61.

81　Russell Kirk 在不同的地方，都強調白璧德思想深受著古典希臘時期的（Hellenic）「合度」思想的影響。由於古典希臘，在一般的理解裡，是西方文明的源頭。以柯克為代表的詮釋，藉著將新人文主義直接上溯到古典希臘哲學思想，在有意無意間，透露著要賦予它更高的合理性與重要性的企圖。由於這樣的企圖，柯克等學者對於新人文主義何以為「新」，多半含糊其詞，很少著墨。

上，白璧德是一個古典主義者。他將自己所心儀的「金科玉律」，即所謂的「合度之律」，上溯至希臘，稱之為「從古傳來之標準」。然而，白璧德的主張並不是要重新回到古典的黃金世界，他所大力著墨的反而是合度之律與歷史現實有多麼地扞格不入。「無論何時何地，大多數人必不健全，以其偏頗也。」[82] 白璧德認為，這是因為人類有走向極端的先天傾向；「人類偏頗之失，殆屬前定。」[83] 也就是說，所謂的合度之律，從來都只是一個理論上的設想。

　　即使在人文主義所高漲的古典希臘時期，或是文藝復興時期，人類都不曾逃脫不斷的向極端滑落的命運。「即在希臘，深明事度之律者，」也如安諾德筆下的「異類分子」「僅限於少數」[84]。古典希臘有像蘇格拉底與柏拉圖這樣的「聰明睿智」的思想家，且「希臘人不特明著合度之律，且審知違犯此律而悍然行理過度者，災將及之」，「可謂最合於人文國家矣」[85]，但卻不能不因「太過之弊」而走向衰亡。白璧德簡要地說，

> 希臘人因理智上懷疑之發達，而失其從古相傳之標準。又因其不能建立一種新標準，使生活有條貫，而個人有規矩可遵循。於是人心浮動，危險異常。[86]

蘇格拉底最終被雅典的公民法庭判處死刑，就證明了希臘文明當時所處的危機。

82　〈白璧德釋人文主義〉，頁20。
83　〈白璧德釋人文主義〉，頁20。
84　〈白璧德釋人文主義〉，頁20。
85　〈白璧德釋人文主義〉，頁20。
86　〈白璧德釋人文主義〉，頁21。

　　同樣的，在談文藝復興時期的發展時，白璧德雖然將它視為人
文主義思想發展的重要時期，但對於它人文學的整體表現，卻沒有
很高的評價。他認為文藝復興初期的學風「專圖博放」，過重解放，
「矯中古之偏頗而失其正，而趨於向反之極端」，所造成的結果是
「漫無標準，凌傲自足，放縱自恣，於以加甚，或竟足危及社會之
生存」[87]。文藝復興的後期又太偏於「嚴苛褊隘……過重一種在上
或外來之規律」；所謂的「新古學派」（Neo-classicists）「專重外
表，拘索儀文」，尤有甚者，「既高傲而又膚淺，全失昔日之深意，
而成為文人雅士尊己抑人之偏見」[88]。

　　白璧德的人文主義，就如安諾德的文化，是一個高懸於人事之
上的抽象概念。由於人類有走向極端的「天定之缺憾」，古代的哲
人才提出合度之律來與現實對照，它在歷史上從來就只是以理論的
形式存在，沒有完整實現的先例。因此當白璧德引用了安諾德的詩
句，「觀察人生，審之諦而見其全」（see life steadily and see it whole）
來說明「執兩極端之中而得其當」的理想時，他也很清楚地說：

　　雖然懸此格，從未有能及之者……其鵠的不啻在無窮之遠也。[89]

　　雖然人文主義者對於平衡中和的追求，在現實中從來不曾完全
落實，但合度之律的重要性，不因而稍減，「其事極難，恐係難之
尤難者，然其重要固自在。」[90]這個重要性可以從兩方面來說。第
一，正因為合度之律的落實難之尤難，它代表了人類自我提升的最

87　〈白璧德釋人文主義〉，頁15。
88　〈白璧德釋人文主義〉，頁18。
89　〈白璧德釋人文主義〉，頁20。
90　〈白璧德釋人文主義〉，頁21。

高理想，而此自我提升的想望是人之所以為人的核心：「出其能力以聯合各種相反之德行，而人之所以為人者見，而人之所以靈於萬物亦以此矣。」[91]

第二，合度之律也是理解評估現實的一個視角。在討論人類文明的興衰時，他特別著重的觀念，是柏拉圖所提出的「一」與「多」，也就是「一致」與「異致」的兩極性。白璧德認為，從一與多之間的緊張與洽和，可以看到「國家之……陷於危亡」的原因。古印度的滅亡，亡於對於「一」的一意追求，以至於忽略了多元性；而在希臘，由於「一貫之理」（restraining sense of unity）的滅寂，造成了「輕浮柔靡」（pernicious pliancy）的惡果。同樣的，白璧德認為歐洲中世紀偏於宗教思想，代表了向神聖的「一」靠近的努力。而現代自然主義，則是走向「多」的一端。

> 彼宗教家所任其頹廢之重要機能，自然主義派起而培植之。然其他機能，則亦久棄不用而使日即萎弱，已屬於玄想生活者為尤甚。人類操縱物質，所得甚多，然一方則沈溺於「多」之中，而約束威服其卑下心性之「一」遂失矣。[92]

白璧德在此處借用了古典的「一」與「多」的對照觀念，來解釋他對於現代世界的針砭。將人化約為自然的一部份，而忽視它向上的精神性，一直是白璧德對於16世紀以來自然主義的批評。對他來說，到了20世紀，此一趨向已經走到極端，成為時代的偏執。只有藉著與「合度之律」這一絕對真理的對照，個人才可能超越這一

91　〈白璧德釋人文主義〉，頁19。
92　〈白璧德釋人文主義〉，頁23。

籠罩時代的「實際的觀點」，並對之提出批判。如同安諾德的文化，
白璧德的人文主義也是一個既絕對又抽象的概念工具；它的提出，
使得批評成為可能，但卻不一定具有作為操作楷模的精確性。

四

　　透過《學衡》，白璧德思想中的主要概念——人道主義與人文
主義——被介紹到中文世界。但是這兩個概念在現代中國歷史上卻
有截然不同的命運。白璧德和學衡諸人對於人道主義的批評，在中
國知識界並沒有引起很大的迴響和關注，譯介後並沒有促成相關的
討論與批評。一直到1949年，人道主義在一般報刊中的使用率，非
但沒有下降的趨勢，反而越來越風行；使用時的意涵，也大致追隨
著民國初年就出現的用例，沒有太大的轉變。《學衡》的論述對於
這個詞彙在中文裡的意義幾乎是毫無影響。而人文主義的現代命
運，卻大相逕庭。根據章可的研究，從1920年代開始直到今天，隨
著「儒學詮釋的現代轉化」大幅度的展開，人文主義在中文世界已
成為討論儒家思想內涵時的最主要的詞彙之一[93]。追本溯源，章可
認為學衡諸人是最先開創以人文主義來轉化儒學論述的群體；梅光
迪、吳宓、胡先驌，乃至不曾親炙於白璧德的柳詒徵，在寫作中，
都以不同的方式將儒家思想元素與人文主義相互比附，合度之律與
中庸之道尤其是其中的重點。透過這樣的比附，學衡諸人利用白璧
德式的人文主義，賦予儒家現代意義，同時，人文主義這一概念也

93　章可，〈「儒學人文主義」概念源流論〉，《中國學》第四輯（上
　　海：人民出版社，2014），頁252-271。

藉著現代儒家的論述話語而在中文世界裡廣為流布[94]。

就思想內容而言，學衡派的確繼承了西方保守主義思想中的某些成分。從伯克對於法國大革命的批評、反思開始，現代保守主義的論述一直是雙軌的。一方面，它的具體主張因應著當下情境的特殊性而改變，因時因地地捍衛既有秩序；另一方面，這些具體主張往往是從一些更高的思維原則所導出，保守主義因此可以被視為對於這些思維原則的服膺。例如，伯克在面對法國大革命時的具體主張是要維護中世紀以降的社會階層系統；這樣的主張的背後，有著對於理性知識的有限性、以及社會演化的複雜性等等的反省與思考。在伯克之後保守主義者可能因為時代的改變而不再相信封建階層的合理性，但是卻能夠繼續按照他所根據的思維原則，來決定面對特定情境時自身的立場。正因為如此，許多學者都指出，作為一種意識形態的保守主義跟其他的主義之間有很大的不同。自由主義、社會主義、或法西斯主義等都有特定的主張與綱領，也就是它們各自的理想價值與行動指標。與這些主義相對照，保守主義的統一性並不來自任何具體主張，而只是一組思維原則[95]。這些原則裡

---

94 章可認為這種比附的源頭是翻譯時的「偶然性」；儒家的概念、詞彙是在無意識情況下成了人文主義中主要元素的對等物。其實學衡諸人在翻譯時對詞彙本身的選擇具有高度策略性的。白璧德素來相信，儒家思想與西方人文主義有一定程度的對等關係，這個信念在〈白璧德中西人文教育說〉中有非常清晰的呈現。吳宓等人也在極大程度上認同此一信念。用儒家語彙來翻譯白璧德的著作，不但是此一信念下的理所當然的作法，同時也是宣導、推廣此一信念的策略性做法。

95 Samuel Huntington, "Conservatism as an Ideology," *American Political Science Review* 51（1957）, 454-473; Jerry Z. Muller, "Introduction: What is Conservative Social and Political Thought?," in Muller, *Conservatism*, 3-31.

最重要的是面對歷史變化時的審慎態度[96]。在現代的脈絡裡，這樣
的審慎態度主要基於對「抽象理論」的質疑。大多數的保守主義者
認為啟蒙運動之後當道的理性主義，過度高估了個人的智識能力，
而忽視社會習俗、成規中所蘊涵的智慧；用形而上的抽象論述作為
理解、評估現存秩序的唯一標準，無可避免地忽視了歷史中非個人
理性所能設想的發展步驟、低估人類總體經驗的豐富性與細緻性[97]。

　　在學衡諸人的著作裡相當清楚地表達出對歷史變革的審慎態
度。在吳宓的〈論新文化運動〉裡，以及梅光迪、胡先驌對於文學
革命的批評意見裡，讀者都能看到他們在論證層次上緊緊地追隨著
西方保守主義的雙軌模式，在具體主張之外，反覆強調歷史延續性
在國家社會族群的正常運作中的重要性。但是，正如本文所試圖論
證的，學衡諸人通過白璧德、安諾德所接受的，是在保守主義的傳
統之中特殊的一個支流。安諾德所念茲在茲的文化是在實現現代價
值、而非捍衛既有秩序的名義下提出的。它明明白白是一個建構出
來的概念，有著抽象而絕對的特質；作為一個社會批判的視角，它
企圖超越所有以維護當下秩序為出發的觀點，屬於「真正具創造性
的活動」。由於這些特質，在安諾德之後，以文化為出發的保守主
義者，例如白璧德以及學衡諸人，即使不再如安諾德般，對於現代

96 Michael Oakeshott, "On Being Conservative"（1956）, in Michael
　　Oakeshott, *Rationalism in Politics and Other Essays*（Indianapolis:
　　Liberty Fund, 1991）, 407-437; Karl Mannheim, "Conservative
　　Thought," in Kurt H. Wolff, comp., *From Karl Mannheim*（New York:
　　Oxford University Press, 1971）, 132-222, esp. 132-137.

97 Oakeshott, "On Being Conservative"; David Stove, Stove, D.（2003）,
　　"Why you Should be Conservative," in A. Irvine（ed.）, *On
　　Enlightenment*（London: Transaction Publishers, 2003）: 171-178;
　　Muller, "Introduction," 9-17.

性與社會批評的關係，有清楚的論述，但是也都繼承了他的徑路。他們的保守主義一方面強調歷史延續性，另一方面致力於建構新的概念工具與論述模式。在此意義下，《學衡》的出現雖如樂黛雲所聲稱，是中國與西方保守主義思潮的接軌，但是它所具體引進的，其實是保守主義傳統內相當特定的一個流派。

郭亞珮，荷蘭格羅寧根大學歷史系資深講師。主要研究領域為中國近代思想史。學術著作見於 *Modern China, Twentieth-Century China, Past and Present* 等期刊。

香港
破局與困局

前言

　　香港由「逃犯條例修訂草案」引發了持續超過半年的抗爭，引起全球關注，觸動了中港台的地緣關係，改變了香港的政治版圖。運動的激烈與激情在新冠肺炎全球蔓延時沉寂幾個月之後，隨著近日國家安全法立法爭議又再燃起。北京政府繞過香港本地立法機關，趁著5月的人大會議，強行推出「港區國安法決定草案」，授權人大常委會就港區國安法直接立法，並打算在香港設置國安機關。

　　本專輯幾位論者雖然立場及關懷迥異，但都指出了去年運動作為「非常態政治」的一面。不單原有的政治秩序無法運轉，運動的激烈抗爭手段更衝擊倫理、道德規範及底線，也引發更多暴力、更大規模的警察打擊，數以千計示威者被捕，這都是香港前所未見的。形勢發展比寫作出版跑得更快，專輯的文章無法涵蓋近日的國安爭議，但是，他們共同指出的問題並未過時：運動無法重建早已失效的政權與社會互動機制，更遑論政治解決與改革方案。北京政府自上而下在香港急於建立國家安全體制，只會讓「一國兩制」順著去年開始的政治衝突的路徑，陷入更深的政治危機。

　　在原有大局已破、懸疑未決、前景不清之際，專輯的五篇文章從幾個方面點出香港「非常態政治」的意義，絕無蓋棺定論之意，反而指出當下為居間、膠著、過渡的時刻。在這樣的困局中，我們都需要有著與它共存的耐性，以及克服它的日常鬥志。

香港嶺南大學文化研究系助理教授　葉蔭聰

社會運動不能轉化，其實是一個問題

呂大樂

「反對《逃犯條例》修訂草案運動」（後稱「反修例運動」）一發不可收拾，從2019年年中爆發以來，到了現在下筆的2020年初，基本上沒有任何跡象會停頓下來，更遑論甚麼一個終局。觀乎目前香港的社會政治形勢，抗爭、衝突將會持續發展下去，而且還會繼續一段頗長的時間。我相信，對大部分香港人來說，這是始料所不及的。

社會運動與社會衝突的持續發展，一方面可從群眾動員的角度來研究和分析，由民眾的怨憤到集體行動的組織，瞭解民間抗爭何以如此頑強。若作一個粗略的分類，這是以社會為中心的角度，焦點在於民眾的不滿和他們所採取的行動。另一方面，則從完全不一樣的角度出發，分析為何這個社會運動持續至今，除了來自社會的力量支持著此起彼落的集體行動之外，我們也需要理解為何矛盾與衝突並未有在制度的框架之內發生與進行，而是訴之於公開的社會政治抗爭。這也就是說，社會運動與社會衝突的發生及其表現形式，並非由社會上所存在的矛盾來決定，至少同樣重要的是政治制度的

失效。這是以政治制度（或說是國家機器）為中心的看法[1]，社會運動長期在街頭進行抗爭，並不完全是社會政治動員能量的表現，而是政治制度的不同方面未能為衝突提供其他出路。

　　本文嘗試從後者——政治制度的缺失與失效——這個角度來討論目前「反修例運動」的發展狀況。而現時這個抗爭持續，看不見一個（無論是從建制或者抗爭者的角度考慮）就算只是暫時性的新的政治平衡局面，令衝突可以有所轉化，這本身反映出一些香港政治發展的基本問題。而這些問題似乎也不會在短期內出現變化，這反過來會限制社會運動的進一步發展，對民主政治的長遠發展或者會有負面的影響。

一國兩制的內在張力

　　一國兩制可以視為一個「歷史妥協」的結果[2]，於1980年代在中英兩國，香港社會內部不同社會階級之間取得一個平衡點，以維持現狀為主題，解決了當時香港政治未來的不確定性的問題。現在事過境遷，很多人已忘記了香港前途談判過程中所遇過的挑戰（例如外交談判出現嚴重分歧，中英雙方可能各走各路，以至信心崩潰[3]），未必可以理解為何當時各方可以接受一個並不能完全滿足他們期望

1　這個以社會或政治制度為中心的分野，乃參考Skocpol的分析，見Theda Skocpol, *States and Social Revolutions* （Cambridge: Cambridge University Press, 1979）。

2　呂大樂，〈終於需要面對未來：香港回歸及其設計上的錯誤〉，《思想》，第19期，2011，頁89-101。

3　Percy Cradock, *Experiences of China* （London: John Murray〔Publishers〕Ltd., 1994），p. 190.

的方案。但這就是「歷史妥協」的現實，對當中任何一方而言，方案都存在這方面或那一方面的欠缺。從正面的角度考慮，這不是一個「贏家通吃」的遊戲，每一方都有得亦有失。可是，從另一個角度來看，則當時的所謂妥協、共識，會隨著環境發生轉變，昔日構思的假設起了變化之後，令早已潛伏的張力再次表面化，產生一種不穩定性。而由於長期忽視這些張力的存在，又沒有想過需要在新的環境裡回應新的訴求，於是矛盾重新結集，裂縫再次呈現出來，不穩定的元素又再活躍起來。

具體地表現在香港社會的環境，當初一國兩制的方案回應香港人對社會主義的恐懼，重點是放在兩個不同的經濟制度的共存，給私人財產提供保障。與此同時，要維持現有生活方式不變（也就是說，在沒有正面挑戰內地的威權政治的情況下，避免國家及政黨支配生活的方方面面），自由便被視為九七後的社會制度支柱。而微妙的地方正在於將來如何保證它得到妥當保護，有賴其他社會制度的配合。對於這個問題，現在很多人的答案是民主化，部分人甚至覺得需要脫離中國，可是在1980年代，香港的主流意見卻並非傾向於政治改革和權力的重組。工商界既無意逆北京的意思，同時亦擔心選舉政治會助長「免費午餐」（即大派社會福利），改變香港的自由放任、低稅率的經濟管理傳統；中產階級也不完全信任民主政治，他們的主流回應策略是通過申請移民而取得「政治保險」，為自己留有後路；至於其他市民，他們各有想法，不過選擇不多，當然不排除對民主化抱有期望和要求的，然而那始終不是主流論述。事實上在整個政治過渡期裡，主流的想法是通過法治來保障自由（包括個人層面的自由，和制度上保障言論自由、集會結社自由、公民社會的構成、新聞媒介繼續發揮監督的功能等），它們兩者聯合起來，保護香港人可以維持原有的生活方式不變。

在一段很長的時間裡，法治作為政治的替代品[4]，以為只要有效維持法治制度，有限度的民主化亦可接受。政治矛盾以及民主化步伐成為香港政治的主軸，很大程度上是九七回歸之後的事情。這不是說回歸前沒有相關的爭議，但當時仍未發展為可以在社會上引起廣泛迴響的議題。可以這樣說，2003年「七一大遊行」改變了整個社會政治環境。若拿當年的情景跟晚近五年的狀況比較，前者當然沒有現時所見的社會抗爭般激烈、持久。可是，當時所謂「五十萬人上街」抗議，是對特區政府管治失效的控訴，對其認受性、權威、公信力造成嚴重衝擊。從此，特區政府需要面對一個很不一樣的政治環境。而由於特區政府的認受性薄弱，施政往往因此而受到挑戰，成為眾矢之的，並無法說服市民它擁有政治授權來領導社會政治發展。進一步民主化作為政治制度建設的重要一環，逐漸變為公眾議論的一個重要的（甚至是主要的）題目。

民主派的內爆

不過，正當政治制度發展議題成為公眾的關注點和爭議的題目的同時，香港的政治反對勢力卻出現了重大的變化，甚至可以說是陷於危機。儘管民主化的議題登上了公眾議程，反對派反而因為他們無法發展出一套立足於香港這個特別行政區的民主政治論述，而發生內爆。這場內爆的發生並不是因為建制派（無論是工商界還是愛國陣營）搶到民意支持，構成威脅，而是反對派本身失去了原來

4　Carol Jones, "Politics postponed: Law as a substitute for politics in Hong Kong and China," pp. 38-56 in Kanishka Jayasuriya （ed.） *Law, Capitalism and Power in Asia* （London: Routledge, 1999）.

的說服力。所以，香港的政治形勢不是此消彼長，而是各路人馬－
－由特區政府到泛民主派，愛國陣營到資本家及其代言人───一起
在社會上失去領導力，誰也不是具備高度公信力、政治權威，又或
者取得廣大群眾信心和信任的人物、組織。本來就沒有一個強大有
力的組織核心和政治論述的政治反對派，更加走向「去中心」、分
散的趨勢。

　　現在事後看來，2003年是香港政治發展的（其中）一個重要分
水嶺。嚴格而言，「五十萬人上街」並非主要由反對派政黨動員而
得到的結果，而是民間的自我動員[5]。那次的大型遊行捲入大量市民
參與，但同時顯露出一份對既有民主派政黨的厭倦、懷疑；他們不
是響應政黨的號召而走上街頭，而是面對特區政府，尋求一個表達
不滿和爭取改變的方法。當然，這個群眾性的自我動員過程及其構
成的新的政治意識，並不是一下子便將政黨政治拉下來。事實上，
社會運動過後政黨的氣勢一度相當不錯。不過，若從另一種中長期
的視野來觀察，則接下來的卻是反對派政黨的地位、聲望、信譽逐
步下降的開始。

　　「七一大遊行」給一批新的政治領袖提供機會，讓他們走上政
治舞台。曾幾何時，不少人期望2003年會為香港民主政治注入新元
素，令1989年之後形成的，由民主黨主導的那一套，早已顯得重複、
有點疲態的民主派路線，出現改變。不過，公民黨的成立未有真正
改變反對派政治的操作模式，同時也沒有帶來有著移風易俗效果的
政治組合、路線的重構，反之，不多久它便融入於原有的議事堂抗
爭，只屬反對派陣營內的其中一個選擇而已。而在整個民主派陣營

5　Francis L. F. Lee and Joseph M. Chan, *Media, Social Mobilization, and Mass Protests in Post-Colonial Hong Kong*（London: Routledge, 2011）.

裡，內部競爭陸續浮現。舊的一套已無法起到作為一個整合框架的
作用，黨內分歧開始表面化，而抗爭路線與立場也逐漸受到質疑（例
如：是否需要更凸顯對基層利益的重視？），雖然本來就不是一體
的格局，但過去民主派多少還可以發揮著一種非正式、鬆散的政治
網絡與聯繫的角色，2003年以後不同規模的政治組織逐漸成型，政
治競技場上的競爭也就馬上展開。

　　有趣的是，香港的政治競爭主要並不是以意識形態作為分野。
社民連、工黨的出現或者提供了「左翼」的選擇[6]，可是「左vs.右」
一直以來都不是香港政治的主軸。就算近年部分新聞媒體形容有所
謂激進化的趨勢，其意思是行動或表現手法的激烈程度，而不是指
訴求的內容，長期以來資源再分配都不是主題，同時也未能以此發
動群眾，作為爭取的目標。所以，反對派的內爆只在初期表現為意
識形態上的分歧，很快爭論便轉向另外一些焦點：民主黨接受在政
制改革問題上進行談判，迅速被標籤為軟弱、出賣港人，成為攻擊
的對象；「本土」議題本來有著多個面向，但經歷不同的路徑發展
後，到2010年前後逐漸聚焦於中港融合的矛盾之上，演變為抗拒北
京的一股勢力。整個政治環境急轉變化，1989年「六四事件」後所

6　香港政治的一個老問題是關於「左」的定義。以前，親中共的社會
　　政治力量稱為「左派」，一是因為與中國社會主義的連繫，二是在
　　殖民地環境裡，它們屬於反政府的陣營。但到了1970年代，受到「三
　　分世界」的思想影響，再而配合「愛國反霸」路線，「左派」團體
　　的鬥爭策略與手段便變得溫和。同時在香港社會運動界別，亦出現
　　了受西方馬克思主義、新左思潮影響的「新左」。而在回歸之後，
　　親北京的力量成為了建制的一員。參考趙永佳、呂大樂，〈導言：
　　「左派」運動在香港〉，趙永佳等（合編）《胸懷祖國：香港「愛
　　國左派」運動》（香港：牛津大學出版社，2014），頁1-12。社民
　　連、工黨等組織的「左」當然屬另一種意思。

形成的民主派導向——很大程度上是「一種沒有明言的『民主抗共』和『維持現狀』」的立足點[7]——逐漸無法回應很多市民的焦慮、怨憤。以前民主派人士的政治視野包含期望改變中國，並以此將短期的（在香港內部的工作）和長期的（中國本身的改革）目標（例如香港社會的自我完善，長遠對中國走向開放起著積極作用）結合起來。但在過去十年（2010-2019）這反而成為了一個難以承受的包袱。隨著政治形勢的發展，民主派或反對派的政黨及其領袖，漸漸由政治舞台的中央轉到旁邊，失去了領導的位置和能量，很多時候甚至只能尾隨其後，但求不會嚴重地落後於群眾。

2003年之後的情況是，舊的一套逐漸失去了維繫的作用，同時也在市民大眾中間失去了說服力，可是新的框架卻未有搭建起來。但這並不等於民間的聲音與行動會變得沉寂。剛好相反，在「七一大遊行」之後，北京調整了對港策略，一方面不再刻意避免干預，而是更加關注和直接表達意見，另一方面則輸出政策、援助，有意無意之間加強內地與特區的融合。在這個過程中，新的矛盾湧現[8]，為社會動員提供機會和燃料，不過，民主運動卻反而迷失了方向。

去中心的民主政治

2003年「七一大遊行」的空前成功（不單只動員大量市民上街抗爭，也成功把特首董建華拉下馬）同時也埋下一種鬥爭範式的衰落。過去所謂「和平抗爭」（在議會內扮演反對派，盡量抵抗北京

7　馬嶽，〈民主運動三十年：自由專制下的防衛戰〉，鄭煒、袁瑋熙（合編），《社運年代》（香港：中文大學出版社，2018），頁8。

8　呂大樂，前引文，2011。

以不同方式改變香港的社會政治文化面貌，而在議會外和平抗議，
呼應制度內的反對聲音）很大程度上建立在一個假設之上，就是香
港守得住它的法治、自由、開放，有助於中國漸進地走向開放，而
這反過來又會令這個特別行政區有更好的發展。這個發展路徑是崎
嶇的，過程有進亦有退，方向是期望漸進的改變。在某些方面（例
如支持八九民運），立場是堅定的，但在很多方面，對特區政府和
北京的衝擊是有限度的。這是一種自我克制的抵抗，效果時而顯著，
時而無聲無色。「七一大遊行」遺留下來的提問是：就算如此大型
動員，又能否得到更多？而當因北京更自覺要對特區管治有更多影
響因而產生的矛盾、磨擦、衝突陸續出現之後，舊的框框顯得欠缺
說服力。當舊的範式失效時，在反對派陣營內無論在組織、行動、
言論一時之間百花齊放，令中心失去維繫的能力，從此再無一個具
備權威的單位可當領導。

　　這個反對派陣營內「去中心」的現象，經過一段時間後，逐漸
衍生出另一種新的抗爭文化：

　　（一）自我動員的經驗產生一定的充權（empowerment）的效
果，令群眾不再被動地響應號召而參與政治行動，而是可以通過新
的程序，召集群眾、採取行動。結合資訊科技、社交媒體的迅速發
展，由誰來動員群眾、如何發動市民大眾參與、怎樣繼續動員等問
題，早已跟早期以政黨或社會運動聯席為重心的組織模式，變得很
不一樣。

　　（二）不過，由雨傘運動到現在「反修例運動」所見，這種走
向多元和小圈的趨勢，在充權之餘亦有其內在的問題，而其中最為
明顯的就是對「政治代表」持否定的態度。基本上，「你不代表我，
我不代表你」。就算政黨通過選舉取得選票，那種授權也是有限度
的、權宜的，甚至與當選議員的任期不是直接掛勾的。而集體行動

中的代言人、召集人、組織者，他們沒有一個身分，更沒有參與者一致地接受的角色。這種操作的模式重視過程，但不利於社會運動的轉型，尤其是需要進入談判階段時，每每便因為「誰代表誰」的爭議而寸步難行。

　　（三）近年的集體行動長於情感表達，帶著強烈的道德感，給個人的行動賦與道德價值和意義（這剛好跟政黨政治那種重視組織是倒轉過來的），令人投入其中。這類集體行動很有爆炸力，但對於其後跟進的政治實務，沒有太大關係。參與的滿足感源自於過程，而不是很具體的目標。提出「五大訴求，缺一不可」，其魅力在於堅持「缺一不可」的那份執著、道德感。不過，濃厚道德感往往蓋過了空洞內容的問題。過去五年的社會抗爭並沒有社會議程，連旁及資源再分配、怎樣改革社會政策與服務的嘗試也極為罕有。這可以理解為極其專注民主政治變革、捍衛自由、抵抗北京的威權管治、爭取香港可享有更高度的自主性。但只談政治，而不談通過政治可以實現哪些目標，為香港建設一個怎樣的未來，則整個社會運動如何可以走得更遠，又或者轉型到其他領域（例如議會）繼續進行鬥爭，頗成疑問。

　　從某一個角度來看，這是真誠的社會運動，不會轉彎抹角，也不會花言巧語，一鼓作氣，堅持到底。既然只有訴求完全滿足後才有將來，豈能接受妥協、讓步；這種做法是將所有東西統統放在枱面，沒有後補方案。這是單一訴求，一就一，二就二。要妥協的話，情願甚麼都不要。它們必須不停地動員，以行動來支持下一個行動。由於不停地行動，而且抗拒談判，於是很難有機會和場合去修訂運動的議程、訴求、方向。一個接下一個行動的發展下去，乃這種範式中的唯一選擇。

從另一個角度來看，則現時香港的社會運動一直無法出現政治上的轉化，以另一種方式來繼續進行鬥爭。頑強的反抗令很多人深受感動，覺得抗爭者付出了很多。可是，當社會運動未能出現政治轉化，一直依靠集體行動來維繫參與者時，則這不單只成本高昂，而且不易一直保持著動員的能力，令集體行動可以繼續下去之餘，更進一步去尋找具體的變革。

這個無法出現政治轉化的情況，很多程度上是香港民主政治本身的缺失的後果。在制度的層面上，香港的政治社會失效，議會和政黨都未能協助社會運動轉化，將鬥爭的領域擴展到其他方面。基本上，政黨只是走在社會運動的後面，而未能將其訴求演繹為議會政治所可以代表、推動的議程。同時，政黨也未能為運動提供持久鬥爭的出路。反之，尾隨其後的政黨只想藉此而維持其民眾的接觸，並以此來吸收民意的支持。香港民主政治中政黨政治和政黨政治的「發育不良」，阻礙了社會運動的政治轉化。

社會運動的不停動員，繼續行動，很多程度上是因為它沒有其他目的——而更令我擔心的是，它的參與者似乎害怕去思考這個關於目的的提問。

小結

當然，這個社會運動停不下來的情況，可歸咎於香港特區政府無意跟群眾對話、香港未有真正的民主政體（所以也沒有當權者的更替）、北京的威權政治框框等。這些因素都是實在的，而且短期內不會有甚麼變化。但這不等於說香港的民主運動以目前的方式繼續下去便有出路。過去十年香港社會運動的確令人有很多意想不到，但這並不等於變得更強。當事情不是立即便有個解決的時候，

恐怕大家還是要問：怎麼辦？沒有一個遠景，眼前的可能只是過眼雲煙。

　　呂大樂，現為香港教育大學副校長（研究與發展）、香港社會研究講座教授、香港研究學院總監。他的研究範疇涵蓋階級分析、經濟社會學、城市社會學和香港社會研究等領域。新近出版的書籍包括：*Hong Kong 20 Years after the Handover*（Palgrave, 2018）、*Routledge Handbook of Contemporary Hong Kong*（Routledge, 2019）。

回望香港2019

王超華

　　顯然，2020年將因新冠病毒肺炎全球疫情大爆發而進入歷史。至於2019年最具標誌性的事件，恐怕非香港抗爭莫屬。在半年多時間裡，香港反對修訂《逃犯條例》的大規模社會抗議運動，斷續反覆出現在世界各大媒體頭條位置，引起廣泛關注，而且從抗爭的口號到形式，都直接影響了年底各大洲多國發生的重大抗議示威事件。由於突發的新冠肺炎疫情，外界注意力已轉移。不過，回放過去一年與香港抗爭有關種種的時候，除了重溫當時的情緒跌宕，亦不免注意到一些曾經忽略的情節，以為頗值得作一些探討。

　　我個人因為參加紀念「六四」三十週年各種活動，去年的頭五個月相當忙碌。開始注意到《逃犯條例》修例在香港引起的抗爭，是在洛杉磯參加6月9日全球各地港人連線抗爭的集會，當時已經深為青年港人的積極投入而驚嘆。不料後來事態發展迅疾，雖然每天都努力跟進，仍感覺難以及時抓住主要趨勢。11月24日區議會選舉後，得益於許志永博士在推特上的發言，為我整理自己的想法提供了槓桿和思路。當時一些即興議論，得到兩岸三地一些師友鼓勵，遂令我起意去搜尋閱讀各種版本的大事記，這就是上面提到的「回放」。令人感慨的是，去年11月時許志永仍可表達己見，今日他已因大膽批評北京當權者習近平而「被失蹤」，生死不明，令人擔憂。

我藉此機會重新認真考慮許志永當時的意見，並向他致敬致謝。以下就從11月底的即時感想入手，考慮香港當時堅持「不割席」的「和理非」和「勇武」抗爭所牽涉到的一些議題，提出對2019年香港逆權運動起點和終點的設想，順帶考察與當時動員能量密切相關的「香港人」認同，最後稍加辨析北京中央政府和港府在動議修例和應對反修例時的各種動作，探討過去一年對香港今後的影響。

一、暴力與割席

　　進入10月，香港警察和逆權運動雙方都出現暴力升級。許志永11月28日在推特發出題為〈非暴力的靈魂——對批評的回應〉一文。此前，他看到11月11日發生黑衣人向持不同意見民眾潑易燃液體並點火的視頻後，由於一直支持香港抗爭而感到極為痛心，懇切呼籲示威者與傷害平民的暴力行為割席，結果在推特受到出於支持抗爭而來的各種批評指責。他這篇〈回應〉包括四部分——怎樣對待警察暴力；和理非與勇武的作用；勇武的底線；非暴力的靈魂。據此他梳理了自己對香港事態的看法：他相信，和理非與勇武之間有重要的互補作用，但認為勇武應以和理非為旨歸，必須擯棄極端暴力。進一步，他為早先發推時的憤怒情緒檢討道歉，並重點闡發了他相信「非暴力的靈魂」必然在於「愛」這樣一種理念。
　　其實，這篇〈回應〉在網上流傳時，很多非勇武人士的港人和支持港人的外界人士，都在糾結於是否與暴力割席，以及如何認定暴力的正當界線。香港各媒體也紛紛展開討論，一時間「道德證成」等政治哲學語彙遊蕩於傳媒評論頁面。那幾個月裡，香港大學陳祖為教授曾到多間大學演講並接受傳媒採訪，從政治倫理學入手，探討「暴力邊緣」的規限和公義原則。有意思的是，許志永提到抗爭

暴力在內地失去「民心」，陳祖為則提到要警惕使用極端暴力會帶
來「民意逆轉」。二人看似一致，但比較而言，對當時勇武派的暴
力程度，陳祖為認為仍在正義範圍之內，而許志永卻憂心如焚，認
為已經令民心盡失。其中差別，應該源自後者身在內地。香港的暴
力升級，確實在內地激起強烈民族主義情緒，乃至叫囂說應該把坦
克開過去鎮壓的也大有人在。但是香港的情況與此不同，這個從前
以講規矩守法著稱的城市，隨著衝突升級，對港府和警隊的信任度
直線下降，對抗爭者暴力的容忍卻穩步上升（這是11月中旬的情
況）。這個狀況，顯然較難被內地觀察者捕捉。

　　確切地說，香港勇武派並不忽略民意支持。一方面，特別是8
月以後，當他們前衝的時候，或者如11月後匿名V小隊設想未來像
北愛爾蘭共和軍那樣進行武裝鬥爭的時候，都曾表現得很自信，認
為民眾當然站在他們一邊。另一方面，即使是鬥志最高昂的時候，
他們也會顧及國際觀瞻。10月底11月初，香港抗爭者聚集的連登網
站上能夠有效勸阻勇武出格行動的，大概只有西方媒體的不利報導
（例如CNN、紐約時報、德國之聲、法國國際廣播電台等，都在這
一時期發表過憂心香港暴力失控的報導）和西方政客的疑慮，因為
從7月底網絡眾籌向大阪G20喊話開始，到黃之鋒何韻詩等人在美國
國會作證，這場逆權運動一直有著向國際求援這個重要維度，勇武
對此也有認識。國際反饋通常會即時反映到連登，進入勇武關於策
略的爭論。至於說爭取內地人心，這個運動只在6月份曾有過略為認
真的努力，之後就基本忽略並放棄了。12月後進入年節期間，更發
展成抗議大陸「水貨客」。大陸民心已經完全不在抗爭者即時行動
的策略考量之內。

　　同時，至少在12月之前，和理非與勇武之間的「不割席」，並
不只是和理非被勇武綁架。關鍵時刻，勇武也會高度克制，用實際

行動堅持不與和理非割席。舉兩個突出的例子。8月18日週日，民間
人權陣線（民陣）再次發起「反送中」大遊行，警方發出反對通知
書，只同意民陣在維多利亞公園內舉辦集會。民陣仍訴求民眾積極
參加，並決定以Be Water精神進行「流水式集會」，引導進入維園
的民眾分批離開，同時在前一天呼籲勇武派暫停行動來支持和理
非，讓這次大集會能夠成功。那個週六我查看港媒即時新聞和連登
等社交媒體，從香港時間下午開始，抗爭者已經慢慢安靜下來，互
相跟貼都是「明天維園見」一類的打招呼，一片蓄勢待發的氣氛，
當晚的活動很快就波瀾不驚地結束了。第二天的流水集會，果然和
平有序。市民們在大雨之下安靜守候兩三個小時，以便進入維園能
夠被計入總人數。最終民陣錄得約170萬人出席。更為突出的例子是
11月底的區議會選舉。同樣是選前一天網絡上格外沉寂，選舉當天
各個投票站大排長龍，投票率達到史上最高，比前次上升了24% 還
多。泛民最終贏得80%以上席位。北京官方媒體力求將這次選舉結
果描述成和以往相比沒有根本變化，建制派與民主派支持率仍維持
在長期不變的四六開。海外一些民運人士如胡平也持此觀點，許志
永同意這種意見。但是，據香港中文大學馬嶽教授以實例數據分析，
投票率越高，泛民候選人獲勝機遇越大。可以說，運動衝高的投票
率左右了最後結果，事實上完全翻轉了上屆區議會的組成格局。如
果以為勇武派的暴力有可能拉低了泛民支持率，那恐怕是誤判了。
選前那兩個星期，正是中文大學和理工大學先後發生激烈衝突、也
是整個逆權運動中暴力的峰值期。很多泛民候選人都沒有開展正式
的競選活動，因為他們不願引起2014年雨傘運動後那種因為算計選
情而造成的內部爭議和分裂。結果，大肆拉票做宣傳的，都是親北
京的建制派，可是最後泛民仍然大勝。想一想投票時香港理工大學
還在圍困中，開票後泛民當選議員做的第一件事就是集體探訪理大

校園——很顯然，這個選舉結果當中，就有勇武派與和理非相互「不割席」的貢獻。

肯定逆權運動中的不割席，不等於贊同所有抗爭者的所有行為。正如許志永所說，不割席不應當成為無原則的政治正確。為此，許志永提出基於「道德底線」的三條標準，作為衡量暴力規限的比例原則，即：不主動攻擊傷人，不破壞公共設施，不傷害無辜。與此類似，陳祖為也提出，衡量暴力是否符合公義，必須考慮比例原則（proportionality）。但陳祖為不是從認定一個確立不移的底線去看暴力行為，而是試圖在個別的具體情境裡分析。他認為，具有一定正當目的和必要性，並且是在對等比例條件下應用的暴力，可以是道德上正確的。基於此，直到11月中，他仍然認同不割席，繼續支持香港勇武派。比較起來，陳祖為的討論較為抽象，許志永的更具體。但標準具體時也會發生界線模糊的問題。許志永提出的第一條和第三條就很容易從公共視角的**事實判斷**滑向當事人主訴的**陳述判斷**。具體到香港的案例，幾乎每一次發生「私了」或傷人，辯護者都會找出理由，強調當時不是「主動攻擊」或者對方不屬於「無辜」。這時，這類標準很容易失去討論效力。比較起來，從具體情境下的比例原則出發，也許更有益於伸張公義。

至於說第二條的不破壞公共設施，我以為沒必要拿來做絕對標準。例如，香港此次抗命的最初兩個月，每次大型抗議集會或遊行，港鐵都將其視為「公眾活動」，努力提供相應服務，包括增發車次，免收車資等措施。可是，8月21日夜民眾在元朗紀念「7.21」白衣人無差別攻擊市民一週月，防暴警察入內清場後，港鐵再次加開專列疏散群眾，北京的人民日報卻在其微博帳號發表評論，指港鐵護送黑衣人免費乘車，是要「跟暴徒穿一條褲子」，並警告港鐵「該掂量掂量輕重了」。政治壓力下，港鐵果然改弦易轍。此後每遇遊行，

或者事先取消車次，或者提前關閉站口，為和平示威製造障礙。示威者因此斥罵港鐵為「黨鐵」，伴隨而來的是大規模毀壞車站設施的舉動。也就是說，作為公共設施的港鐵，放棄自己為民眾政治活動提供公共服務的職責在先，勇武派大規模攻擊港鐵設施在後（此前有過小規模逃票或阻擋發車等並非特定針對港鐵的「破壞」行為）。我個人會借鑑陳祖為的評判方式，認為這種破壞仍然遵循了比例原則，有其道德正義性。此外，勇武派「裝修」那些所謂「親中」商鋪，雖然和公共設施無關，但與攻擊港鐵有類似的原因。比如美心集團高管到聯合國作證說香港抗爭者只是一小撮「暴徒」，直接導致勇武們將其下屬商鋪作為「裝修」目標，其理由當時亦為相當數目的公眾默認接受。甚至由此延伸到「裝修」陸資銀行門店，只要是在運動膠著期間，我仍會認為因這些門店與北京當局和權貴的密切關係而被裝修是具有一定道德正義性的。但如果暴力攻擊延伸到一般中小規模「藍絲」商家，正義性就會有很大問題。

　　但同時，許志永實際上是在說，任何口號都不應成為無條件的政治正確，用以阻礙不同意見的表達。這是更根本的公共立場，抗爭者沒有理由拒絕，我們都應該支持。必須承認，在這場無大台無組織的大規模社會運動中，確實存在著缺乏反思和前瞻的短板。回到暴力行為規限的問題，在那個點火燒人事件中，我其實很認同許志永的痛心和憤怒，我看到那個視頻時也十分震驚。而且每次看到類似的視頻紀錄，我還會如他所擔憂的那樣，不可自制地想到會不會是被栽贓。在這個無大台、無組織、普遍匿名的大規模社會運動中，被栽贓難道不是很容易發生的事情嗎？不過，我認可某些暴力表達的正義性質，並不會如他那樣堅守非暴力立場。那我應該如何對待自己不能接受的傷人事件呢？我想，一方面是運動內部需要勉力維護某種容納討論和爭議的空間，可以有不同意見卻並不發生割

席。那幾個月裡，連登網站上隔一段時間就會有一些理性聲音出來，大約可以視為是自動生成的這種空間，多少維持了運動中道義標準的動態平衡。就暴力事件來說，堪稱奇蹟的是，長達半年多的時間裡，道德失準事件仍然屬於小概率的偶發個別情況，這是從整體來看。另一方面，從個體來說，任何偶發事件的受害人，都承受了遠超比例的傷害，也是必須正視的事實。如何面對惡質的偶發情況，我以為訴諸「人道主義」要比訴諸「愛」更具普適意義。比起毀物，針對人身的暴恐行為，必須有更嚴苛的限制。不可在社會公義的名義下，隨意傷害或毀滅他人的肉身存在。警方不可以，所以我們堅持要求獨立調查警暴；抗爭者也不可以，否則，調查警方的要求就失去了道義基礎。這不是一個策略層面的問題，而是說不應該與「五大訴求」的正義內涵互相矛盾。逆權運動，必須要能夠在不割席的情況下，嚴肅討論這類問題，為促進社會和政治的進步維護一個比較堅實穩定的公義基礎。

二、從612到1124

　　從策略角度考量，人們會討論抗爭中勇武式的暴力升級是否可取；從道德層面衡量，則會辨析這種升級是否可接受。與這兩端同在的，還有政治的維度。如同戰爭是政治的延伸一樣，抗爭中的暴力升級也是抗爭政治的延伸（但卻未必是日常程序政治的延伸）。過去一年裡，內地或海外大陸背景的人們評論香港抗爭時，不論是支持還是反對，常常膠著於前兩端。比較起來，從政治上解讀或批評勇武抗爭以及不割席現象，香港本地學者常常有更多更深入的思考和論述。從我本人有限的追蹤和閱讀出發，我會建議將2019年香港的抗爭看作是一場從「612」起始、到「1124」達致某種相對終點

的運動，並沿用香港學者羅永生「政治的終結」和「政治的重返」
等論述，以此來理解運動中的特定表現。

　　在初始階段，外界觀察通常驚嘆於6月9日百萬人和6月16日200
萬人的兩次大遊行。這兩次都發生在週日，但決定這兩個週日行動
的其實是夾在中間的那個週三。「6月12日」在當日到來之前已經充
滿威懾和終結意涵。林鄭當局從2019年2月份開始，推動修訂《逃犯
條例》，雖然遭到各界強烈質疑和反對，卻越來越強硬，在5月20
日決心繞過在泛民和建制派之間陷入程序爭議的立法會法案委員
會，將修例草案直送立法會大會二讀，當時宣布的二讀日期即為6
月12日。正如羅永生當時評論，因為公民社會在殘缺不全的民主體
制下，已經無法通過政治博弈來有效表達民意，遑論遏制政府；既
有的「政治」渠道已然失效，制度化的「政治」已無從持續，於是，
爆發了500多團體「反送中」連署活動，直至6月9日百萬人上街試圖
阻止。而林鄭當局仍在當晚即發聲明表示日程不變。此即他所謂「政
治的終結」引致612衝突。

　　作為對此前政治生態終結的反應，「612」同時開啟了不確定狀
態的新階段，定義了此後半年街頭政治的基本形態。這一天，民眾
決心阻擋立法會日程，設置路障並準備占領示威區，官方則決心不
令「雨傘運動」的長期占領重現，匆匆宣布這是「暴動」之後，立
即施以1997年回歸以來強度最大的鎮壓；當日的激烈衝突迅速催生
出「五大訴求」。這一天，示威群眾首次默契地分解成「前線」和
「後方」，自發形成的多條人鏈為「前線」堅持的人們傳遞一切可
能找到的臨時防護材料，所有人都覺得無法接受警方的過度武力。
當天之後，出現了「不割蓆、不篤灰、不指責」的新口號。「五大
訴求」和「不割蓆」，自此貫徹運動始終。這一天的對抗中，原有
的政黨、議員等「大台」首次扮演了示威者和警方之間立場中立的

「交涉者」，確定了新階段裡，抗爭民眾「無大台、無組織」的特徵。這些都成為此後運動的基本型態。接下來三個月，和平抗議的連儂牆和人鏈，時常與設路障包圍政府機關甚至衝擊立法院的激烈行動相互支持。「831」警方施暴後，正值開學季和歌曲《願榮光歸香港》面世，學生人鏈和商場快閃唱歌此伏彼起，與勇武派開始破壞港鐵並在街道使用「火魔法」並行不悖。不割蓆和無大台始終貫穿其間。

港人充滿創造力的抗爭，先後遭遇當局有目標施壓和警方「有限暴力」的精準打擊。港府9月份通過教育局施壓學校並追查學生，中學罷課很快難以為繼。公共空間的快閃合唱和每晚10點在住屋開窗合唱並呼叫口號的活動，因港警祭出法條，隨時強行進入商場或住家物業盤查而逐漸消聲。上文提到過8月18日170萬人大遊行，被迫採用流水式。隨著官方壓制升級，這樣流水式的遊行後來也已成為不可能。「818」後再一次大遊行，已是區選後的12月8日。8月之後申請獲批的集會遊行，常遭強制提前結束，留出的疏散時間根本無法讓民眾安全離去，警方則衝上來大批拘捕，在市民中製造參加遊行危險的寒蟬效應。同時，鎮壓中暴力升級。10月份警方兩次單發實彈傷人，顯示出精心設計用來消磨公眾反應強度、惡意激怒並分化孤立勇武派的跡象。但北京操盤者和港府當局打錯了算盤。整個11月裡，強力壓制下的和理非民眾，其不滿不甘只增不減，乾脆將勇武派的堅持看作是為自己發聲，感激或慚愧自責的表示比比皆是，成為中大、理大暴力衝突長達兩週期間，主流民意不割蓆的基礎，也是泛民橫掃區選議席的重要原因。內地讀者大概很少會注意到這一點。

與此相關的一個問題是香港的「警暴」。過去一年，世界很多地方發生民眾抗爭，和別的地方比較，一些西方人士很不認可香港

有警暴的說法，以為港警表現相當克制，法國警察都要比港警更粗暴。我以為，這種比較忽略了港警手法的「細膩」，猶如世界在很長時間裡忽略了中國政府絞殺維吾爾族語言文化時使用的手段其實相當「細膩」，絕不是「最終解決」的進路。港警作為的關鍵，是在執法表象下，侵入港人的既有生活秩序和私人生活範圍，通過威脅／要脅個體的自身安全確定性，限制並剝奪港人在公共空間的參與能力和權利，特別是政治表達的空間和自由。這和其他國家警察被控「警暴」的重要區別在於，它已經超出城市警力公共安全的職責範圍，越權到政治管治領域。身著黑衣就可能在路上隨時被查被抓，手機隨時遭解鎖；大聲斥責警暴就可能遭到「制服」拘捕；遊行集會時步出指定行道同樣可能被「制服」，或者招致無預警的催淚彈——這些旨在令民眾內化恐懼的舉措，常常夾雜著個案中無預警突然加大力度的情況，以致造成不比其他國家警暴稍輕的傷害，是香港警暴特有的表現。比起往年莫名增加卻不獲調查的多起「自殺」或無名屍案件，加重了社會不安和公眾疑慮。這也是公眾對警隊信任度下降和對勇武感愧的原因。

回到對運動的解讀，這個不確定階段裡的種種新型態究竟意味著什麼樣的政治動能？「612」之後，沒有人預料到6月16日會有二百萬人上街。但羅永生在週日遊行開始前發表的評論裡已經敏銳指出，香港在「612」前後所見證的，「是一種實質的社會連結，實質的香港命運共同體的建立」。果然，這一特徵隨後越來越壯大，表現在自7月之後越來越響亮的「光復香港，時代革命」口號裡，也凸顯在從「香港人，加油」、「香港人，反抗」到「香港人，報仇」的變化中。有人將其解讀為「香港民族主義」的覺醒，北京主導的輿論也把它拿來抹黑運動，攻擊其為「港獨」。同時也有論者對運動中（特別是勇武主張者當中）日漸上升的狹隘族群主張表示憂慮，

並提出各種批評。可以說，參與者和觀察者都不否認，香港身分認同的政治意識在去年逆權運動中迅速壯大，並反饋回到運動內去持續推波助瀾，成為維持抗爭的關鍵動力。即使運動在1124區選之後逐漸平息，這種意識支撐的認同政治仍在繼續。但另一方面，逆權運動會以區選為標誌，從最激烈的暴力衝突轉向公眾情緒反響的平復，也說明運動中的認同政治，並沒有表現為很典型的民族主義鬥爭，也沒有表現為要求分裂的港獨。區選之於運動，是社會通過公民參政的民主方式自行肯定了運動的意義，從而為區議會這個既有機構確立一種由運動決定的價值意義，結束了半年來的不確定階段。用羅永生在12月初評論的話來說，這是「政治的重返」，在逆權運動基礎上的重返。香港認同政治的支持者和批評者，很少注意到這一點。

　　整體來說，我以為「香港人」身分認同的政治覺醒，包括了解殖、民權、階級、族群自我定義等不同面向。這其中，只有族群自我定義是和民族主義密切契合。運動後期至今出現一些令人擔憂的狹隘排外傾向，基本是在這個面向上發展起來的。關於認同的階級面向，主要來自海內外一些左翼人士的批評。他們認為，狹隘地方民族主義的認同政治，模糊蒙蔽了抗爭者的視線，令其忽略香港社會極端階級分化的現實，無力以社會政策動員底層勞動者，只能止步於空泛的政治要求，依賴「反共」和排外煽動社會情緒。這種批評看不到「612」標誌的「政治終結」，暴露出社會政策層面的抗爭在香港目前的體制安排下已經失去政治參與有效性，成為當權者以「父母官」姿態恩賜安撫社會不滿的對象。這種情況下，任何政治抗爭都必須首先堅守保障所有公民平等參政議政的權利這個原則，然後才談得上社會政策層面的動員。從另一角度講，無論「時代革命」喊得多響，香港去年的街頭抗爭不再有傳統馬克思列寧主義階

級革命的意義，不是毛澤東所說的，用「一個階級推翻另一個階級
的暴力」去實現政權更迭，而是北京所懼怕的「顏色革命」的威脅，
是要在整個社會政治生活中重建主權在民的價值意義，並將這個價
值貫徹到制度設計中去。這樣的運動面對的首先是全民、全社會，
不是某個特定階級。左翼人士理應投身這樣的運動，同時在運動中
堅持「平等」、「解放」、「進步」等左翼原則立場，為一旦新秩
序建立肯定會出現的不同立場爭鬥預作準備，而不應因為弱勢階級
弱勢群體的問題尚未反映在運動的首要目標中而裹足不前。

　　身分認同中的解殖和民權與此不同，二者都假定了面向全社會
的政治參與和動員，而且這個前提假定在社會邊界處具有相對模糊
的開放性，有潛力容納香港社會內部的不同族裔和社群。從解殖來
看，後殖民時代的政治解殖過程往往依賴本土菁英，他們並不一定
會主動破壞社會階層的既定秩序。但解殖過程中的菁英要想獲取穩
固的統治正當性，會被迫訴諸並啟用全社會授權的解殖言說作為其
主流敘事（如印度）。香港解殖的特殊性在於，看似執掌特區政府
大權的本土菁英，完全受制於北京，無力建立香港自身的解殖敘述。
結果，「大中國」反殖的宏大敘事，完全吞沒了香港在地社會進入
解殖進程的可能性，造成港府正當性來源在根基上就岌岌可危，無
論怎樣換特首都難以改善。同時，其岌岌可危也來自於拒絕香港社
會完善民權政治發展的要求。香港回歸，不論怎樣強調實行「一國
兩制」和「資本主義制度」不變，實際上都同時經歷著政制變革，
不得不以基本法和一系列機構設置來因應。基本法規定了香港永久
居民很多基本政治權利，首要的就是普遍選舉權和被選舉權，但同
時卻迴避「主權在民」原則，造成政制設計上的內在矛盾。這是2014
年全國人大常委會「831決定」限制港人民主權利而引發「雨傘運動」
的根本原因。這也是說，香港回歸不但有解殖的而且有民主化的固

有動因，針對回歸前的外在強加的統治權力，明確自下而上的權力來源原則。這類似於辛亥革命結束帝制，必須實現某種呼應自下而上權力來源原則的制度，才能順應內在於這種歷史的民主化動因。因此，雖然解殖和民權這兩個面向都會強化本地社群認同，在政治生活中依賴「在地」動員，但在香港並不等同於狹義的「民族主義」意識，也不等同於要求香港獨立。香港選民以歷史新高的投票率在1124參加向來被認為並無實權的區選，可以看作是支持這種看法的重要證據。

三、「我要攬炒」

我把1124區選看作2019逆權運動告一段落的標誌，並不是以為區選終於結束了此前體制政治失效所帶來的不確定，或者以為運動至此已經為香港創造出一種新的政治生態，好像是說，以後的街頭抗議、群眾運動、公共辯論等等，哪怕仍然與制度內運行的政治存在尖銳衝突，總還是能夠在某些公認的價值和良政標準下互動，並產生逐步改善的效果。假如真能得到這樣並不拘泥於特定立場的結果，應該是比較能讓大多數香港市民接受的吧。遺憾的是，這樣的結果並不單單依賴於抗爭者方面。港府作為衝突的另一方，並沒有表現出任何向這個方向努力的意願和舉措。相反，官方仍在針對抗爭民眾動用大量警力和司法資源，進入2020年後，每次民眾聚會仍然都遭遇警方暴力驅散和圍捕。這令我想到去年6月出現的「我要攬炒」網絡群體。他們和運動中的勇武派立場高度重合，對中央政府和港府都不抱幻想。面對區選後的官方僵硬立場，他們也許會需要經營民眾支持；但也許，何時再次爆發激烈衝突，只是一個遲早的問題。

　　回頭檢視2019年香港發生的事情，必須同時考慮官方的作為。這個「官方」，包括港府和香港警方，也包括中聯辦和中央政府的國務院港澳辦，而且還應該包括更高層的決策。今年1月11日台灣大選之後，華人評論者大多認為，香港抗爭成為幫助民進黨蔡英文勝選的最重要因素，而西方主要媒體評論多半會談到北京對港台政策的失敗。翻看過去一年多的各種記錄，我覺得，有理由有證據相信，作為逆權運動直接起源的《逃犯條例》修例，從一開始就是出於北京官方針對台灣2020年大選的謀劃，其中也包含反制美國的企圖。理由和證據在哪裡呢？首先是林鄭提出修例的藉口，其次是內地官方的反應，特別是運動起來之後，北京官方對港台一系列動作的時機。

　　林鄭藉以提出修例動議的藉口，是香港男子陳同佳在台灣殺害其潘姓香港女友後返港，因港台均遵循案件歸於發生地的屬地審理，兩地沒有司法互助條款，陳嫌沒有被移交台灣。此案發生於2018年2月，經港台警方信息交流，案件脈絡很快釐清。自3月開始，台檢三次向香港提出引渡，未獲答覆，後於當年12月向陳嫌發出有效期逾37年的通緝令，令陳嫌不可能以任何形式「自首」。直到年底，港府高官及各派政治人物都未曾介入此案，即便是直接相關的保安局長李家超，被記者問及此案時也拒絕置評。但此時發生了另外三件事：11月台灣地方選舉，民進黨執政引發詬病，導致國民黨大勝；12月1日加拿大警方應美國「司法互助」要求，拘捕華為首席財務官孟晚舟；2019年1月2日，習近平為《告台灣同胞書》四十週年發表講話，提出借助港澳「成功經驗」，在台灣實行「一國兩制」。一個月後，事情開始在香港發酵。港府推出兩個相關條例修訂草案的當天，建制派民建聯主席等人陪同潘女家屬召開記者會，要求盡快完成《逃犯條例》修例，令陳嫌可在台灣受審。林鄭為此縮短了原

有公眾諮詢期限，招致各界反對聲浪。但她4月份赴京返港後，仍加碼聲稱修例「刻不容緩」，必須要在立法會7月份休會之前完成（因此才有後來那個「6.12」的日期），才能保證如果陳嫌10月出獄也能移送台灣。但當議員提出可援引前例進行個案處理時，她卻拒絕考慮。其高度亢奮、急於求成的表演與前一年截然相反，並在「6.12」動用過度警力時達到頂點。這背後顯然另有原因，與陳案關係不大。台灣當局從2月開始多次表示無法接受港府修例文本，每次都引起台灣島內和海內外華語媒體的不同批評和很多爭執。是否對民進黨的壓力已經開始見效？7月份台灣兩大黨總統候選人即將出爐，到時為民進黨政府送上陳同佳這個燙手山芋豈不是恰逢其時？

　　我這裡假設《逃犯條例》修例起意目標是在台灣甚至美國，同時也就是說，年初那些布局或者力推的人都沒有覺得香港本身會出現多大阻力和問題，而且根本就覺得這對香港來說是理所當然的。2015年年末，銅鑼灣書店五人先後「失蹤」，之後中國公安宣布他們在內地被拘捕。次年6月五人之一的林榮基返港後向媒體曝光「被失蹤」內幕，獲致外交部發言人華春瑩高調反駁。很快，公安部邀請港府赴京磋商完善「警務通報機制」。《環球時報》隨之發表社評，指稱內地警方已向港方移交170名嫌犯，港方從未移交任何人，質疑這是只要兩制不要一國，違反司法正義和平等。與此形成鮮明對照的是，2019年整整半年，中央意志僅由香港既自信又強硬的中聯辦和建制派表達，內地並沒有任何關於港府修例的報導或聲援。香港反對聲浪漸高後，內地網上有關言論大多遭刪除。「612」之後半月之久，開始流出各種與鎮壓威懾有關的謠言。北京一直堅持到7月29日，才由港澳辦召開第一次記者會。很顯然，此時港府修例企圖已經和北京針對台灣大選的計畫剝離。7月份在台灣方面，美國批准巨額對台軍售；民進黨和國民黨先後確定各自總統候選人；民進

黨蔡英文總統出訪過境美國，獲得破例停留機會並在哥倫比亞大學發表演講。不能再拖了！7月底，北京對台同時祭出軍事威嚇和經濟懲罰，先是時隔八年再度發布國防白皮書，措辭嚴厲，痛斥「台獨」；同時突然宣布8月1日起取消赴台自由行。這時，港澳辦才走上前台應對香港局勢。

至於那些當初覺得在香港推動《逃犯條例》修例理所當然的人，很可能就是他們向中央獻計獻策，想用陳案這個現成機緣來一石幾鳥地助力大國崛起。2020年1月台灣大選前後，中聯辦和港澳辦先後換將，顯示出，換掉的恐怕正是當初獻策並推動的主犯。很多人預期的國台辦換將卻遲遲不見，也從側面支持上面的解讀。值得注意的是，那些原本認為推動修例不會遇到多大阻力和問題的人，常常又是後來極端仇視抗爭者、堅定主張警方強力鎮壓的官員。據媒體報導，元朗7.21白衣人無差別暴力襲擊市民，背後就有中聯辦官員的唆使和縱容。中聯辦官員在港，彷彿北京來的欽差大臣，以其中共高度層級化的官僚作風，強化著香港特首及其執政團隊本來就深入骨髓的殖民地文官風格。其中，前特首梁振英最具備中共和港英兩種官僚傳統融合的特徵。林鄭稍遜，但也走在同樣的路上。綜觀從612到1124，官方面對街頭抗議所採取的對應手段，處處致力於製造恐懼，製造分化和孤立，從來沒有從香港社會的健康和長遠發展這個角度去考慮。9月之後鎮壓升級，習近平特意接見林鄭，但同時又直接支持香港警方，解脫林鄭必須面對抗議者的困境，抹煞運動的政治意義，將其弱化為行政治安問題，正當化警方的強力打壓。

這樣的統治集團，自然會在運動相對平息後努力繼續強化自北京到港府的絕對權勢，不會因為泛民主派在區選中的大勝而輕易改弦更張。香港市民的不馴順不妥協，遇到從北京傳遞過來的強權統治，必然會在將來產生更多的衝突，直至市民中的大部分都被內化

的恐懼和利益驅動馴服，最終實現習近平所嚮往的一國一制。猶如1947年後的台灣，或者1949年後的上海，都是經歷了流血鎮壓才建立鞏固了新型態的統治。另一方面，香港可能的救贖，實際上隱藏在中國經濟和中國菁英分子對香港的依賴。這是我想起「我要攬炒」群體的原因。「『我要攬炒』團隊」9月初在立場新聞回答他們是否在用發洩情緒來延續抗爭的疑慮時說，這種憂慮其實是誤解。作者說，攬炒人並沒有拿著發洩情緒當作抗議。相反，他們很冷靜理性。他們相信香港這個國際大都會必須通過國際連結來尋找道路。「我要攬炒」有三重意義：就是要遊說外國政府，讓壓制運動的高官付出代價，失去國外身分或財產；就是要遊說美國政府，讓北京付出代價，取消香港特殊關稅區待遇；同時是要勇於打破一切舊秩序，展開創造性想像的一切可能。這個意義闡發是否能代表所有攬炒人和勇武派？我覺得這並不重要。北京管治香港的進路，始終要保持這個城市作為世界金融中心的地位，短期內還看不到內地取代香港的可能性。有「我要攬炒」的決心和毅力，抗爭者仍有可能將高居權位之上的人拉下來，爭取平等協商、政治平權的空間和可能性，為香港爭取更好的前途。這也許是2019逆權運動為香港留下的重要遺產。

2020年3月31日 於美國洛杉磯

王超華，居美獨立學者，主要研究方向為中國現當代文學和思想，兼及當代政治，著有多篇中英文論文。

一個神學彌賽亞與反《逃犯引渡條例》抗爭的相互閱讀

龔立人

　　執筆之際，反《逃犯引渡條例》抗爭已超過六個月。這不純粹是一條法例之爭，更是一場有關香港「一國兩制」的詮釋和實踐之爭。香港抗爭者認為修訂的《逃犯引渡條例》進一步將「一國兩制」推向「一國一制」，而中國政府認為香港人的抗爭越來越走向香港獨立（更準確說，中國政府對一切群眾運動都持負面態度）。按《基本法》，香港享有高度自治。抗爭者認為高度自治指有別於中國政府對自治區的自治運作，但中國政府卻認為高度自治不等同全面自治，即「中國政府給香港有多少自治，香港就有多少」[1]。另一方面，這場持續的政治運動是一場延續2014年雨傘運動的香港人覺醒運動（指人權意識和以香港為本位的本土意識）。香港教會是覺醒者之一，與此同時，教會覺醒帶來對其神學的再發現，也為這場政治運動提供反思資源。這裡所指教會的覺醒和再發現是神學彌賽亞的傳統。簡單來說，基督宗教的彌賽亞指耶穌。按希伯來聖經傳統（舊約聖經），彌賽亞是從大衛王朝的後裔而來，他是上主對以色列人

1　參考國務院新聞辦公室2014年6月發表的《「一國兩制」在香港特別行政區的實踐》白皮書。

的應許，即釋放被擄和受壓迫的以色列人，並建立一個和平與公義
的國度。基督宗教承繼以色列人傳統，但卻理解耶穌為彌賽亞，並
從耶穌認識彌賽亞帶來的解放是給眾生，而其和平與公義的國度是
以既濟與未濟（already, but not yet）的彌賽亞群體（即教會）在當
下出現[2]。彌賽亞概念帶有上主回應人類困境、和平與公義彰顯，並
在居間（interim）期間的新群體形成等意含。本文嘗試以相互閱讀
方式詮釋神學彌賽亞與反《逃犯引渡條例》抗爭的關係，繼而思考
在這場政治運動下的生活。

「光復香港‧時代革命」

　　早在2014年，中國政府已批評當時的雨傘運動為顏色革命[3]。其
論點是雨傘運動有海外勢力支持，並藉政治議題，以挑戰中國政權
為目的。那時，為了避免被中國政府誤解，抗爭者先將原本海外媒
體所稱的雨傘革命改為雨傘運動，繼而有「佔中」團體向中國國家
主席習近平發出公開信，強調佔領運動絕非顏色革命，而是港人爭
取民主的運動[4]。此外，多人撰文辯解雨傘運動不是顏色革命。當時

2　Stanley Porter ed., *The Messiah in the Old and New Testaments*（Grand
　　Rapids: Eerdmans, 2007），1-12.

3　〈中央與部分人士演出與顏色革命陰謀大合唱〉http://www.rfi.fr/
　　tw/%E6%94%BF%E6%B2%BB/20141014-%E4%B8%AD%E5%A4
　　%AE%E8%88%87%E9%A6%99%E6%B8%AF%E9%83%A8%E5%8
　　8%86%E4%BA%BA%E5%A3%AB%E6%BC%94%E5%87%BA%E
　　2%80%9C%E9%A1%8F%E8%89%B2%E9%9D%A9%E5%91%BD
　　%E9%99%B0%E8%AC%80%E2%80%9D%E5%A4%A7%E5%90%8
　　8%E5%94%B1（瀏覽日期：2019年12月15日）

4　〈佔中團體致函習近平〉http://www.rfi.fr/tw/%E6%94%BF%E6%

香港社會和抗爭者很介意被批評為顏色革命，因為他們認為這可能會令中國政府對香港政策更加不利。某程度上，當時中國政府的政治標籤做法有效地使抗爭者也進行某程度的自我監察。此後，梁振英政府以「港獨」一個偽命題對抗爭者進行不同層面的指控。一如以往，中國政府也批評這次反《逃犯引渡條例》抗爭是顏色革命[5]。除了初期仍有人嘗試撰文為這場運動不是顏色革命辯護外，抗爭者和支持反《逃犯引渡條例》抗爭人士漸漸已不介意顏色革命這個政治標籤。例如，有抗爭者在示威時手持美國和英國國旗、創作《願榮光歸香港》一曲、為美國政府通過《香港人權與民主法案》開感恩集會，並積極聯絡各地政府和不同海外團體關注和支持香港。更重要的，「光復香港‧時代革命」成為反《逃犯引渡條例》抗爭的重要口號之一。香港抗爭者對顏色革命指控的態度轉變帶出數個問題。第一，甚麼令抗爭者不介意被貼標籤？第二，為何抗爭者選擇用「光復香港‧時代革命」作為口號？第三，這些行動所反映的抗爭者的自我理解是什麼？

　　抗爭者不介意顏色革命標籤，可能因為有部分人士以顏色革命思維進行這場政治運動，但我更認為這與抗爭者體驗其主體性有關。抗爭者從日常生活漸漸體會，若按中國政府框架思考的話，香港只有配合中國發展的角色，沒有香港人屬於自己的生活。就此，

(續)

B2%BB/20141011-%E4%BD%94%E4%B8%AD%E5%9C%98%E9%AB%94%E8%87%B4%E5%87%BD%E7%BF%92%E8%BF%91%E5%B9%B3%EF%BC%9A%E4%BD%94%E9%A0%98%E9%81%8B%E5%8B%95%E9%9D%9E%E9%A1%8F%E8%89%B2%E9%9D%A9%E5%91%BD（瀏覽日期：2019年12月15日）

5　〈香港抗爭持續〉https://www.bbc.com/zhongwen/trad/world-49952730（瀏覽日期：2019年12月15日）

抗爭者意識到只有與中國政府保持一定距離，甚至反抗，香港人想要有的生活才有機會形成。其中的一個做法是將當下發生在香港的事與全球政治連結，拒絕將這事限制於中國和香港內部。抗爭者認為「光復香港‧時代革命」更能說出抗爭者對主體性的追求。這口號本是2016年本土民主前線發言人梁天琦參選第5屆香港立法會新界東地方選區補選時首次提出。不論他本人是否支持香港獨立，他的競選口號反映出回復香港正軌的重要，並要對香港人核心價值作出根本的革命。「光復香港」就是要回應中國政府對香港的管治越來越直接和全面（例如，中聯辦的角色成為管治香港第二梯隊、取消立法會議員資格），以及香港政府對民意的漠視；「時代革命」就是從新生一代的本土意識挑戰官方論述，並同時建立以香港人為本位的政治論述。前《端傳媒》總編輯張潔平表示，這口號指出「香港人，要將香港，成為香港人的香港。」[6] 當香港要成為香港人的香港變得如此重要時，中國政府的政治標籤策略對香港人也不再有效。

　　香港政府繼續以暴亂和暴徒描述這場運動和抗爭者。此一理解不但合理化警察對抗爭者的暴力，也塑造一種論述，令社會相信當下混亂的責任在於抗爭者。另一方面，勇武抗爭者辯稱制度的不公義迫使他們走上勇武之路。他們相信，一定程度的勇武抗爭有助迫使政府妥協。雖然特首林鄭月娥政府最後於9月4日宣布撤回《逃犯引渡條例》修訂案（10月23日正式於立法會會議中宣布撤），但抗

6　〈光復香港‧時代革命〉https://zh-yue.wikipedia.org/wiki/%E5%85%89%E5%BE%A9%E9%A6%99%E6%B8%AF%EF%BC%8C%E6%99%82%E4%BB%A3%E9%9D%A9%E5%91%BD（瀏覽日期：2019年12月15日）

爭者仍堅持「五大訴求，缺一不可」[7]。面對這場政治困局，很多人問，「這場政治運動會在短期內結束嗎？會以甚麼方式結束？民意對抗爭運動會逆轉嗎？」范奇（K. M. Fierke）提出抗爭者要從「囚徒的兩難」（prisoner's dilemma）轉變為「看守人的兩難」（warden's dilemma），以致抗爭者不需自問，「甚麼選擇對我們最有利？」，而是政府要自問，「我要如何再思考當下問題？」[8] 范奇以1980年代北愛爾蘭被囚者絕食犧牲和1984年波蘭波皮魯斯科神父（Jerzy Popiełuszko）被殺等個案說明，由一個個人政治性的自我犧牲，慢慢轉為對政治權力罪行的質疑，並將政治難題拋回給政府。

　　至於香港，不同年齡、職業、崗位和抗爭立場（「和理非」與「勇武」）都在這場抗爭連結了，並以「五大訴求，缺一不可」拒絕將自己陷入「囚徒的兩難」，甚至不介意「攬炒」（同歸於盡）。那麼，當下問題是屬於「看守人的兩難」，即政府的選擇是：展開真誠對話和回應訴求，抑或繼續其「止暴制亂」方法製造「殉道者」，並成為罪犯。

7　「五大訴求」指：（一）撤回惡法；（二）成立獨立調查委員會；（三）收回暴動定性；（四）撤銷檢控示威者；（五）實行雙真普選。

8　K. M. Fierke, "The Warden's Dilemma: Self-Sacrifice and Compromise in Asymmetric Interactions," *Government and Opposition*, 47: 3（2012）, pp. 321-341.

覺醒的香港教會[9]

　　教會對《逃犯引渡條例》修訂的關注早於2019年3月。雖然保安局表明涉及宗教的罪行不會移交，但中國政府常以非宗教方式處理宗教問題，很難令教會相信這修例不會被濫用和侵犯人權。最近成都秋雨教會眾牧者被檢控就是一例[10]。自5月，教會團體開始發表聲明，要求政府重新諮詢條例（撤回條例是稍後共識）。

　　有別於2014年雨傘運動，教會在反《逃犯引渡條例》抗爭的角色漸被抗爭者接受。基督徒占香港人口約10-15%。在抗爭初期，一首沒有抗爭意味的聖詩*Sing Hallelujah to the Lord*成為抗爭者常唱歌曲之一。事緣在2019年6月10日開始，教牧關懷團在政府總部外舉行名為「免於被擄的恐懼，同為這城求平安」的72小時祈禱會，因為6月9日遊行後，已有抗爭者集合在政府總部和立法會大樓外，關注6月12日立法會二讀《逃犯引渡條例》。在6月11日晚上，警察與抗爭者之間緊張起來。為了緩和衝突，參與祈禱會的基督徒開始在衝突現場不斷唱*Sing Hallelujah to the Lord*（連續9小時）。其間，抗爭者

9　參考邢福增，〈反修例運動中的香港基督宗教〉https://theinitium.com/article/20191018-opinion-hk-protest-christian/（瀏覽日期：2019年12月5日）；Lap Yan Kung, "The Role of Religions in Anti-Extradition Bill Protests," in Benny Yiu-Ting Tai and Eric Yan-Ho Lai eds., *"One Country, One System" Special Report on the Hong Kong Anti-extradition Protest*（Hong Kong: Hong Kong Civil Hub, 2019）, Chapter 4.

10　〈成都秋雨教會案覃德富判囚4年庭上疾呼信仰無罪〉https://www.adhrrf.org/news/religious-freedom/209998.html（瀏覽日期：2019年12月15日）

也開始加入一起唱。結果，當晚沒有發生衝突（但衝突最後仍在6月12日下午發生）。說回來，這首「九唔搭八」的詩歌在特定時空發揮意想不到的影響。第一，這首詩歌沒有任何抗爭意味，不會激發雙方情緒。反而因它的高度宗教性，以致它在警察和抗爭者之間的緊張狀態內製造一個懸掛時空，讓雙方不需從對敵關係彼此看待。這有點像第一次世界大戰1914年聖誕節當日休戰（Christmas Truce）的效果。第二，這首詩歌歌詞很簡單，旋律也很輕鬆，所以，學習者很容易掌握，並朗朗上口。在一種失語狀態下，詩歌（或其他音樂）不但為抗爭提供一種語言，更同時引導他們的情感，甚至決定他們的行動。唱*Sing Hallelujah to the Lord*者不可能同時是衝擊者。隨著警察濫捕和抗爭者行動升級，這首詩歌的影響力也漸減退。雖是如此，但基督徒參與這場運動已肯定了[11]。在「不割蓆、不分化、不篤灰」的原則下，主張非暴力的教會對勇武抗爭者表示諒解、明白和同情。然而，仍有一些教會傾向沉默，以政治中立為由拒絕就當下政治運動表達立場。擁有數千會眾聚會的北角宣道會是例子之一[12]。當然，也有牧者和信徒奉繁榮穩定為金科玉律，將宗教形

11　具體活動有6月16日的「同為這城求平安、黑夜盡頭主發光」的公禱會、7月1日的「天國‧福音‧香港人」7.1公禱會、8月23日的基督徒遮打集會、8月31日的香港罪人祈禱大遊行、10月15日的耶穌就喺度敬拜讚美祈禱會、10月21日的守望香港祈禱會、11月7日的耶穌就喺度敬拜讚美祈禱會、11月9日的「主佑義士」全港祈禱及集氣大會、11月10日的主懷安息——沉痛懷念周梓樂兄弟祈禱會、11月17日的「願祢榮光歸香港」信徒集會及祈禱人鏈行動、11月18日的「免於被擄的恐懼，同為這城求平安」禱告運動、11月19日的理工大學人道救援祈禱會、12月9日的「免於被擄的恐懼，同為這城求平安」的禱告運動。

12　〈教會是政治中立的屬靈群體〉https://www.npac.org.hk/worship/sunday/2019/20191201.html（瀏覽日期：2019年12月15日）

同維穩和諧。

　　要理解基督宗教在這場政治運動中的角色，也可以從批評者的角度來反思，因為他們的批評正顯示他們不滿意教會在這場政治運動的角色。代表之一是中國「環球網」於2019年9月19日發表〈這群神棍對香港的毒害，超出你想像〉一文[13]。文章批評教會，

> 他們動員、組織教徒上街，在多次運動中衝在暴徒前邊擋警員；在利用宗教理由發起集會；在教會學校發起支持動亂、對抗警員的學生活動以及罷課；組織供應裝備及街頭補給；提供輿論造勢和心理支援……他們不遺餘力地在香港年輕人的心裡播毒。

此外，它批評「宗教場所和教會學校也成為運動中暴徒的休息處。日前《文匯報》的報導還稱，基督教宣道會天頌幼兒學校為被員警圍堵的暴徒提供休息場所，幫助其逃跑，學校內的家私布置被布匹所遮蓋，疑藏示威物資。」最後，它強調政教分離的必須性，並認為「香港今天的教育在相當大程度上違背了政教分離原則，成為向青少年灌輸宗教意識形態的強大工具。」

　　「環球網」一文對教會的批評肯定高估了教會的影響力，但這卻反映出中國政府對基督宗教在民主轉型中的角色之恐懼（包括在中國）。作為耶穌比喻中好撒馬利亞人的教會，沒有理由不為有需要者開放教會。縱使有教會可能協助抗爭者逃脫，這是回應警察多

13　〈這群神棍對香港的毒害，超出你想像〉https://news.sina.com.cn/c/2019-09-19/doc-iicezzrq7053837.shtml（瀏覽日期：2019年12月15日）

月來的濫捕，即被捕抗爭者得不到公平和仁道對待。至於教會透過
講道為這場政治運動提供反思，並不是甚麼壞事。事實上，教會會
眾並不如「環球網」一文認為沒有思辨能力。在今次沒有大台的政
治運動中，每個人都須要學習用自己的判斷和決定找到參與方式，
他們不只是追隨者。抗爭者歡迎教牧和基督徒走出教會，參與在抗
爭者行列中。說來反諷，勇武抗爭者認為站在前線的「和理非」教
牧，阻塞他們抗爭的作用，多於幫助他們免被警察拘捕。

　　教會在反《逃犯引渡條例》抗爭中有一定角色，但我認為教會
也是覺醒者之一。除了需要神學理念的突破外（特別對順服政權的
有關神學論述），覺醒的教會也要面對內在矛盾和與政府的關係。
雨傘運動後，有基督徒抗爭者離開教會，因為他們不滿教會對社會
漠不關心。但在今次運動中，有牧師跟我說，支持建制的基督徒離
開教會了，因為他們接受不了教會會眾對運動的投入。教會相對地
積極參與這場政治運動，會否影響香港政府如何看待它與教會及其
社會服務和教育機構之間的合作關係？有一些教會仍想保持與政府
的關係而選擇不公開發言（支持或反對），而這些教會在提供社會
服務和教育上都佔一定比例。

　　除了具體參與反《逃犯引渡條例》抗爭外，教會的覺醒也為這
場政治運動提供神學詮釋，豐富抗爭者的論述。其中之一是神學彌
賽亞。

神學彌賽亞的詮釋

彌賽亞運動

　　反《逃犯引渡條例》牽涉到了「一國兩制」的詮釋和實踐之爭。
法理上，中國政府對香港有絕對主權，但香港人在反《逃犯引渡條

例》抗爭中見證了他們才是香港的主權人。按施密特（Carl Schmitt）
理解，「主權者是那可以決斷和行使例外狀態（state of exception）
的人。」[14] 常態的權力以法制和政制為施行的基礎，主權者卻可以
在法制政體以外作出決定，通過立法和發出行政命令等手段，體現
他對法制政體的主權。沒有這種主權的抗爭者，要如何主張他們的
主權呢？

　　神學上，彌賽亞的出現是上主主權的彰顯，即上主在人類歷史
中施行拯救與審判。雖然撒旦和暴政對抗彌賽亞，但作為彌賽亞的
耶穌終必勝利。（聖經・啟示錄）然而，對彌賽亞的期待不屬於將
來，因為耶穌就是彌賽亞，祂曾在世，也從死裡復活。那將來的彌
賽亞已進入當下人類歷史，帶著主權實現祂對眾生的應許。祂是上
主國度本身，也是擁有最終主權的那一位[15]。一方面，祂對由自然
律所轄制的世界之不依循，反映祂才是受造世界的主。祂從中打開
人們和世界的超越性向度。另一方面，祂按自己的時間和方式宣告
救贖和審判眾生，而地上執政者並沒有反抗能力，因為他們是在受
審之列。有別於以控制和暴力呈現的地上政權主權，彌賽亞主權是
自由（聖經・約翰福音八32、36）、真理（聖經・約翰福音一14）、
恩典（聖經・約翰福音一17）和合一（聖經・約翰福音十七20）[16]。
彌賽亞主權揭穿由地上政權行使的例外狀態其實並不是例外而是常
規／人治，目的只是維護政權既有權力，與保護和提升人們權利和

14　C. Schmitt, *Political Theology*（Chicago: University of Chicago, 2005），
　　p. 5.

15　Wolfhart Pannenberg, *Jesus-God and Man*（London: SCM, 1968），pp.
　　365-378.

16　Jurgen Moltmann, *The Way of Jesus Christ*（Minneapolis: Fortress,
　　1993），pp. 116-136.

福利沒有必然關係。因彌賽亞國度是終末性（eschatological），所以，它不會以任何政治實體或政治運動出現。歷史上曾將某政權或教會等同彌賽亞國度都是反彌賽亞的，因為他們視自己是上主國，不需要救贖。我們等待彌賽亞主權完全彰顯，但也參與一場已彰顯的彌賽亞運動。

第一，彌賽亞運動是邁向建立和平與公義的社會關係。教會不是彌賽亞運動的唯一參與者，由公民社會也可以產生其他的抗爭行動（不否定政府也可以是其一）。問題不只是辨識哪些抗爭行動是彌賽亞運動的彰顯，更要讓參與抗爭者（包括教會）認識彌賽亞運動的特性（自由、真理、恩典和合一），以致抗爭者不會如弗雷勒（Paulo Freire）所說，從受壓迫者成為壓迫者[17]，更不會認為暴力可以建立和平。那麼，當下反《逃犯引渡條例》抗爭運動是不是一場彌賽亞運動？我認為「五大訴求」反映的平等參與權、司法公正和轉型正義可以說與彌賽亞運動要表達的自由、真理、恩典和合一有一定關係，但如之前所說，沒有一場政治運動是彌賽亞運動。所以，在肯定這場政治運動的價值之餘，也要保持對它的批判性，關鍵是對暴力的態度。重點不只是指出制度暴力、警察的濫暴和抗爭者的暴力，更是如何參與「將刀槍打成鐮刀」（聖經·以賽亞書二4），即締造和平、建立和平、維持和平。

第二，彌賽亞主權以懸置政權主權方式表現出祂的主權。這正是基督徒常說，「我們必須順從上主，勝於順從人」（聖經·使徒行傳五29）的意思。沒有彌賽亞信念者會把一切不按法律的行事簡單理解為違法行為，但她們不知違法行為可以是彌賽亞主權的展現。法律上，香港政府可按《基本法》第十八條，宣布香港進入緊

17　P. Freire, *Pedagogy of the Oppressed*（New York: Continuum, 2000）.

急狀態或特首可以動用《緊急情況規例條例》。這是香港政府對其主權的體驗。事實上,香港政府已於10月4日通過《禁止蒙面規例》。雖然抗爭者可能要為蒙面付上刑責[18],但絕大部分抗爭者已漠視這法例。又縱使申請不反對遊行和集會通知書不獲批准,抗爭者仍按原訂計劃進行遊行和集會。此外,市民對民間記者會的信任多於警察的記者會。這一切似乎說明決斷和行使例外狀態的是抗爭者,並不是香港政府。雖然抗爭者沒有實現主權,但他們已行使彌賽亞式懸置政權主權的主權。抗爭者的權力就像阿甘本(Giorgio Agamben)所講的潛力(dunamis)。這種對主權的理解或許會被視為一種自我感覺良好的浪漫主義,因為香港仍受制於中國政府主權之下。教會對這指控並不陌生,因為教會對耶穌復活的相信也被批評為妄想症,但二千年的教會歷史見證著,彌賽亞賦予他們懸置政權主權的力量。這為抗爭者提供一種重要詮釋。

任何政治運動都充滿含混性,所以,稱反《逃犯引渡條例》抗爭就是彌賽亞運動並不適合,但它並不因此便與彌賽亞運動沒有任何關係。反而反《逃犯引渡條例》抗爭追求建立和平與公義國度,並行使懸置政權主權的權力反映它參與彌賽亞運動。同樣,彌賽亞運動在肯定反《逃犯引渡條例》抗爭所追求之餘,也進一步要求抗爭者考慮締造和平、建立和平和維持和平的方法。

---

18 編按:反對派25位立法會議員及前議員就法例向高等法院提出司法覆核,並於2019年11月18日勝訴。法院裁定《緊急情況規例條例》及《禁止蒙面規例》的條文違反《香港基本法》,因此,律政司及香港警察即時暫停執行《禁止蒙面規例》,但是,特區政府仍決意提出上訴。

受苦的彌賽亞[19]

　　彌賽亞是人們的盼望，因為祂是拯救者。然而，基督宗教指出彌賽亞先以受苦僕人身分出現。彌賽亞這宗教符號為當下反《逃犯引渡條例》抗爭提供一個解讀。第一，等待彌賽亞並不是猶太—基督宗教的獨有，而是在每一個人心中也期待彌賽亞的拯救。耶穌誕生的故事幫助我們將拯救的焦點放在新生一代，即新生一代是我們的彌賽亞。從世俗角度，彌賽亞不是某英雄或英雌，而是每一個新生命。班雅明說，「逝者與活人之間有一個祕密協議。如同之前的世世代代，我們在塵世的期待之中到來，也被賦予了微弱的彌賽亞力量——這力量的認領權屬於過去，想解決這種託付，代價也不低！」[20] 阿倫特說，每個新生是一個開端[21]。新生的重要是他打破之前的自然因果鏈結，自行開啟了一連串的事件鏈結的個體。新生是那抗拒可預計和重複力量的來源[22]。然而，社會對接受新生命存在矛盾。一方面，社會知道沒有新生，它就沒有將來；另一方面，社會不願意被新生挑戰和改變。在這場反《逃犯引渡條例》抗爭中，我們見證了青年人沒有失去他們作為新生的改造性。他們拒絕只成為勞動（labour）和工作（work）的人（阿倫特的理解），也拒絕

19　參考Lap Yan Kung, "Crucified People, Messianic Time and Youth in Protest," in *Hong Kong Protests and Political Theology*（2020）（將出版）

20　W. Benjamin, *Illuminations: Essays and Reflections*（New York: Harcourt, Brace and World, 1968）, p. 254.

21　H. Arendt, *Origins of Totalitarianism*（New York: Harcourt, Brace and World, 1966）, p. 466.

22　H. Arendt, *The Human Condition*（Chicago: University of Chicago, 1958）, p. 247.

將社會等同一群自私自利的人為了鞏固並增加既有利益而彼此簽約建立。他們以行動（action）的創意、視域和勇氣開拓新可能，挑戰秩序本身的重複性。「被時代選中的我們」是參與雨傘運動者的自我描述。

> 天地不仁，其實時代邊有咁得閒「選中」我們，只是，我們的生命，被誕生、被鑲嵌在這個時代，我們無從逃避，不能視若無睹，甚至，沒有旁觀中立的可能。
>
> 被時代捲進去的我們，經歷了雨傘運動的洗禮，再目睹左毒蔓延、政治鬥爭全方位升級，我們每一人都要重新規劃自己在這時代的角色。[23]

他們沒有將自己與彌賽亞連上，只謙虛地做他們認為在當下當做的事。他們沒有計算自己事業發展，卻只承擔時代責任。香港導演舒琪說，

> 在與年輕抗爭者接觸的過程中，發現這次運動對大家來說是一次巨大的反省，甚至喚起成年人對社會的責任……香港由殖民地港英政府過渡至中共控制的特區政府，一直在體制內把香港人變成自私的個體，不關心他人和社會。但這次抗爭者看到別人受傷害，大量聲音不受政府重視，他們（青年抗爭者）首先想到是保護別人，這點令成年人相當羞愧。[24]

---

23 傘下的人著，《被時代選中的我們》（香港：白卷，2015）。
24 〈香港銀髮族與中學生進行跨代集會〉http://www.rfi.fr/cn/%E4%B8%AD%E5%9B%BD/20191130-%E9%A6%99%E6%B8%AF%E9%93%B6%E5%8F%91%E6%97%8F%E4%B8%8E%E4%B8%AD%E

舒琪這種想法在成年人世界很普遍。很多成年人說，沒有青年人的抗爭和堅持，《逃犯引渡條例》早已被通過了。資深大律師駱應淦在香港電台節目《香港家書》寫（2019年10月26日）：

……你會說，近日的衝突之中，不少在讀中學的少年，他們堵路、 嚴重破壞、甚至傷人等等，公然違法，如何能視而不見？…… 但是，我們撫心自問，如果這些在被制服後，仍然被執法人員打到頭破血流，身體嚴重受傷的年輕人，是我們的親生子女，或是我們的孫女？我們會作何感想？這些年輕人在被捕過程中和之後身體都會嚴重受傷，我們又有何感受？…當年輕人準備好犧牲自己的自由甚至生命，來換取改變時，制度有聆聽、有讓步嗎？……回到一切的起點，我們必須緊記。是政府要硬闖，在社會未有共識時，強行通過《逃犯條例》修訂。是這些年輕人用武力堵住了進入立法會的通道，並與警察發生暴力衝突後，政府才不得已暫緩。很大程度上，是那些掌權者的頑固，播下了暴力的種子。更遺憾的是，當政府政策愈趨集權化，負責執法的警方都成為問題之一，警方發射催淚彈生活化；暴打已被制服的示威者；近距離無差別發射胡椒噴霧的片段俯拾皆是；於警署內向被捕人被施暴的投訴已是常事。……警務人員作為被賦予公權同擁有各種各樣殺傷力不等的武器的紀律部隊，無論是面對市民大眾定示威者時，都不可以使用過

（續）
5%AD%A6%E7%94%9F%E4%B8%BE%E8%A1%8C%E8%B7%A8
%E4%BB%A3%E9%9B%86%E4%BC%9A-%E6%8A%97%E8%AE
%AE%E8%AD%A6%E5%AF%9F%E6%9A%B4%E5%8A%9B　（瀏覽日期：2019年12月15日）

份及不必要的武力……[25]

　　基督宗教教義只容許耶穌是唯一彌賽亞（the Messiah），但耶穌的彌賽亞卻燃點每一個人也可以成為彌賽亞（messiahs）。新生不是勞動力的來源，而是社會更新的來源。

　　第二，稱青年人為彌賽亞沒有浪漫化他們，因為他們是受苦的彌賽亞。稱青年人為彌賽亞也沒有加重他們的責任，因為如他們說，他們自願承擔時代責任。拉丁美洲解放神學曾以被釘在十字架的基督描述拉丁美洲人民是被釘在十字架的人們（the crucified people）[26]。像被釘在十字架的基督，被釘在十字架的人們是一種福音力量：他們揭露政權的暴力；他們見證上主會以復活回應他們的遭遇；他們呼喚我們良知，與被釘在十字架的人們團結。受苦彌賽亞正是那被釘在十字架的基督。面對被釘在十字架的人們，索本諾（Jon Sobrino）說，「我們要將他們從十字架放下來。」[27]即保護他們，醫治他們，不讓他們受無人道對待。

　　在這六個月抗爭運動，被拘捕和被打傷的大部分是青年人。保安局的數據顯示（截至2019年11月21日），警方因應示威活動共拘捕5856人，被捕者中有1名11歲男性，159人為12至14歲、742人為15至17歲、1192人為18至20歲、1827人為21至25歲、840人為26至30

25　https://www.rthk.hk/radio/radio1/programme/hkletter/episode/602900
　　（瀏覽日期：2019年12月15日）

26　Ignacio Ellacuria, "The Crucified People," in J. Sobrino and I. Ellacuria eds., *Systematic Theology: Perspective from Liberation Theology* （London: SCM, 1986），pp. 257-278.

27　J. Sobrino, *No Salvation Outside the Poor* （Maryknoll: Orbis, 2008），p. 8.

歲、602人為31至40歲、281人為41至50歲、212人為50歲以上。[28] 雖然被落案控告和成功入罪者會比拘捕者少，但他們冒著被控告暴動罪（最高刑罰是10年監禁）參與這場抗爭。此外，被警察打傷更是無數。又警察執法特別針對年輕人，似乎表達了「年輕就有罪」。青年人的受苦不是咎由自取，而是因承擔了對香港的責任。他們沒有期待要獲取個人利益和回報，卻願意付出自己的前途，就是為了一個有自由、有正義和有真理的社會。〈一位前線勇武的遺書〉自白：

> 原先也只是和理非，但被逼得變成勇武，比起「榮光歸香港」，我比較喜歡「不自由、毋寧死」！希望你們盡力「救自己救香港，救我們的家」。

另一位Tina則寫著，「我不能平安回家，你們不要難過，因為你們的女兒、孫女是帶著信念離開…希望你們能體諒我的倔強，為我的勇敢驕傲。」[29] 縱使抗爭者的行動不是盡善盡美，但這無損他們是受苦和被釘在十架的彌賽亞。

28　〈香港警察奉指止暴制亂〉http://www.rfi.fr/tw/%E6%B8%AF%E6%BE%B3%E5%8F%B0/20191205-%E9%A6%99%E6%B8%AF%E8%AD%A6%E5%AF%9F%E5%A5%89%E6%97%A8%E6%AD%A2%E6%9A%B4%E5%88%B6%E4%BA%82%E5%8D%8A%E5%B9%B4%E6%8A%93%E4%BA%865856%E6%9A%B4%E5%BE%92%E5%9B%9B%E6%88%90%E6%98%AF%E5%AD%B8%E7%94%9F（瀏覽日期：2019年12月15日）

29　〈港女示威者遺書曝光〉https://www.secretchina.com/news/b5/2019/10/01/909082.html（瀏覽日期：2019年12月15日）

他誠然擔當我們的憂患，背負我們的痛苦；我們卻以為他受責
罰，是被上主擊打苦待。他為我們的過犯受害，為我們的罪孽
被壓傷。因他受的懲罰，我們得平安；因他受的鞭傷，我們得
醫治。（聖經・以賽亞書五十三4-5）

　　青年抗爭者是受苦的彌賽亞，也是被釘在十架的彌賽亞。這是
政權對他們暴力的結果。他們的遭遇向我們發出呼聲，「我們曾為
他們做了甚麼、我們正為他們做甚麼、我們將會為他們做甚麼？」
終止他們受苦和受苦帶來延續的創傷，「五大訴求」之一的成立獨
立調查委員會，就是邁向轉型正義第一步。

彌賽亞生活形態[30]

　　對命運共同體的關注是當下政治運動的論述之一，但早在2012
年，胡錦濤已用命運共同體一詞處理國際關係[31]。2017年，梁天琦
說，「只要這個共同體有人受到迫害，就是我受到迫害；只要有人
受苦，就是我受苦。我就要走出來反抗這一切，為他們發聲。」[32] 梁
繼平在2019年10月接受訪問說，「真正連結香港人，在言語和價值

30　參考Lap Yan Kung, "Hong Kong's Anti-Extradition Bill Movement and
　　an Emergence of a Community of Common Destiny: Churches'
　　Participation and Inquiry," *Interkulturelle Theologie.*（將出版）

31　See Denghua Zhang, "The Concept of Community of Common Destiny
　　in China's Diplomacy: Meaning, Motives and Implications," *Asia and
　　the Pacific Policy Studies*, 5, No. 2 （2018）: 196-207.

32　〈梁天琦給香港抗爭者的一席話〉https://www.youtube.com/watch?v
　　=CFmhUWHCZ2w&feature=share&fbclid=IwAR17iek2-FmVCHj2dp
　　TB9ga5uD-E8QeJlaVfyJ1zfzIn4OUfoznSPJ6wz-Y（瀏覽日期：2019
　　年12月15日）

以外，是痛苦。」[33] 梁天琦對共同體的理解充滿彌賽亞色彩，即回應人們受壓迫的遭遇。至於梁繼平對共同體的理解也因其個人遭遇滲入受苦彌賽亞色彩，即苦難團結了人們。此外，這場沒有「大台」（指中央指揮者）的抗爭運動讓每一個香港人和每一個群體都可以為香港共同體加添內容（婦女、銀髮一族、中區上班文職人員、教會），發揮葛蘭西所說的「有機知識分子」。這一切使這運動趨向更包容、更有溝通性和更真誠。

在基督宗教信仰，彌賽亞的救贖和受苦不只限於耶穌一人身上，他更進一步建立一個彌賽亞群體，就是教會[34]。一方面，這彌賽亞群體見證彌賽亞的救贖，並參與其救贖；另一方面，這彌賽亞群體活出一種新價值生活形態，其特徵是自由、真理、恩典和合一，以另類政治實體抗衡現實政治（realpolitik）。那麼，彌賽亞生活形態可以為香港命運共同體提供甚麼想像？在此，我想到兩方面。

第一，彌賽亞群體的誕生是從耶穌救贖而來，它見證上主的寬恕和承諾。上主寬恕人們過去，並應許未來以恢復創造者與受造物的關係，從而縫合人與人之間的撕裂。上主的寬恕和承諾轉化人們，使人們可以共同透過原諒過去已發生但不可回復的悲劇，並承諾未來不再發生，讓友誼和善意為成為共同體的基礎。事實上，不同國

---

33 〈屬於每一人的共同體〉https://www.thestandnews.com/politics/%
E5%B0%88%E8%A8%AA-%E4%B8%80%E5%80%8B%E5%85%B
1%E5%90%8C%E9%AB%94%E7%9A%84%E8%AA%95%E7%94%
9F-%E6%A2%81%E7%B9%BC%E5%B9%B3-%E7%9C%9F%E6%
AD%A3%E9%80%A3%E7%B5%90%E9%A6%99%E6%B8%AF%E
4%BA%BA%E7%9A%84-%E6%98%AF%E7%97%9B%E8%8B%A6
/（瀏覽日期：2019年12月5日）

34 J. Moltmann, *The Church in the Power of the Spirit* （London: SCM, 1977）.

家曾成立的真相委員會（例如，南非、薩爾瓦多、加拿大、剛果和
塞拉里昂）就有「原諒過去，承諾將來」的意思。原諒從不廉價，
也不是不需悔改。雖然政府拒絕成立獨立調查委員會，並警察持續
的濫權，抗爭者更要克服仇恨，不讓仇恨成為命運共同體的基礎。

　　第二，彌賽亞群體的既濟與未濟經驗使它學會在膠著狀態下生
活。膠著狀態的生活是一種黑夜，因為它使人看不見前路、消耗人
們的意志，甚至失去耐性和初心。這種陷於深淵的空虛感受可以是
很長時間，甚至一生也無法轉變。在基督宗教傳統，黑夜可以轉化
為一種靈性體驗。表面看來，黑夜是由外在環境製造出來，但靈性
黑夜是因人們對自由、真理、恩典和合一的堅持而產生的精神狀態。
換句話說，那些對自由、真理、恩典和合一沒有關懷和執著的不會
陷於黑夜。

　　在靈性黑夜，彌賽亞群體學習忍耐，保持以公義、和平和美善
與黑夜所反映出的諷刺共存（live with）。共存提醒我們生活不一定
要戰勝黑夜（live above）才算贏。同時，共存也提醒我們不要向黑
夜投降（live under）。共存不關乎平衡點，而是接受生命不是由勝
與敗決定。當我們擁有這顆心靈時，我們更有自由在勝與敗中遊走，
不被敗打敗，也不被勝佔據。 第二，靈性黑夜超乎我們既定的邏輯
和想像，因為我們沒有想過疑惑、無奈、無助、無力和不安竟然可
以成為成長之路。成長不是以克服逆境的能力來理解，而是以保持
初心來理解。初心是一個由回應苦難者呼召而建立的真我。在黑夜，
我們反問：甚麼是重要？甚麼需要放下？甚麼要悔改？甚麼需要承
擔？ 第三，黑夜沒有完全遮擋空中的星。這空中的星是由彌賽亞和
不同抗爭者散發的盼望。阿倫特這樣說，「即使是在最黑暗的時代，
人都有期望光明的權利，而光明與其說是來自於理論與觀念，不如
說是來自於凡夫俗子所發出的螢螢微光，在他們的起居作息中，這

微光雖然搖曳不定，但卻照亮周遭，並在他們的有生之年流瀉於大地之上。」[35] 這星燃點的盼望是那抵抗盼望的盼望（hope against hope）多於抵抗絕望的盼望（hope against hopelessness）。抵抗絕望的盼望是由勝利的對方決定盼望內容，但當我們擁有抵抗盼望的盼望時，我們就不被失望控制，反而不斷創造盼望。

以上，我分別從彌賽亞運動、受苦彌賽亞和彌賽亞群體等神學彌賽亞的概念閱讀當下反《逃犯引渡條例》抗爭。這閱讀的目的不是要為這場政治運動提供神學合法性，而是讓抗爭者和閱讀者有更多反思資源。同時，「光復香港・時代革命」的社會踐行幫助教會再發現，它是一個帶有時代革命特性的彌賽亞群體。彌賽亞群體的意義不在於它屬於將來，而在於它對當下荒謬和壓迫的不馴服，並見證著正義與合一。

不受一國兩制限制的共同體

可以肯定，一國一制並非香港人所要。至於一國兩制是否香港人所追求？這可能是一種現實政治考慮。更重要，這牽涉一國兩制如何被詮釋和實踐。所以，要回答香港人是否擁護一國兩制不容易有答案。然而，這場反《逃犯引渡條例》抗爭幫助香港人形成一個不以舊獅子山精神那種「自力更生」、「東方之珠」和「經濟城市」等為目的，而是以主體性、自由、公平參與和守護香港等為核心的共同體。這共同體賦予一國兩制意義，多於一國兩制賦予它意義，以致這共同體不會以擁護一國兩制為目的，而是不斷反思和批判一

35　H. Arendt, *Men in Dark Times*（New York: Harcourt, Brace and World, 1968）, p. 21.

國兩制的實施。很多人會問,「這場政治運動要到甚麼時候才結束?以甚麼方式結束?」一個受彌賽亞啟蒙的共同體不會太執著這個問題。政府若以為時間必然減少抗爭者的投入感或甚至使其自然死亡,它可能誤判了形勢,因為一個受彌賽亞啟蒙的共同體,會因其既濟與未濟的特性而培養出一份耐性。這不是對不公義的耐性,而是對公義彰顯的耐性。另一方面,它不會因這場政治運動成功而消失,因為其既濟與未濟的狀態使它存著以盼望抵抗盼望的傾向。神學彌賽亞提醒我們,一個共同體之可以持續,不只因信念,更因團結行動、溝通和認真生活。教會見證了這樣的生活(崇拜、團契和服務),而香港的抗爭者也漸漸見證這樣生活。例子之一可能是由生活形態政治建立的黃色經濟圈。

龔立人,香港中文大學崇基學院神學院副教授,現進行有關「記憶、政治與宗教」,「靈性渴求與在地靈性—在中國瑜珈熾熱的個案研究」等研究。最近著作有:"June Fourth Tiananmen Candlelight Vigil, *Zhaohun* (Conjuring) and Communion: a Political-Ritual-Theological Hermeneutic"(2020)等論文。

浪漫想像中的青年、末日和救贖

陳景輝

2019年6月香港爆發了反送中運動,引發了世界各地的關注。蒙著面走上街頭的香港黑衣青年成了反抗的象徵,而去年12月警方公布的近六千被捕人數中,30歲以下的人就占了8成。很多人問,為何這麼多香港青年敢於走上街頭對抗全副武裝的警察呢?進一步,若把香港社會運動的時間線拉長,人們不難發現近10年激進青年社運於香港民主運動中其實發揮頗大的影響力,在抗爭理念、議題和手法上推動著社運「前進」、「發展」。所以今次很多香港人也都讚嘆運動抗爭方式的「進化」,讚嘆年輕人的想像力和勇敢。

無疑,青年們確實為香港民主運動注入了前所未見的活力和強度。然而同一時間,一些隱憂也一直存在,在今次運動中它們亦沒有消失。疑慮之一,我稱之為浪漫主義問題。這裡首要是指在社會運動中針對某些特定對象進行浪漫化投射的狀況,好比說「青年」、「青春」,或「偉大的危機時刻」等,而這一浪漫化操作會窒礙人們面對複雜政治課題時進行思考、評價以及判斷的能力。

今次運動中瀰漫著「末日情緒」,相應地運動也出現了「endgame」、「攬炒」等通俗說法。若將時間往回追溯,2016年參與旺角騷亂的勇武青年梁天琦所提出的「以死相搏」,當時就具有很大感染力,這縱然無法使得當時這位原本寂寂無名的勇武青年

在那時候的立法會選舉獲勝，但也屬於高票落敗。然而，從過去的「以死相搏」到今天的「endgame式抗爭」，當中散發著一陣陣陰暗的浪漫氣息，人們既感絕望但又期待浴火重新，從而把抗爭中的「時間意識」收縮為「末日／救贖」的極端瞬間，而這導致人們難以思索政治空間中某種屬於漸進、中間過渡甚或長遠等的民主規劃。以上種種構成了令人憂慮之處，下面將詳細一點分析。

浪漫原理的特殊作用

先勾勒一下這裡所指的浪漫主義，它通常是指一種高舉自我意志的主觀主義立場，它漠視現實限制、事物的因果性以至常識規範等，並把自我提升為這個世界的作者，因而任何事物也能被浪漫的主體看作為自我實現、追尋夢想的機遇。

德國學者薩弗蘭斯基（Rüdiger Safranski）在其著作《榮耀與醜聞：反思德國浪漫主義》提及過，浪漫主義是主體通往「無限」的一種意志，或像18世紀詩人哲學家諾瓦利思（Novalis）的經典定義也有觸及「無限」，他說道，「當我賦予老生常談以深意，陳詞濫調以微明，可知事物以未知的莊嚴，有限之物以無限的幻象，我便浪漫化了它」。可見，浪漫主體可以浪漫化許多不同層面的東西和對象，包括「戀人」、「青春」、「死亡」、「民族」、「戰爭」或「某一偉大的時刻」，等等，但這裡的重點在於這些對象的「中介作用」，即作為主體通向「無限」的中介物，企圖藉此吸納並同化於那一被想像出來的無限性意義。

本文首先切入討論的「青年」，也是浪漫想像中作為純粹之物之象徵的首選題材，正如伯林在《浪漫主義的根源》也同樣引述過的關於「兒童」的浪漫投射：「人應當這樣生活！這個兒童，赤裸

裸的，無拘無束。她無牽無掛，不屈從於任何權威，不聽從任何世俗的引導……。當自然極其野蠻地把我們按進一架可怕的因果踏車，使我們陷入無憂無止的單調之中，自由、在空中伸展腿腳、率性而為，就成了我們在這個可怕的世界擁有的最後特權。」

以上的「自由、在空中伸展腿腳、率性而為」的浪漫想像，其實也可以毫無困難地從「兒童」延伸至「青年」身上。假若放在近10年香港民主運動的語境，就可輕易找到「純潔勇敢無包袱」的社運青年或當今黑衣少年的浪漫身影。

浪漫化青年

借助「純潔無包袱青年」的浪漫號召和想像，可說是支撐起近10年一波又一波的香港社會運動，帶來一次又一次行動、手法、意念及規模的突破。正如在反高鐵運動、反國教運動、雨傘運動之中，以至旺角騷亂到當下所見，年輕人在現實行動中也都扮演了重要角色，很多時甚至站在抗爭的最前頭引領運動的走向，而上述有關青年的浪漫想像更是起著關鍵作用。

如果要簡單概括這一想像，那就是指年輕人比起社會上其他的成年人更純粹、更為缺少包袱且更不計算，於是能夠在民主路作出許多上一代因其世故、現實或懦弱等而幹不出的突破，青年想必更為勇於破除現狀世界的阻礙，等等。也就是說，「青年」被浪漫地賦予了非比尋常的力量，它作為一股通往「無限」的意志，穿越充滿制約的政治現實，特別是當這些少年們比「窩囊」的成人付出更多、犧牲更大之際，其召喚的力量和作用亦隨之遞增。

必須再次重申，此一浪漫想像過去確是為社會運動帶來很多創造的時刻，但經過10年至今，面對愈見高壓、抗爭代價愈益沉重的

現實處境，筆者認為實有反思的必要，特別是隨著時勢推移，當中的盲點及困難也愈益明顯。

浪漫想像所造成的輕重倒置

首先，「青年」作為浪漫的反抗象徵，其真正發揮感染力之處，似乎並不在於這些青年的具體政治路線或主張。雖然過去10年青年們提出了各式新穎的抗爭路線和主張，如自決、港獨以至以死相搏的勇武抗爭等，表面上也獲得一定反對派群眾支持，但是按筆者的觀察，那些支持他們的成年人中有不少其實並沒對他們提出的主張或路線（如自決、港獨）有太多的深究或認同，實質上他們更多的是感動及認同於一種「純潔勇敢青年」的浪漫想像，含情脈脈地寄望青年能帶來新局。然而在我看來這種浪漫情懷更像是某種輕重的倒置，也對所謂青春帶來了遠超負荷的寄託或投射。畢竟真正重要的，當然是政治上切事的分析思考、路線理念、方向目的，以及一切相關的工作和後果承擔等，但浪漫主義著眼的卻並非這些東西，而是一套意識型態般的金科玉律，像是賦予純粹之物以最高意義，賦予孩童及青年以一籃子「不是甚麼」的否定性人性特徵，如更「不」計算、更「沒」包袱之類，但說到底大部分這些東西並無告訴人們，就政治上來說重要和實質的事情。因此，浪漫想像所造成的輕重倒置只會帶來遮蔽的效應。

在香港的處境中，今次運動亦引發了許多新的抗爭意識和理念，但當中有不少具爭議或危險的部分。許多青年們紛紛成了勇武派，製造或擲出了人生首個火焰瓶，部分人加入具爭議性的行動如

「裝修」[1]等的行列,但他們許多人其實是首次參與社運,卻視之為香港的最後一戰,並面對暴動罪最高達10年的監禁刑罰。我想說,在如此嚴峻的形勢下,面對中國愈見高壓的統治,香港社運中長期存在的對青年的浪漫化,在今天實在非常不足且充滿危險。面對青年們提出的路線或主張,也許成人們除了基於浪漫觸動而給予鼓勵及支持以外,更需要針對那些路線或主張,交出屬於成年人應有的且更為嚴肅認真的審視及評價。(當然我知道很多人其實同時是基於對年輕人遭受無理警暴的痛惜而予以同情及鼓勵,兩者許多時難分難解,但還是需要在思考上多走一步。)否則這就如同丟棄了成人世代的責任,逃進浪漫化青年的怠惰思維中。

　　現在讓筆者重點討論今次抗爭中十分具支配性的那種終極對決的末日想像。

末日抑或救贖?浪漫化的危機時刻

　　今次抗爭另一個令人頗感憂慮的現象,是那種把時間看做末日/救贖的極端時刻的浪漫主義。在此,某一危機時刻被賦予重大的意義,被看作為關乎生存抑或毀滅的時間分岔口,而站在這個時代危機面前的人們,統統被要求必須做出決斷,要麼沉淪,要麼重生,沒有其餘。

　　基於以上筆者形容的狀態,網路上很多人因而把這場抗爭看作為一場可以押上生命,且「沒有然後」的Endgame攬炒之戰。人們

1　「裝修」是返送中運動期間出現的術語,指針對那些發表支持警察、親政府言論的商戶,被視作或遭標籤為親建制商人擁有或與之有關係的商店,進行破壞。

恐懼一旦抗爭失敗了，國家機器會全面秋後算賬，而香港當下尚存的自由空間，將會全面失守，一滴不剩。而恰恰就是基於如此的末日想像和恐懼，那種主張運動可以無底線，並鼓勵人們放下常識與道德包袱，甚至不惜任何代價的抗爭思維，在今次運動取得廣泛的認同。所謂「沒有然後」就是這個意思，即，要是得不到勝利，香港將陷入末日，等同萬劫不復，於是勝利之外，根本不存在「然後」。

可是弔詭在於，在這一末日／救贖的時間意識之中就存在著某種天翻地覆的轉折，它既是一個可能把我們拉進絕對深淵的暗黑裂縫，也同時是召喚著人們尋得自身救贖的革命時刻。而這個浪漫化的偉大瞬間同時寄託著彷彿相反的東西，既是絕望也是希望，而那些敢於冒險直面深淵作出決斷之人，將成為全新的人並開創全新的時代。

不容否認，當下面對加劇的警察暴力和濫捕，許許多多市民大眾受傷被捕，筆者完全同意香港確是面對危機。但問題在於此一危機的出現是否就等如香港的末日？是否運動不徹底勝利，香港在過去及這次運動所建立的種種意義，就真的一滴也都不剩？

過渡性時間的危機

更令人憂慮的，是那一由末日意識所召喚出的終極對決的激情。先不管這一激情到底何時方能兌現其徹底結束衝突的願望，但在這之前，這一激情首先帶來了某一時間性的盲目。

首先，這一由偉大危機支撐的對決激情，使運動失去了那種當目標難以立即實現之時所需要的中間過渡的時間意識，取而代之的是，追求當下更強力對決的升級衝動（所謂對決行動，主要趨向就是指勇武派論述中無底線、不計任何代價的升級），而由此卻構成

了今次運動中支離破碎的抗爭軌跡，交替出現著的是一個個彼此不一定相關或相續的「最後通牒式行動」或「對決時刻」，卻非讓事物得以在自身之中停留，並持續累積和深化下去的道路。

在此消失的恰是位於中間區域的過渡性時間意識。借用韓國哲學家韓炳哲在其著作《時間的味道》所說，這一中間區域意指，一段由開端和目的地之間所構成的中間過渡的時間旅程，而人類文化的孕育成長是富含這種中間區域，它同時意味著持續性的時間。在那裡，通過饒富意義的回憶和期盼，以及繼往開來的事先與事後，構成了時間的支撐力量，而踏步行進所需要的是期盼、忍耐、累積及深化等的能耐。但韓炳哲同時指出這一從出發到抵達之間所必須走過的中間道路，同時也意味著一份尚未抵達時的未知，一種不確定性，特別是當原本期待的抵達受到延後之際，這就可能促發了恐懼、不安和痛苦，同時也是期待和盼望受考驗之地。

然而受困於遲遲未能抵達民主目的地甚至於倒退的政治境況，催生了那種末日／救贖的危機想像。近幾年的香港抗爭文化恰恰籠罩於這種氣氛，在這個層面上反送中運動也是其中一次爆發。這些年來人們一邊廂重覆宣告香港已死、今天是香港最黑暗的一天，另一邊廂指責以往的社運全是失敗、冇用，從而必須尋求更強力的終極對決。在此想指出的並非這種去脈絡化的成敗論之問題所在，而是那種特別歸屬於過渡時間的困境，即為了不再想有任何延後或倒退，人們企圖結束位於中間區域的過渡，要求直抵終點，更厭惡及拒絕任何階段性的進展或收穫，認定此舉等同投降，「沒有然後」地渴求一次Endgame式對決……。

基督教神學家莫爾特曼（Jürgen Moltmann）提到無盼望的兩種形式，一種是絕望失志，人們因之變得沮喪、逆來順受，而另一種在形態上恰恰相反，是狂妄放肆，它促發了實現的狂熱，它並非一

般的失望，而是迫不及待地認為已經可以實現一切。然而，這兩種
形式的分別只是，「狂妄放肆」傾向武斷地提前實現盼望，而「絕
望失志」則過早地放棄盼望，兩者的共通之處在於拒絕盼望中那「在
路上」的特質，無法承受於盼望征途中，那所望之事「尚未」到臨
的痛苦。

　　換句話，過渡性時間的危機也是一種無盼望的危機。或許，讓
我們再次重溫聖徒聖保羅的說話：「然而，看得見的盼望，就不是
盼望了；誰會盼望自己所看得見的呢？但如果我們盼望那看不見
的，就要藉著忍耐來熱切等待。」

結論

　　美國哲學學者漢斯‧斯魯格（Hans Sluga）在分析20世紀初至
1930年代德國的危機政治時曾指出，所謂「偉大的危機」即意味著
這樣一種想像：「這個觀念允許我們從過去所建立的限制中無條件
地解放出來，它允諾一個變革的時刻，一個與舊世界決然不同的世
界」，然而他卻認為從事政治的人需要擺脫這一想像的誘惑，「在
政治方面需要的是這樣的人，他們不是以革命、危機、偉大的決斷
和急劇變革的方式，而是以耐心的探索、持續而局部轉變的方式來
思考」，最後他指人們應學會謙遜一點，不要試圖把「當下時刻作
為歷史的頂點」。

　　本文涉及到的浪漫主義是關於社會抗爭的。面對主權移交後愈
來愈差的政治環境，「危機」亦一個接一個來襲，香港社會也大約
自2003年開始從一個原來相對政治冷感的經濟都市，急速地走向全
面政治化，同時這個向來極度功利的城市亦隨之釋放出政治上壓抑
良久的浪漫情懷。我想，近10年來香港人對青年抗爭的熱情寄託及

投射，以至當下終極一戰的激情呼召，其中散發的濃烈浪漫主義氣息，人們也都可以清楚辨認出來。

就像企圖使出一記快刀把那糾纏不清的繩結乾脆砍掉，浪漫主義精神的特點在於，主體通過投身於一種想像出來的無限性來塑造自我或世界，但說穿了這一賦予「有限之物以無限的幻象」之舉，到底也只是一種幻象，它只是迴避或否認了具體現實進程中，事情得以構成所涉及的時間跨度、實質課題、因果關係以至種種條件制約。

無疑香港正在變糟，這是不可否認的。我的憂慮只是，如果跟當下一些人的預期相反，緊接「危機」而來的既非末日亦非救贖，也就是說，運動既沒法在短期中勝利，接續來臨的甚至將是一段比想像中漫長得多的政治寒冬，那麼面對這一冷酷的現實，浪漫主義的呼喚恐怕只會產生出更多的挫折和幻滅，而且它內在地根本並不會使人的生命在政治上變得更為成熟和有韌力。說到底，浪漫主義更像是一條令人充滿激情的神奇捷徑，不管那條捷徑名為偉大的青春抑或危機。最後，以上所述並不意味廉價的放棄或絕望，而是在步向未來的漫長過渡中，要求一份直面現實的勇氣，並學會謙遜，學會在尚未來臨的時間境況中維持盼望，或說是一種不走捷徑的理想主義，一種在浪漫以外重拾「意義」的嘗試。

陳景輝，在香港撰寫文化和政治評論，現時出版了三本著作，包括《草木皆兵：邁向全面政治化社會》（2013）、《雨傘政治四重奏》（合著，2015）、《從支援中創造：有待相認的八九香港》（2017）。

直面香港這場「不知節制」的運動

葉蔭聰

兩種評價

在評論香港2019年夏天以來的「反送中運動」或「時代革命」的芸芸文章中，可以簡略分出兩類。

第一類的立場是偏向支持及同情運動的，論者除了批評特區及北京政府外，嘗試為運動定性。畢竟這場運動比起過往的運動都來得複雜，特別是抗爭手段異常多樣，非暴力與暴力的都用上了，所以，更令支持及同情者急於將運動的正面及進步性質界定清楚。在這類評論當中，比較宏觀及歷史向度的，以羅永生的「攬炒反殖」論作為代表[1]。他抓住運動中提出的「攬炒」口號，指出參與者決心不惜破壞過去念茲在茲的香港現狀，打開歷史缺口，「動搖既有的認知及美學秩序的訴求」，是一種顯得「過剩」（in excess）的「解殖暴力」；他借用法農（Frantz Fanon）的說法，稱此為「追求真正

---

[1] 羅永生，2019，〈「攬炒」就是一種解殖〉，《明報》，「觀點版」，9月20日。

存在意義的動盪」（authentic upheaval）。另一些論者如李立峰、袁偉熙、區家麟等，比較著眼在組織層次上的創新，指出運動強調無「大台」（即中央化的組織、動員及協調者）領導，因此個人或小群體更能突破既有社運的規條，先作出各類大膽行動，再回頭來透過網絡上的聚合性社交媒體平台（例如連登或Telegram）修正，又能克服差異分歧[2]。

第二類的立場站在一種左翼政治原則，指出運動參與者混和西方「民主」、「自由」與香港本土身分，對「中國」、「中國政府」及「中國大陸人」妖魔化，化身成東亞地區親美反共的尖兵，主動投入新冷戰的美國、右翼的一方。同時，也有論者把運動定性為西方殖民主義或帝國主義的延伸，香港的所謂主體或認同只是類近買辦華人或高等華人，是一群「不喜歡中國人的中國人」。這類觀點可以由布洛薩（Alain Brossat）為代表[3]。

以上迴異的立場，在方法論上有一個共同點，就是嘗試在混亂的社會行動中找出一種秩序，以至邏輯，為運動冠以左與右、反殖與殖民之名。然而，在他們的論述中，既不能避免地承認了這些混亂，但又在一宏大框架裡迴避這些混亂。羅永生以「過剩」來理解這種混亂，指出它對既有香港秩序的動搖，因此成了解除殖民狀態的可能；而布洛薩則明顯用歐美的左右翼政治光譜來定義運動，但

---

2 Lee, Francis L. F., Samson Yuen, Gary Tang, and Edmund W. Cheng. 2019. "Hong Kong's Summer of Uprising: From Anti-Extradition to Anti-Authoritarian Protests." *The China Review*, Vol. 19, No. 4（November 2019）, 1-32; 區家麟，2019，〈網絡協作的強力情感動員〉，《香港獨立媒體網》，7月11日。https://www.inmediahk.net/node/1065575

3 布洛薩（林深靖譯），2019，〈被催眠的街頭運動〉，《風傳媒》，11月7日。https://www.storm.mg/article/1908012

同時，他又注意到這場運動在修辭（例如把全世界的反抗自我等同）還是行動（例如主動攻擊警察）上，都是「不知節制」，他甚至稱此為「愚行蠢話」。於是，在他筆下，運動成了一種滑稽樣貌，既參與了邪惡的美帝大計或大局，但又愚不可及。

從方法論上，兩人都有著化約論的傾向及問題，換言之，從亂中嘗試尋找秩序。這種化約的前提，是預設了這場運動是一場社會運動，再去叩問這是一種什麼樣的社會運動，在政治光譜中是何位置。然而，筆者想從另一個角度去問，這場運動是社會運動嗎？同時，我想指出，那些「過剩」，又或「不知節制」的，即超出了特定政治性質及規範的，逾越既有社會運動概念所設想的東西，才是我們理解這場運動的關鍵。簡言之，我想提出，該如何理解這些混亂？

社會運動：漸進主義產物

我這裡使用「社會運動」一詞，要比日常的用法稍為狹窄及嚴謹。首先，社會運動是一種特定的、起源於歐美的歷史現象；第二，「社會運動」一詞也是特定的西方概念。我這個定義源自歷史社會學家蒂利的觀點。他在晚年的著作中論證，自18世紀中葉以來，西歐及北美發展出一種獨特的群眾政治，某些新的群眾政治元素漸漸成為主流，並凝聚及傳播開來，成為一種具有歷史特徵的綜合體，即我們口中的社會運動。這些元素可概括為三類：

1. 集體訴求的倡議行動
2. 一系列常規的訴求表演，包括集會、示威、公開聲明或宣言，即抗爭戲碼。

3. 以公共的表達形式展現訴求的價值、群眾規模及投入[4]。

　　蒂利進一步說，18世紀漸漸出現的社會運動的創新之處，在於把這些元素擴張、標準化、整合成一種表達公眾訴求的承載工具，同時，也在與政府互動中產生了一個法理空間（legal space），讓倡議行動、抗爭戲碼及公眾表達的價值，群眾規模及委身投入取得持續的政治地位[5]。社會運動作為承載工具以至它所取得的法理空間，需要體制的配合，包括人民主權、民族國家與代議制度，以及背後的形式政治平權。社會運動一方代表著民眾的體制外訴求形式，國家體制一方則需要作出起碼的良性回應，而非單純的鎮壓。

　　以上說來簡單，但即使在西歐及北美，社會運動的理念及實踐也是在兩個多世紀裡跌跌宕宕中演化出來的，到了二次大戰前後，才漸漸成形。至於進入非西方地區，時間更晚。例如，在20世紀初，中國政治在爭論革命與改良，各種革命議程主導了政治討論，雖然有個別行動像今天所說的社會運動，例如五四運動、1920年代的上海、廣州罷工、1940年代的「反內戰，反飢餓」運動，但在論述上還沒有今日我們熟悉的「社會運動」四字。二戰之後，歐美社會已開始有大量社會運動的研究，但解放後的中國大陸，仍然浸淫在毛澤東式的革命理論及語彙之中。在後毛澤東年代，1989年的北京學生運動算是最大規模的表現，才開始有社會運動的概念在人們腦海裡生根。但由於學運遭軍事鎮壓，以及日後中共演化出的新威權統治模式，中國大陸雖曾有維權運動，但近十年實踐上愈來愈艱難，這個詞與「公民社會」更屬敏感詞。

4　Tilly, Charles. 2004. *Social Movements: 1768-2004.* （London: Paradigm），p. 7.

5　Tilly, Charles. 2004, p. 21.

　　在香港，「社會運動」一詞、相關理念及實踐，大約也在1970
年代才開始流行，在此前，群眾政治仍然陷入國共的冷戰對壘，例
如1956年由親國民黨組織發起的「雙十暴動」，攻擊甚至殺害親共
群眾；1967年的「六七暴動」，雖然是勞資糾紛為觸發點，但很快
便成了國內文化大革命的延伸。即使是之前一年的「天星小輪騷
亂」，起因與殖民政府管治及本地年青人的社會不滿有關，但在組
織及群眾行動，以至當局回應方式，也顯得粗暴混亂；由開始時的
一位年輕人絕食抗議，以及警察的無理對待，迅速引發成城市騷亂，
並沒有清晰的組織及持續倡議。

　　「六七暴動」後，1970年代開始有大量年青人組織示威抗爭，
特別是學生運動，既有1960年代歐美學生運動風潮，也有海外華人
保釣運動的影響。當時的香港年青人針對殖民政府政策，發起「中
文運動」及「反貪污運動」等等，成為香港社會運動的雛型，演化
成壓力團體及有別於昔日親共親台的本土政治組織，成為日後被統
稱及自稱的民主派，即後來的泛民主派。這一切，都與「六七暴動」
後大幅調整管治手段的殖民政府有關，官民之間開始形成良性互動。

　　直至1980年代，香港政治前途問題主導了公共議程，1984年中
英簽署了聯合聲明，確定了中國於1997年後收回香港，政府體制由
殖民政府變成「一國兩制」下的特別行政區，並承諾邁向民主自治。
這些為民主派定下了基本的政治遊戲規則，而殖民政府在餘下的十
多年統治中，也進行有限度的政體及法律改革，讓社會運動的法理
空間更鞏固，例如訂立人權法及鼓勵政黨政治。在過渡期至今，雖
然中間經歷不少政治爭議衝突，但泛民主派大體上遵照著一種大策
略：參與體制內外的政治，即基本認同遊戲規則，並按照遊戲規則，
既要保護規則，亦由此去推動改變。例如，維持現狀、捍衛法治、
保障自由、推動政制民主化等成為口號，但同時在這些前提下爭取

社會改革。在組織上，民主派政黨及公民團體也擔當著領導角色，代表了公民社會，投入民主化的漸進歷程。在此期間，香港群眾政治曾被譽為最有秩序、和平、理性的街頭示威運動，政治反對派在價值上也偏向西方溫和自由派。

漸進主義的無以為繼

我們可以說，社會運動乃是漸進主義的產物，香港更是如此，所謂民主化，指向的是一個漸進的漫長過程。這種共識得以形成，並非單純中國、英國兩國與香港社會互動而產生，亦有它獨特的地緣政治時空背景。

首先，香港過去四十年的地緣政治，既非簡單及過時的西方殖民結構可以理解，也不可用冷戰兩大陣營架構來區分。把香港政治中的「反中」及「反共」情緒及口號，簡單視為親西方，甚至是親西方右翼，又或者是殖民主義的延續，都是極為簡化及誤導的。我們需要理解到，如今的香港是後冷戰及後殖民產物。

冷戰漸漸結束，中國大陸不再是毛澤東時代威脅西方的社會主義陣營，在不少西方政經精英眼中，中國大陸是「落後」，有點「化外」之地的味道，但與傳統的東方主義論述有一個根本差別，在於中國不再那麼「危險」，並不構成威脅，可以共存甚至合作。至於被英國殖民政權調教了過百年的香港，當然顯得更親近，落入改革開放的中國政權統治，西方國家並不認為是大不了的問題。相反，維持全球資本流通，以至讓西方資本進入鄧小平年代的中國市場才是最重要，香港政治前途及主權歸屬皆為次等問題。這一切都在1980年代初柴切爾夫人與北京政府商討香港主權問題上得到佐證，當時她迅速向北京讓步，她曾在自己的回憶錄中明白地說，穩住英國以

至西方資本在香港的利益才是首要[6]。而由1980年代開始，以英美為首的西方政府，也一直以「交往政策」（engagement policy）來應對中共，故此，1989年的「六四鎮壓」後只有短暫制裁，香港及中國曾被想像成「第三波民主化」的後繼者或殘餘，西方政府相信，只有緊密接觸中國，讓中國進入西方主導的世界，中國終會和平演變，這可以說是一種漸進主義想像。

　　然而，中國的政治演變並沒有朝向西方政府的設想而進，習近平上台前後，更強調一種中國共產黨自我界定的「道路」，鼓吹一種中國式政治例外主義（exceptionalism）。這種例外主義的特色，是嘗試把政治與經濟切開。中共治下的經濟改革雖然是由國企主導的資本主義化，培育國家調控的各類市場，卻積極融入全球資本主義體系，這種經濟漸進是西方政經精英樂見的。中共領導人甚至成為最重要的自由貿易鼓吹者，世界貿易組織最忠實的支持者。早在2006年，在媒體上已出現了「中美國」的說法，表面不同的「華盛頓共識」與「北京共識」，實質是結構上相輔相成。但政治上，曾經在1980年代曇花一現的政治改革議程，例如黨政分家或分開、權力制衡、輿論監督等等，在1989年後可以說是完全被壓制，近年最高領導人更多次強調要防範西方價值。

　　因此，回歸後的香港，在經濟上比昔日更嵌入中國與西方的資本鏈及循環，它既是西方資本在遠東的重要節點，也是中國資本進出的關隘。在中國的經濟版圖舖開後，在政治上，中國政權更需要強調對周邊地區的政治控制，在意識形態及官方理論上，更要創造一個以中國為中心的區域以至全球支配視野及格局，無論是小至珠

6　Thatcher, Margaret. 1995. *The Path to Power*（New York: Harper Collins），p. 260.

江三角洲「大灣區」的打造，還是「一帶一路」的大計，抑或是中華帝國或「天下」的想像，香港都無法置身事外，作為一個中國離岸公民社會更是首當其衝。

以美國為首的西方國家，在川普總統上台後，也漸漸調整甚至放棄「交往政策」，在維持基本商貿活動的前題下，全面堵住中國在全球的影響力最為關鍵。近幾年，在眾多事件中都看到美國針對中國的政府全方位式（whole-government approach）行動，例如何志平因賄賂非洲官員在美國被控入獄，以及孟晚舟在加拿大因美國要求引渡而被拘留事件等等。美國為首的西方國家回應，更令中共感到有需要鞏固其主權，特別是其周邊地區。在香港，中共於2014年便正式公開宣布，要「全面管治」香港，以中央主導之姿重新詮釋「一國兩制」，這絕不是偶然之舉，也非只是中港政治關係惡化所致。

大局面的漸進主義無以為繼，小小香港的漸進主義當然難以維持，體現在兩個地方。首先，自2011年開始，「香港已死」或「The city is dying」的說法，夾雜在巨量自由行旅客來港造成的民生問題及社會衝突之中，例如「雙非嬰兒」造成公共醫療系統危機，水貨客活動阻塞交通及市民日常生活空間，漸漸令不少本地老百姓把持續多年對大陸居民的偏見、厭惡，轉變成一種本土主義式的排外恐懼及防衛意識。其次，香港的普選問題遭北京政府一拖再拖，由原來2007/08年的普選起點，拖至2012年後，再在2014年，遭人大常委立下嚴苛的提名特別行政長官的辦法，引發了雨傘運動。簡言之，社會民生及政治問題混和，兩股集體情感匯合，香港的漸進仿如漸退，可見的未來被想像為即將到來的末日。

漸進主義的失落，在政治上造成兩大效果。首先是對政府體制的日益不信任，這反映在特首曾蔭權的第二個任期（2007-2012），

以及之後的梁振英及林鄭月娥，他們的支持度每況愈下。另外，泛民主派曾經是政治反對運動的領導，在漸進無望下，也開始失去了不少民眾支持，他們在街頭政治上的領導權及正當性，也面臨新興本土主義政治組織的挑戰。其中有兩點值得注意，第一，本土派為了區別自身與泛民的分別，祭出了「勇武抗爭」的路線及標籤，訴諸更自發、即時組織、「無大台」的反抗情緒漸漸蘊釀出來，貶抑泛民路線為一事無成的「和（平）、理（性）、非（暴力）」；第二，不少參與者視雨傘運動為「失敗」，再加上反對派內部分裂，運動的領導人物，包括學生組織學聯及學民思潮，以及佔中三子的戴耀廷、朱耀明、陳健民等，在運動中自然也漸漸失去領導群眾的能力，泛民所代表的公民社會在街頭政治上漸次失效。在此後的2016年初旺角騷亂，以及緊接的立法會補選及選舉中，提出自決以及傾向或公開支持香港獨立的候選人登場。這一切北京都看在眼裡，與特區政府聯合，運用法律及行政手段，取消不少年輕候選人及當選人的資格，而雨傘運動及旺角騷亂的抗爭者亦相繼被控及判刑入獄，這造成了更深的政治恐懼感，對體制的不信任，以及對中國的政治抗拒。

無策略運動的興起

隨著漸進主義的失落，香港的反對運動的漸進大策略也落空了，不少人覺得遵守遊戲規則沒有意義，這帶來怎樣的變化？在2017年至2019年的反修例運動之前，是相對沉寂及鬱悶的時期，沒有大型動員，泛民主派也輸了兩場補選，在廣義的反對派群眾中間瀰漫著一種悲觀情緒。可是，就在挫敗失落的氣氛之中，林鄭月娥政府藉著港人陳同佳涉嫌在台灣謀殺一案，提出《逃犯條例》修訂草案，

嘗試制定新法律機制，覆蓋過去沒有引渡協議及司法互助的地區，包括台灣及中國大陸，卻引發社會激烈爭議以及巨大危機感，即成為「送（返）中（國）」的疑慮甚至恐慌，擔心中國及特區政府合謀把政治異見者由香港遣返內地，中國大陸與香港之間的司法防火牆崩塌，不啻香港的身分認同危機。在恐慌之中，自3月開始反對派陣營發動了幾次大遊行，至6月12日，當日是草案準備審議，大群帶著口罩的年青人自發包圍立法會，會議無法召開，但警方強力鎮壓引起社會嘩然，觸發更大更激烈的抗爭，一發不可收拾。

有關條例的爭議及運動發展的細節，本文在此略過。我在這裡要特別強調6月以來的多次動員的特性。

首先，從組織、行動及互動型態上，過去主持七一大遊行以至3月份大遊行的「民間人權陣線」雖然仍在，但已不再是主角，它所代表的社會行動方式也不再是主導。相反，許多曠日持久的包圍、衝擊行動，是網民透過網絡、社交媒體、加密通訊等自發動員起來的。而且，行動並不以單一場面或慣常空間為限，與過去遊行與占領行動不同，群眾強調流水般時進時退。而行動的激烈程度也隨著警察的打壓手段升級而升級，警察的鎮暴手段亦顯得日益不受控（例如對倒地沒有還擊之力的示威者拳打腳踢、近距離以實彈槍擊示威者），於是出現大量驚險場面。警民雙方不只逾越了驅散民眾與和平示威的規範，更不同於2014年雨傘運動期間的占領行動，也比當時衝擊特首辦公室的行動要激烈及多變，包括衝擊警署、投擲汽油彈、設置路障、伏攻警員、破壞地鐵以及被指控為支持政府的商店「裝修」等等行動，並蔓延至商場及各大小社區。同時，衝突方式亦不限於警民之間，例如7月21日元朗出現懷疑是新界黑幫襲擊示威者及市民，導致社區上分屬「黃」（反對派）、「藍」（建制派）的民眾械鬥，黑幫與警察也混在其中。同時，私下的報復行動，俗

稱「私了」，便更層出不窮了。

由於港式漸進主義的社會運動傳統失落，「大台」不再，沒有大策略，令運動如脫韁野馬，壞處是公民社會的倫理規範變得模糊，有時甚至完全蕩然不存或失效，好處是讓運動參與者自我創造更觸動年輕一代的政治想像與經驗，以及豐富的戰術。例如，由7月開始，已有網民用動漫遊戲（ACG）式的方法動員及招募參與者，稱運動為「香城Online」。既把危險程度分成遊戲等級，也用動漫遊戲詞彙分派角色，例如投汽油彈者為「火魔法師」、設路障者為「結界師」等等，街頭衝突成了一種危險遊戲，年輕人可以按著網上的指引去投身及隨時升級，在網上及街頭與同道人連結。到了11月，示威者要堵路，創造「三罷」（罷工、罷課及罷市）勢態，在兩家位於關鍵幹道旁的大學，發生了警察圍堵校園的攻防戰，動員大批示威者前往增援，突然之間，本來流水般的抗爭，又變成守城血戰。少數激進人士更嘗試組織類近恐怖主義的行動，例如製作炸彈、籌劃暗殺警察等等。

在新而複雜及多元的抗爭手段背後，有著跟過去不同的集體意識。運動發生前的恐懼及悲觀情緒，經歷6月幾宗以「反送中」之名的自殺案，8月離奇死亡的少女陳彥霖，以及11月墮樓身亡的大學生周梓樂，都化成促進行動的悲憤之情，也成為連結參與者的同胞之情（以「手足」一詞來表達），營造出命運共同體感覺，甚至可以說成為一種克服艱辛、創造群體未來的集體政治意志。回過頭來看，在激烈抗爭時刻中共同體感覺及政治意志，可以說漸漸取代了過去社會政治持續漸進的溫和期望，抗爭也令本地政治染上了一層存亡鬥爭（existential struggle）的味道。

造成這樣效果的原因，也與政府的回應及不作為有關，政府除了不斷加強警力試圖清剿街頭抗爭外，其反應可以說是相當冷淡，

運動的「五大訴求」中，除了較早提出的「暫緩」提交草案（拖至9月正式撤回）外，其餘訴求政府一概沒有回應，包括成立獨立調查委員會，更不用說重啟普選。因此，情緒與意志幾乎找不到任何政治解決方案以便落實及緩解，也得不到體制起碼的回應，所以，只能在運動之中不斷自我激化，以及被警察的無日無之的暴力激化，引發更大的街頭暴力及民眾對此種暴力的支持，一時間形成了暴力循環。「無大台」的運動本來便令政府難以找到對手協商談判，而暴力循環也讓政府更難以找到下台階退讓。

在得不到政府回應下，一種名為「攬炒」的政治修辭，成為運動的驅力。「攬炒」一詞大約指同歸於盡，有網民甚至以一部好萊塢電影的對白「If we burn, you burn with us」來形容。這可以說是轉化了2011年左右開始出現的邁向死亡的悲情，它在絕望之後加了一個尾巴：我們可能要死了，但你也要跟我們陪葬！「攬炒」一詞，與部分本土派在2018年補選時呼籲市民不投泛民的「焦土」政策相關，即想像一種徹底終局後的可能。這既說明了許多人不再寄望漸進的大策略，同時，「攬炒」在功能上也容易正當化所有行動（尤其是暴力及破壞行動），只要造成敵方的傷害或威脅便足夠了，不要計算太多自己承擔的成本以及收獲，以及複雜的道德倫理考量。這種修辭及情緒，與運動強調的「不切割」或「和勇合一」，把投入不同戰術及認同不同原則的人混亂地團結在一面旗幟下。簡言之，「攬炒」讓悲情化作團結及行動的動力。

香港的政治現代性：自我創造政治經驗

有人要把香港所有反抗中共的運動通通都視為親西方，或意識形態上延續西方殖民主義。可是，這樣的角度卻看不到香港是如何

由「一國兩制」的和平版（西方與中國合謀的資本主義永續大計），
進入「一國兩制」的無序版。更無法解釋，那些「過剩」及「不知
節制」的無序、暴力是從何來，更無法理解，它們的政治意義又在
哪。

　　「一國兩制」和平版是漸進主義，去年六月以來的運動標示了
漸進主義的結束，在不少抗爭者眼中，漸進的時間歷程沒有了，只
有兩個選擇：邁向死亡的歷程，或投入激烈衝突的時刻。這種時間
意識所支撐的運動，的確正如羅永生所說，否定了1980年代以來接
受資本主義現狀及殖民處境的共識，但是否通向解殖的道路，恐怕
還是未知之數。但有一點是肯定的，抗爭者嘗試創造一種新的政治
經驗，一個與香港過去不一樣並與之脫勾的當下，而這正是哈伯瑪
斯所說的政治現代性的特徵[7]，一方面是追求成為自決獨立的主體，
另一方面尋求一種政治秩序來實現自決獨立。

　　但香港的政治現代性經驗，卻暫時無法著落在持久的制度建
設，這種不確定性也許是普遍現代性的特徵，但香港的經驗，似乎
更像一些人類學者與文化研究學者所描繪的新自由主義時間：可見
或中期時段的未來失去了意義，難以投入情感，只有當下被切斷的
突發抗爭時刻，以及極遙遠、充滿想像或幻想的未來，才能產生意
義與情感[8]。在北京及特區政府以穩定之名壓抑任何體制改革可能的

7　Habermas, Jurgen. 1996. "Appendix I: Popular Sovereignty as
　　Procedure." In *Between and Facts and Norms: Contributions to a
　　Discourse Theory of Law and Democracy*(Cambridge: The MIT Press),
　　p. 467.

8　Guyer, J. I. 2007. "Prophecy and the near Future: Thoughts on
　　Macroeconomic, Evangelical, and Punctuated Time." *American
　　Ethnologist* 34 (3) : 409-421; Bear, L. 2014. "Doubt, Conflict,
　　Mediation: The Anthropology of Modern Time." *Journal of the Royal*

情況下，這種時間經驗結構恐怕短時間無法扭轉。

　　當然，現實沒有那樣簡單，也包含變數。去年11月，在運動激烈發生期間，區議會仍然順利選舉，反對派大勝。雖然在憲制上，區議會並沒有多大的影響及制衡能力，但選舉政治與街頭政治總算在極為驚險的情況下取得了結合，把投票率推高至七成以上，令大量泛民及本土派候選人當選，占去450多個議席中的八成以上。雖然有少數堅持只有「勇武抗爭」才能救港的基要派不屑於參與選舉及選舉成果，但大部分反對派仍然樂於見到這些實質及象徵的成果。

　　我們有理由相信，在社區出現了近400位社區領袖，遊走於體制與體制外，將會是一個重建公民社會的小小基礎，也是一個尋求中期漸進的機會。然而，這些機會不會讓香港回到過去，只會進入一個複雜的政治地景以及時間歷程。就運動的訴求而言，雖然取得的實質成果有限，而自12月以來，參與者開始因過度動員而疲乏不堪，同時，警察大肆拘捕及打擊活躍分子，因此運動開始稍為沉寂。不過，既然政治體制以至中央至地方的領導班子及方針沒有大變，反對派群眾的政治情感基礎也沒有削弱，被視為「不知節制」、混亂的運動日後還是會發生。

　　這些混亂向我們提出了問題，卻沒有告訴我們答案。

　　葉蔭聰，香港嶺南大學文化研究系助理教授，研究興趣包括香港政治文化及中國當代思想。

（續）────────────────

　　Anthropological Institute, 3-30.

思想訪談

劉紹華 教授

「防疫」中國：

對話劉紹華[1]

曾金燕

劉紹華，哥倫比亞大學社會醫學系人類學組博士畢業，現為中央研究院民族學研究所研究員，其研究從疾病的角度切入，例如愛滋、吸毒、或麻風病等，去分析當代社會變遷的本質與傾向，以及身處變遷中的個人生命經驗與轉型。此外，也從公共衛生與環境變遷面向，去理解如國家或市場等外力、制度在此變遷中所扮演的角色。個人專著有 *Passage to Manhood: Youth Migration, Heroin, and AIDS in Southwest China* （Stanford University Press, 2011），及其譯寫而成的醫療民族誌《我的涼山兄弟：毒品、愛滋與流動青年》（群學出版社，2013）、《我的涼山兄弟：毒品、愛滋與流動青年》（中央編譯出版社，2015）。近年出版《麻風醫生與巨變中國：後帝國實驗下的疾病隱喻與防疫歷史》（衛城出版社，2018），《人類學活在我的眼睛與血管裡：從柬埔寨到中國，從這裡到那裡，一位人類學者的生命移動紀事》（春山出版社，2019）。

1　本文源自2020年1月31日曾金燕對劉紹華的電話訪談，第一稿曾發表在 *Made in China* 網絡版和期刊版（J. Zeng and Liu 2020）以及《端》的媒體版（曾金燕，2020）。在此發表的《思想》版，係於4月2日對劉紹華補充訪談後的更新稿。

一、審查與新型冠狀病毒防疫

曾金燕（以下簡稱「曾」）：紹華老師您好，2018年出版的《麻風醫生與巨變中國：後帝國實驗下的疾病隱喻與防疫歷史》，是一部針對1949年後的當代中國防疫史[2]。您花了十多年的時間，從政治（國族、階級、宗教的政治）、科學（生物醫學發展）、社會文化（疾病隱喻帶來的情緒勞動、汙名等）相互扭結的維度，書寫了麻風醫生集體的個人生命史、全球公共衛生視角下的防疫政策和實踐史，以及中國的社會政治史。新型冠狀病毒（COVID-19）從2019年12月在武漢爆發到現在全球流行，可否請您先簡單介紹對新型冠狀病毒防疫的觀察？

劉紹華（以下簡稱「劉」）：作為中國之外的人，不是身在其中日常生活的人，再加上中國政治控制和訊息不透明，從一開始我們就沒法獲得充分的訊息去了解這個新型冠狀病毒疫情，所以對於一些事情的因果關係、一些機制是否起作用，有些事還很難說。但即使這樣，以現在看得到的資訊，大家至少已經可以去作一些檢討，提出一些問題，特別是針對不合理的情況，例如：檢討怎麼做應該可以不會造成這麼多人死亡、更少的醫護傷亡、付出更少的人類福祉代價。

1月23日武漢封城，後來其他省市也有區域性的封鎖。兩個多月過去了，現在湖北逐步解封，疫情卻在世界蔓延開來，導致世界各國也採取隔離、封鎖閉關的措施。封鎖、隔離作為流行病控制的有效措施從19世紀到現在一直在用，只是規模看疫情而定，但歷史上

2　見劉紹華，2018。

從來沒有過這麼普遍且大規模的隔離。這一次，雖然每個國家採取隔離措施，但每個國家的具體情況都不一樣，存在政治制度和文化差異，必須對封鎖的時機、封鎖的配套措施、封鎖的代價等方面進行綜合評估，才能說清楚什麼是有效的公共衛生防疫和良好的社會治理。一場有效的公共衛生防疫一定是在特定處境下有綜合的配套措施才能起作用的。幾個關鍵因素會影響防疫的效果：是否尊重流行病控制的專業實作，而不是將政治議程凌駕在醫學專業判斷之上；資訊和社會治理是否透明；媒體和公民的協作等。

中國的情況，一開始是隱瞞疫情，然後突然迅速拉高警戒。武漢封城期間，所有公共交通都停擺，整個社會陷入混亂和恐慌，沒有做好封鎖的配套。剛開始那種防疫方式，好像就是你在裡面自生自滅，只要不要傳染出來，就叫做防疫，並沒有在防疫之時還是要照顧病人的概念。病人有沒有得到照顧呢？民生有沒有得到照顧？封鎖和疫情對身在其中的人帶來怎樣的心理影響，以及會給社會帶來怎樣的次生災害？病人死了，人被隔離了，儘管具體的數字還是不清楚，隨著時間過去疫情終究會緩和下來。但這究竟是有效的公共衛生防疫起作用？還是封鎖隔離機制下疫情本身就可能緩解？我們現在還不能獲得完整的訊息來充分分析。

武漢封鎖初期，我看到很多志願者，比如當「擺渡人」，騎自行車或者是電動自行車、開車之類的，去接駁醫護人員，在醫護人員的家跟醫院中間做接駁，因為沒有公共交通。從這點來看，我覺得中國的民間不是沒有進步，我蠻感動。因為疫情爆發時，當志願者是一件很難的事情，有一些家屬會強烈抗議，大家需要承受很大的身心壓力。

各國應對新型冠狀病毒爆發的作法，都是一場大型的公共衛生實驗，公共衛生防疫的反應在社會治理透明與不透明的社會有很大

的區別。中國通過高壓手段來控制疫情，從功利的角度來看，會有
立即的效用，但背後的代價相當大，而且不一定能被看見。如果考
慮到新型冠狀病毒的特殊性——潛伏期長、無症狀傳染、病症多樣
表現以及檢測結果的偽陰性，中國的國情又很特殊，中國是否已經
真的控制疫情還很難說，中國和其他控制得較好的國家是否會有新
一輪的爆發，也都需要警惕。

在台灣，由於一直對中國保持高度警戒，也不信任中國不透明
的政治話語，加上2003年SARS疫情的經驗，一開始就採取了「超前
部署」的策略——比如很早就針對武漢停止往來、然後是世界各地
的旅行者、入關者進行檢疫，用疫調方法追蹤調查確診者以及與確
診者有過接觸的人，採取隔離措施——不是整個社會的隔離封鎖，
而是針對確診者和有風險者的隔離。台灣以這樣的方式來阻斷病毒
的傳播，配合公眾戴口罩等衛教方式來控制疫情。雖然確診者數量
有上升，但就其和中國鄰近的情況下來說，疫情控制的效果確實很
明顯，對公眾生活的影響也不至於像武漢的封城那樣巨大。

韓國的情況不一樣，由於疫情在新天地教會突然爆發，韓國沒
有機會做到「超前部署」，但馬上採取了「普遍篩檢」加隔離的策
略，算是在相當程度上控制了疫情，是屬於危機處理得好的情況。
日本的情況又不一樣：在一開始，各國已經逐步採取斷航封關等措
施時，日本出於外交考慮沒有對中國封關。後來雖然採取了針對性
的禁航政策，但也沒有超前部署和全面篩檢，甚至戴口罩的現象也
不如台灣普及。他們是靠什麼來控制疫情不至於像歐美、中國等國
家那麼嚴重的呢？我還沒有看到很詳細的報導。也許是他們個人衛
生的習慣一向非常良好的原因嗎？比如回家進門第一件事是洗手，
社交上也不是很多肢體語言如擁抱等的文化習慣。我不懂日文，可
以獲取的資料不多，但我覺得日本是蠻值得研究的案例。

而美國，其實和中國有很多相似的地方。比如醫療專業聲音被政治壓抑，川普嚴重削弱了CDC醫療體制在防疫中可能起到的作用，嚴重耽誤了防疫。但美國畢竟在醫療發展和工業方面是世界頂尖的，還是可以迅速恢復能力，很快發展檢測試劑等手段來配合隔離，控制疫情。

中國的封鎖、隔離作法，是無法完全複製到民主國家的。這一點，西方社會也很清楚。同時，西方社會一些國家也面臨了在不同程度的封鎖、隔離措施中，該如何防止對民主制度和人類福祉的傷害的問題。

曾：有人說，如果沒有政治審查，李文亮發出預警時公眾就獲知新型冠狀病毒的情況，也許就不會有這場疫情，不會有全世界的大流行。過去這幾年裡，中國的公民社會，從NGO組織被解散，從大量的活躍人士被抓捕，特別是律師被大量的抓捕，到國際NGO法限制國際NGO在中國的活動，以及限制本土NGO的資源獲取和能力成長，公民社會的活動空間極度萎縮。媒體大受打壓，調查新聞嚴重受限。在這樣的情況下，這次疫情爆發，哪怕審查重重，仍引發了公眾很大的反彈。國內一些媒體也在和審查機制博弈。我覺得公眾的反應、反彈和批評，跟比如說紅十字會以前冒出的郭美美醜聞、四川地震時的政府部門的醜聞引發的公眾反應是一樣的、激烈的，有很多的批評——也就是說公眾是有自己的判斷力。但是這種社會應急的荒謬混亂情況和官方慈善團體如紅十字會控制防疫物資的醜聞，一而再再而三發生，甚至更加變本加厲的發生，令人感到憂心。

劉：訊息不透明會對公共衛生防疫形成巨大的障礙。我覺得某種程度也有點像是中國政府把公眾的反應當「細菌」，然後拼命地施加「審查」抗生素的劑量。可是，這樣的控制終究會潰散的，而它眼中的那個「細菌」是會病變的。這一次，雖然看到很多非常荒

謬──比以前還荒謬或者說跟以前一樣荒謬的事情在發生,可是中國人的反應跟以前比,當然不能說是非常戲劇性的變化,但是完全沒有變嗎?不是。在審查之下,大家說話的文章常常都是活得比病毒的命還短,然後被刪,但另外就會有人又從別的地方冒出來,又刪又再冒。這說明中國裡面有很多人有不同的意見,就是要表達要行動。因此我們在外面的人其實不能停止,我們在外面的人沒辦法停止關注跟發言,因為哪怕在裡面的人也許沒有辦法自己做發言,但是可以做動作,就是幫你把那個發言轉來轉去。我會覺得可以分工,對吧?光是為了在中國內地已經有共鳴的人,在外面安全之地的人就不能停止,就不能停止有任何作為。

至於說公共輿論的形成,對中國抗疫的具體實施,是否起到監督、糾錯的作用,這個因果關係還很難說。我們同時看到,中國政府一方面更加快速地封鎖輿論和疫情訊息的傳播,另一方面,它也快速地、加大力度地進行「抗疫成功」的宣傳,對外和對內宣傳中國的「成功」。民主國家需要面對的是假訊息氾濫、後事實的情況;而在中國,新興科技成為國家機器進行龐大宣傳的重要資源和手段。在本來、從來就是壓制事實、壓制聲音的國家宣傳中,現在又有了更龐大的力量、資源進行更加快速的國家宣傳。比如今天我看到網上歡送支援湖北的醫護人員離鄂的各種視頻,人民夾道歡送,康復患者跪地、磕頭感謝。這些在中國很傳統很質樸的人情表達,透過視頻這些廣泛普及的手段,非常有效地傳遞了政權所需要的「愛國」、「歌功頌德」效應,可以利用這種情緒、情感的共鳴來取代潛在的批評。這種刻意生產出來的宣傳,每個人都參與其中,夾雜了國家政治的個人和集體表達。對於我們以及比我們更加年長的世代來說,習慣了以眼見為憑、白紙黑字,或在威權社會長大沒有經過獨立思考訓練缺乏公民意識的民眾,這些影像會形成直接的影響。

曾：此波疫情，科技在公共層面的管理、支持民生、醫療安排上，似乎沒有起什麼大的作用。而對疫情的跟蹤，應該是政府內部完全知情，但是不披露，或部分披露，政治議程而不是民眾和防疫需要優先。

劉：從監視的角度，它有大量的科技。可是在這次疫情的監控裡面，怎麼沒有一開始就發揮大數據的功能呢？從流行病學大數據的功能角度，一下就可以看到流行趨勢了，中國科學家在《柳葉刀》的投稿文章也畫出流行趨勢了，不是嗎？怎麼善用、有效利用大數據來保護公眾福祉？大家批評中央的CDC（疾病控制中心），批評他們只是為了自己發文章。我也想說，CDC在中國有多大？我的意思是說CDC的政治決策權有多大？沒有上層授意，他們敢隱瞞這個疫情嗎？新聞也報導了，中國政府1月3號開始就給美國作了30多次的通報。CDC可能就只是替罪羔羊吧。

二、「後帝國」防疫

曾：您說到CDC，要談中國的防疫機制以及政治力量對CDC的影響，跟您在書裡用「後帝國」這個詞來做時代劃分有關係了。這首先是一個政治議題，不僅是一個醫學專業議題。「後帝國」是什麼意思？在這場防疫工作中產生什麼影響？如果1949-1978年的中國是「後帝國」，那1978年至今的中國，又是什麼？

劉：是，在書裡面我寫這不只是醫療、公共衛生史的問題，而是政治社會史的提問。你問「後帝國」是什麼意思，在書裡面寫得很清楚，「在全球邁向後殖民的時代，中共以強制性的社會主義政策，讓中國進入後帝國的集體精神狀態，雷厲風行祛除新舊『帝國』（反帝、反封建）與『殖民』（教會、文化）的影響」。你主要是

要問我後帝國在這場新冠肺炎防疫工作中產生什麼影響吧？我覺得
影響就是這種後帝國的mentality（思考方式和精神氣質）就沒有消
失過。中國的「後帝國」從未脫離帝國的架構，但裡面有兩個層次。

　　在我們談論後殖民和後帝國主義的時候，理論上無法擺脫殖民
主義和帝國主義的架構。原先我說的那個帝國，在它政權初期指涉
的是民國（1912-49）時期延續下來的傳統中國的、受西方影響包括
教會影響的延續。但到了1978年以後，我指涉的帝國是新一波的全
球化這種無以名狀的帝國，同時它又深受蘇聯對中國體制的影響，
因而具有雙極性（bipolar）。所以有一批人，包括像CDC的這些人
會拼命地在世界頂級刊物去發表。某種程度上，這就是一個我在《痲
瘋醫生與巨變中國》一書裡講的那種無以名狀的新的帝國架構，是
哈德和納格利意義上的「帝國」──「主權已經有新的全球形式，
即在一種單一邏輯整合而成的一系列國家和超國家機體」（Hardt and
Negri 2000, location 28 of 5564）。它削弱政治意義上的主權影響，
強化主導國際生產、交易、交流的單一統治邏輯的影響。這個帝國
並不是一個特定的實體。他們一方面去追逐這樣一個東西。另外一
方面，還是一樣維持著原先那個「後帝國」的mentality，尤其在這
個防疫的對外公布上。

　　曾：「中國夢」還是一個「帝國夢」。

　　劉：是，它從來沒有脫離過帝國，其實我想說的就是這句話。
當時，它全面驅逐帝國主義的勢力，特別是以美國為代表西方的頭
號敵人，但是實際上它自己就是要建立一個帝國。而且它以另外一
個西方帝國蘇聯當模範，以全盤仿效蘇聯來推廣其「後帝國」的政
治及科技改造。

　　中國在1950年代末開始跟蘇聯交惡了，1960年代初就斷交了，
斷絕關係了。那一個時期蘇聯對中國體制的影響，中國學者常常都

是否認的，在中國沒有多少人會做蘇聯對中國的影響的那段歷史的
研究，基本上都想把它拿掉。

那一段歷史，尤其在醫療體制上形成的影響，也許已經不是那
麼全面地都還看得見了，大家好像當成沒這回事似的。可是，那十
年對中國醫療、防疫史的影響很大。最主要有兩個方面。第一個是
防疫機制，就是中國的醫療衛生機制是蘇聯化的，分門別類的疾病
防疫站工作機制，2000年左右開始轉向美式CDC統一管控的形式。
我相信這次新冠肺炎政府的防疫反應，政府機構內部的混亂跟這個
蘇聯體制的影響、未完成轉變是有關係的。但它具體到底什麼關係，
那需要有很多內部資料去做研究，包含裡面權力的問題，人的位置、
安排、工作協調機制，組織裡面的資源分配等等。在體制上，蘇聯
的影響在2000年以前的公共衛生機構裡面是很明顯的，但2000年之
後轉到美國化的時候，中間的那個轉型到底是成功還是不成功，每
個地方都不一樣。中央的、省級的、市級的、甚至直轄市級的，都
不一樣。之前張作風（美國加州大學洛杉磯分校UCLA公共衛生學
院副院長、流行病學資深終身教授）講的[3]，我就非常同意。上海
CDC的轉型，他認為是比較成功的案例，所以當時可以成功地控制
非典。上海也是中國第一個宣告麻風根除的省級直轄市。每個地方
的情況不一樣。重點已經不是「蘇聯」這兩個字，而是那舊的機構
的影響，後來都是中國特色了。

另外一個層次的影響，是對人員訓練的層級、格局跟規模的影
響。中國專業人士的訓練是採取那種普及式、快速、低階的方式去
養成，很多不合格的人都可能拿到醫師執照。這在21世紀，除了中

3　https://chinadigitaltimes.net/chinese/2020/01/知識分子—吃一塹能長
　　一智嗎？國際著名公衛專家/

國很多其他地方也充斥這種現象。不僅蘇聯，當年比如說國際聯盟
（就是世界衛生組織的前身），對當時的國民黨政府也有類似的建
議，就是要積極發展中階人才，而蘇聯是更明顯地強調這樣做。共
產黨走蘇聯路線的時候，在策略上非常強調要發展中階人才。中國
到後來不只是發展中階人才，而更往下走，發展低階人才。我在書
裡有一些表格，描述麻風醫師人數、麻風防疫機構（包括麻風村數
量）的成長趨勢，可以看出來1949年之後，高階人才一直沒有增加
太多，但是中低階人才大量增加。這個趨勢規模，剛開始確實是以
蘇聯為模仿對象的一個政策趨勢的結果。

　　差不多2000年左右，整個中國決定要改成美國CDC的制度。那
個時候衛生（所）局或者是防疫站很多，要把各種疾病和機構，全
部統整在一個疾控中心之下。很多的舊機制裡面的人員很不習慣，
甚至憂心。因為整個劃歸到一個疾控中心，那就是中央統一來決策，
包括決策資源要如何分配。以前是一個單一的防疫站，一個單一的
疾病或是兩三個疾病湊成的一個防疫站，那經費給你了，你們自己
去公平分配吧。現在全部人都集中在一個中心下，到底是哪一個疾
病出頭？比如說有一陣子愛滋病很出頭，所有的錢都往愛滋病跑。
又比如說像麻風，認為它「被消滅」了就沒有錢了。所以很多麻風
的防疫工作者就不願意機構合併，他們覺得自己是弱勢的病，政府
又從來不公開哪些地區已經根除哪些地區沒有根除。大家都高高興
興地認為，在整個中國的層面麻風可以被視為是根除的話，那誰還
會管這種受到忽略的疾病，對不對？比如說像四川省就不願意被合
併，四川的麻風病還是放在皮炎所來防疫。從一個體制轉到另一個
體制，內部有很多的震動，裡面的人事或很多制度可能還不是完全
的，因為中國實在太大了，層級太多了。

　　曾：蘇聯式的疾病防疫模式，轉成美式的CDC疾控中心模式，

但是它跟美國CDC疾控中心的工作環境、政治環境又不一樣。

劉：對，關鍵就是透明度的問題。一個機構體制引進之後，政治文化環境可能適應不了。我們已經走向以英美尤其是美國為主導的全球化體制，大家都不可避免地參與其中，歐洲甚至連法國都向美國的這種CDC模式看齊，尤其20世紀前後重大的新型傳染病及其應對，讓CDC的形式更主導了全世界的疾病控制模式，不走它那條路好像也就變得很難了。這是其一。第二，就是疾病控制變成類似大數據的概念，一個中央中心，進行疾病控制的數據收集、監控和指揮。這樣的一個疾控中心放在民主國家裡面，會受到其他的民主機制的監督。可是，在中國，這樣一個中心，把所有東西都抓起來了，所有資源都抓起來了，內部怎麼分配，資源怎麼收集，收集之後怎麼行動，在中國，沒有其他東西可以去監督。決策也沒有監督、糾錯機制。

中央先把所有資源、資訊都集中了，攸關眾人疾病的問題集中到這麼高的層次，卻沒有一個機制去監督它，唯一能夠監控它的，是比它還高的政治層次。也就是說，所有人都只能去相信、服從那個最高的政治層次的時候，是很可怕的。這次大家都在罵中國的中央疾控中心，著急自己發研究文章。張作風也講得很含蓄，你們是製造了很多很優秀的論文給全世界來研究使用，但是，到底是發表優秀的論文重要，還是拿這個重要的資訊去做防疫的指揮重要？

曾：CDC模式恰恰是哈德和納格利意義上的「帝國」，典型的全球化框架。這次新冠狀病毒疫情的爆發，將如何改變全球化的框架？

劉：這次疫情爆發，從中國開始到美國，已經充分展現出CDC的醫療專業深受政治的影響。但CDC的功能不可能消失，因為對人類有很大威脅的傳染病，一定是未來世界的趨勢，不同的新興傳染

病會越來越頻繁、密集地發生。在未來世界裡，人們需要一起面對
世界的各種新疫情。

　　但是這一次新型冠狀病毒疫情爆發，我們看到，本來就存在很
多問題的世界衛生組織（WHO），它作為相當於全球的、世界層級
的「CDC的角色」在淡化。美國CDC曾經作為世界領先的疾病控制
中心的角色，在川普的領導下也淡化──甚至連對內的疾病控制功
能都受到很大的壓抑。世界各國基本上是回到各自的民族國家的狀
態，通過重申民族國家的領土邊界來重申主權與防疫。哪怕貿易和
國際交流的全球化不可能終止，全球化也是到了一個新的轉折點。
之前全球化所建立的普世價值、國際規範，很明顯受到民族國家的
進一步挑戰和影響。這種轉折和危機，在川普上臺、希臘齊普拉斯
當選、英國退出歐盟、法國和德國的大選過程中已經展示出其趨勢。
雖然國際間互動往來的原則基礎依舊存在，但在具體的事務上，判
斷和決策縮回了民族國家的主權內，內捲化，向內生長。即使全球
化仍將繼續下去，薩森（Saskia Sassen）所說的「民族國家是全球
化的容器」的說法會更為明顯，全球化議題還是放在民族國家的結
構下與範圍內去討論。如果沒有出現能引領國際的國家領袖，這種
全球化的內縮會到什麼程度？全球化自身固然有許多問題，但在本
來就專制的國家，如果忽視普世價值和基於全球利益的行為標準與
價值體系，會向什麼方向走去？這些問題都值得進一步觀察與探討。

三、流行病防疫：汙名與倫理

　　曾：講到價值和原則，談到中國的CDC以及醫療界的倫理、職
業操守和專業機構政治文化，我自己在中國工作過程中體會很深的
是，一般而言，（上下游）合作夥伴／同仁在具體的工作交往中，

政治正確、面子（可以讓上級榮耀或得到上級認可的好大喜功的「結果」）、利益輸送，往往被放在專業工作的考量之上。這種無法誠實地面對事實和不尊重專業的文化，不僅僅集中在政治決策領域，而且由社會各界人士主動地、分散地、積極地滲入日常生活中，成為威權政治彌散整個社會的常態。

在流行病防疫中，疾病的汙名常常是和資訊不透明和政治性的決策失誤糾結在一起，結果會優先考慮政治需要並不斷強化疾病的文化隱喻。這種社會政治文化在疫情控制工作中會進一步令防疫專業意見邊緣化，使前線專業醫務工作人員暴露在高風險下，並給防疫控制下的社會帶來巨大的障礙。「武漢肺炎」、「中國病毒」等詞語被媒體、政治家、政府、NGO、社會活躍分子廣泛使用。

劉：「武漢病毒肺炎」這類名詞最早是中國政府和媒體自己在用，它們是始作俑者。我第一個反應是怎麼又犯這個（汙名化的）錯誤。我相信他們剛開始完全沒有思考，就是方便行事，一個技術層面的方便行事，它一開始並沒有帶有任何疑似汙名的意圖：在某個地方發生了某種疾病。雖然後來沒多久就更正了，可是大家已經這麼耳熟能詳了，誰會去記那個醫學術語？重點是人心不變的話，改名字也沒有用了。

這是一個歷史教訓問題。一開始在公共衛生上做命名和指涉的時候，就不應該這樣做。全世界，媒體、政府、NGO、公眾，都應該有約束。就算後來更名，這個汙名也不太可能去除。比如說，武漢的人已經跑出去，也不是武漢的人才會得這個肺炎，可是武漢封城時，中國其他各地的人基本上就是只要你是武漢人，誰管你的旅遊史、居住史、接觸史，就變成是你這個人和病毒、疾病聯繫在一起。就跟以前河南人是愛滋病一樣，這很糟糕。全世界愛滋病明明就是異性戀得的比同性戀多，可是大家就還是認為首先是同志的問

題。現在，在一些國家，中國人、甚至延伸到亞洲人又成為肺炎的代名詞而受歧視。那根本是人心的問題，不是科學事實的問題。

中國作為新型冠狀病毒疫情的起源地，政府又隱瞞疫情和訊息不透明，中國政府到今天既沒有向武漢也沒有向世界道歉。大家都很憤怒，都認為必須要記住歷史，反對中國政權，所以要用「武漢肺炎」、「中國病毒」的說法，這個情緒我充分理解。但是，我們要看，「中國病毒」、「武漢肺炎」這樣的說法，最後受影響、集體受到排斥的，還會是中國的人，具體的尋常中國人。而這樣的說法真的能中傷那個政權嗎？我懷疑，政權用人民來作盾牌或武器，並不是什麼新鮮的事，最終倒楣的應該不會是它，而是尋常的一般人。就像美國有人呼籲叫它「CCP病毒」啊，不要讓尋常的人受到汙名的傷害。

曾：歧視分類，在中國這樣的政治文化下面，不僅僅在政治決策領域、在政府領域是這樣的思維方式和心態，就連社會各界人士，幾乎每一個人都是很主動的、在分散層面上、很積極地以這種思維方式、用這種方法來參與日常生活。在您的書中，專門討論了「強制的人道主義」，以犧牲個人自由和福利來實現公共衛生防疫的效益。通過汙名把人群分類處理、對待的思維方式，是中國的政治治理基礎。汙名化疾病，把病人當作敵人、他者排斥對待——防疫只是整個中國社會政治版圖的縮影，國家從宏觀的政策到個人身體的具體規訓，無孔不入地全面管控。公共衛生防疫以集體健康之名，十分容易對個人權益和自由造成侵犯。如何平衡這兩者的需要？如何檢視過時了的防疫措施？如何確立新的生物醫學倫理以保護具體的人的福祉？我們看到各地粗暴的、違反人權、給大家的基本生存都造成傷害的各種隔離、封鎖「土方法」。這種情況，中國社會最缺乏的是信任嗎？

劉：我覺得不只是缺乏信任，不只是缺乏基於對基本價值、理念、倫理和現代社會規範下處事的人際信任與政治信任。我覺得這場疫情根本就是一場共業。業就是業障的業，就是一場共業，這是佛教用語。我的研究，在書裡寫的，中國的民眾是主動或被動地配合這種政治文化，既然這個政治文化沒有一個倫理的規範，所以到後來大家根本不需要對任何事情任何人包括他們自己的integrity（完整性）負責。

像中央CDC的那些人，我雖然相信不可能是由他們來主導壓制疫情訊息的。但是，這些人居然可以在頂級國際學術期刊發文發得那麼精緻、那麼高興的時候，沒有一個人良心不安，沒有一個人出來透露真相。而且這些人是從上到下，不只是CDC的人——因為數據是由下往上送的，作者署名有他們一連串的名字，大家都會拼命地想要把自己的名字放上去。所以這個疫情爆發，從地方到中央有不曉得多少人涉及在內，都是知情的，可能還有沒有掛名在上面的人也都知道情況的。

那些人沒有一丁點的專業倫理，沒有一丁點的做人的基本道德？這些人都是知識分子——他能夠寫這種學術英文的話，他就有這種國際交流能力，他沒見過世面嗎？他不知道國際規範嗎？《柳葉刀》之後應該將這樣的論文下架，因為它嚴重違反倫理。這等於是不當取得資料。舉例來講，比如說你要給一個病患做實驗研究，你明明知道他有生命危險，那你到底是要用你的藥來提升你的專業聲譽，還是要先給他一個你知道可以馬上有效救他的藥？

曾：第一個層面是研究資料的不當獲取，第二個層面是研究者明明了解這些情況，但是不作為。

劉：對，所以我想之後這些論文真應該下架。而且要有關於倫理方面的大量討論。如果中國的醫療衛生訓練裡只有技術而沒有倫

理，那是很可怕的事情。

四、中文書寫被壓抑的防疫歷史

曾：《麻風醫生與巨變中國》一書以中文寫成，首先在台灣出版，其中一個考慮是和您交流的麻風醫生不少已經年老並陸續去世，您希望在文稿完成前得到他們的閱讀和反饋，也是搶救集體個人生命史的一個過程。但英文世界對此書的了解甚少，中國大陸也沒有發行──內容上無法通過審查。

劉：我覺得英文世界尤其學術界不可能對中國的防疫史沒有興趣。但我為什麼先用中文寫，而不是像以前一樣先寫英文版再寫中文版？寫中文，我所需要的史料、敘述遠遠難於寫英文。寫英文書的時候，是以當前的情境為優先的描述、討論；可是，寫中文書的時候，重點是歷史。我要解釋為什麼現在的防疫是這個樣子，就必須去挖歷史。有能力做中國研究、需要這麼細緻歷史材料的英文讀者，應該本身就具備閱讀中文的能力了。對於那樣的學者而言，他可以直接看這本（中文）書。可對於一般的讀者而言，如果史料這麼細緻、充分，反而是一個閱讀障礙。我很清楚這本書很難被直接翻譯，它只能由我自己來寫。

曾：這個情況，是不是其實也是中文學術界集體面臨的一種處境？以及一有資料就去發表的學術體制對青年研究者形成的壓力？

劉：我剛剛講的是我們非英語系的學者的處境：要讓這個書在英語世界的人可以讀。那種大家一有資料就發稿的情況在很多地方也都是一樣，就是現在學術界「輕、薄、短、小」的一個趨勢，有東西就發，然後做深入的、困難的研究好像變得只是歷史學家的事情而已。有些人覺得為什麼我用中文做這個研究，做得這麼深入，

然後在中國又發表不來，覺得「沒有用」？就是因為中國的學者既然不能做，我們在（中國體制）外面的人便更不能不做，不是嗎？中國的學者、內部的學者獲得資料的可能性、豐富性可能比我們高，他可能有各種人際管道和資料來源，可問題是他根本不可能發表，根本不敢那樣去思考，根本不敢寫。我覺得不能期待中國內部的學者來做這樣的研究，或者是說做了這樣的研究寫出像我們這樣子的東西。很多中國的好學者，我相信他們有一大堆資料，但是都發不出來，他們能夠做的事情，可能是收集資料，收集歷史，但是他們沒有辦法書寫出來。少數能夠書寫的人，可能都是在外面寫，在外面發表，跟我們作為非中國體制的「外面的人」情況比較類似。所以說在外面的人就必須寫。那在外面的人必須寫的情況之下，英文就會是一個很關鍵的文字。

還有一些西方學者，他們跟中國有一些資源交換的合作關係，他們會拿到中國（比如醫療衛生）體制裡的一些內部資料去做一些研究。但是，他們做研究的口徑，我覺得跟中國學者會做出來的東西差異不太大。他們不會做比如說類似政治跟文化分析或政治性分析的東西，只能做一些相對技術性的描述。不過，這樣子也好，起碼有描述，我們還有第二手的資料可以看到，就當不同的分工吧。

《麻風醫生與巨變中國》若我是先用英文的話，很多材料放不進去，我的受訪者又讀不到。比如，寫第一本書《我的涼山兄弟》時，我的受訪者們本來就看不懂中文，送給他們中文書和送給他們英文書，對他們來講沒有差別。可是《麻風醫生與巨變中國》的受訪者不一樣，他們（麻風醫師）都是知識分子，年紀又這麼大。我那時候覺得沒辦法，只能先寫中文，為了兩個原因：第一個是保留歷史，第二個是為了給他們（受訪者）看（和討論），我必須先寫中文。

曾：讀您的《麻風醫生與巨變中國》一書，除了知識和思考方面的受益，我還覺得很療癒。它有一股……安撫痛苦的力量，人文的力量。這次新型冠狀病毒疫情爆發，我們也看到許多人，尤其醫護人員在一線冒著巨大的風險，作出很大的犧牲，在工作、服務。看到他們缺乏物資以及冒風險工作的視頻、照片，包括我自己朋友的家人或親人，他們是醫生、護士，發著高燒或者沒有防護也（不得不）要上治療前線工作之類，主動或被迫地做了許多高風險的行為。同時在香港，各行各業迅速成立新的工會，與治理能力被大大削弱的政府談判、抗爭，保護醫護人員的安全，防止疫情在香港的社區爆發。這是在有常識教育和公民意識的社會裡，人們對社會危機、災難事件的反應。這次新冠狀病毒疫情爆發凸顯出來，我們中國人生活、工作的處境，是多麼野蠻、粗放。我的感受非常複雜，一方面是非常尊敬竭盡全力有所作為的公眾，因為專業人士堅守職責和犧牲，因為志願者的動員和行動；但是另外一方面，正是因為專業人士往往輕易地成為這個國家政治文化制度的犧牲品，危機到來時反而無法自我保護，行動時被壓制、打擊。這反過來也能理解，為什麼香港乃至國際社會對中國大陸這麼警惕，特別是香港醫護界這麼緊張，包括面臨大陸病人不配合、逃跑的狀態。

在您的書裡，您寫了這些麻風醫師的集體的個人生命歷史，他們就是在受非常嚴重的汙名壓力以及缺乏資源的情況下，去從事防疫工作的。麻風醫生還有防疫工作者和病人，他們是怎麼樣在這個極端壓制的政治環境下發展出自己的主體能動性的？

劉：我想主要針對高階醫師來談。這些高階醫師讓我一直很強調一個東西，就是他們的專業傳承很好。我要指出和中國大陸的論述不同的是，或者說被壓制的歷史是，這些高階的醫療人員，很多是在1949年之前培養的，或者他們的老師是在1949年之前完成培訓

的。也有一種說法說，文革之前的大學生是真才實料，也就是說，不管是他們的師資還是醫療專業培訓體系，還是他們對自己作為知識分子跟國家存亡的關係這些理念，在他們身上，某種程度是根深蒂固的。即使在非常困境的情況之下，被邊緣化的情況下，也能堅持職業素養。因為被邊緣化，有時候他們沒什麼機會去參與文革的政治鬥爭，他們自己是被鬥的對象，被鬥完之後又要回去崗位工作。對這種知識分子而言，在那種情況下能夠去工作，反而是一個寄託。所以他們在那個時候反而把全部精神都放在專業議題，去處理跟他們一樣非常邊緣的一群人、非常邊緣的一種病。把他們的專注力都放在治病防疫上面，從中去獲得在科研上的發現，或者是治療上的一種互動的成就感──哪怕防疫績效會被官方用來說成是解救了中國廣大苦難的底層農村，諸如此類的愛國情操的論述。這點我覺得是非常關鍵的因素。

曾：現在中國的環境不一樣了，至少某種程度上社會的開放度更不一樣了，有選擇的人，可能就會選擇跳到更好的一個崗位。

劉：後來大量培訓出來的那些人，絕大多數都跳走了，守住原來崗位的基本上就是這一群老的人。所以我在書裡面提到1980年代之後還是這群老人在幹。可是這群老人已經習慣低調了，很少人知道他們是誰。後來加入的一些人反而很高調，大家都知道他們是誰，甚至會亂寫得好像全中國的防疫成就是他們做的，所以寫到1980年代後的時候，我也挺難受的。很多人還佔據著很高權勢的位置，壓制著這些事實。

五、面對疫情，回歸日常

曾：這次新型冠狀病毒疫情爆發，哪些中文疫情書寫值得我們

關注？如何面對中國政府的「成功」防疫論述？

　　劉：我看了幾篇「方方日記」，郭晶的《武漢封城日記》一書訂了但還沒寄到，《財新》也做了很多深入的疫情報道，還有一些年輕人寫的疫情相關的文字。儘管審查機器非常發達，但可以看出，大家都在很努力地找發言機會，有很多明白人，說明白話，試圖喚醒不明白的人，說這些話至少能讓明白的人看到感覺不孤單。許多人在努力保持記憶，比如還有叫「404博物館」的平臺，本身就很有意義。為了突破審查，也有很多行為藝術，比如針對艾芬的「發哨人」的各種文章變體。

　　但也有一種擔憂，並非沒有道理，就是說中國政府也樂見這樣的行為藝術，因為它可以成為情緒的共鳴和發洩，一次性洩洪。但行為藝術就是一些點子、創意，如果缺乏條件和落地的資源，讓它變成正常化、物質化的日常事件和日常實踐，那麼，對於政權來說，特殊化和不能落地的創意，反而有助於專制延長壽命。

　　像「方方日記」，並不是說它是多偉大的文學，或者多麼犀利的陟罰臧否，它就是是疫情當中的日常生活紀錄。這種日常紀錄在審查下的中國也是稀缺的，因而格外引起公眾的共鳴，具有重要的意義。所以，如果這次我們看到的各種書寫，要能成為日常的、實踐的、物質生活的常態一部分，才能完成正常化、而非特殊化的行動作用。

　　曾：回歸日常，建立現代社會的常識，我想用您的書的結語（頁42）這段話來再次強調檢討公共衛生防疫的意義：

　　　必須認知公共利益與個人自由之間是一場拉鋸，辨識當中無可
　　　迴避的政治理念與社會道德，才可能盡量免除「以集體之名」
　　　為理所當然的公共正當性，傷害個人。即使疫病再起或其他緊

急狀態出現，若欲對個人自由進行暫時性的約束，以保護集體利益，也不該忘卻對個人權益的盡力維護。如此才能將犧牲個人所導致的傷害降至最低，也才能避免國家或專業以集體之名而濫用權力。

參考目錄

Hardt, Michael, and Antonio Negri. 2000. *Empire*. Cambridge, Mass.: Harvard University Press.

Zeng, Jinyan, and Shao-Hua Liu. 2020. "Epidemic Control in China: A Conversation with Liu Shao-Hua." Translated by Zhen Zeng. *Made in China* 5（1）: 40-53.

劉紹華，2018，《麻風醫生與巨變中國：後帝國實驗下的疾病隱喻與防疫歷史》，初版（新北：衛城出版）。

曾金燕，2020，〈對話劉紹華：「防疫」中國內部，缺乏倫理的醫療技術與政治文化〉，端傳媒，2020 年 2 月 15 日，https://theinitium.com/article/20200215-culture-liushaohua-dialogue/

　　曾金燕，香港大學哲學博士，以色列海法大學亞洲學系博士後研究員。研究與創作從公民知識分子的身分、實踐與生存美學出發，涵蓋中國的社會行動、社會性別與性、文化與政治、少數民族與女性書寫等主題。出版專著《中國女權——公民知識分子的誕生》（2016）。獨立紀錄片電影《自由城的囚徒》（製片、聯合導演）、《致劉霞》（劇本）、《凶年之畔》（製片）、《喊叫與耳語》（製片、聯合導演、攝影）。

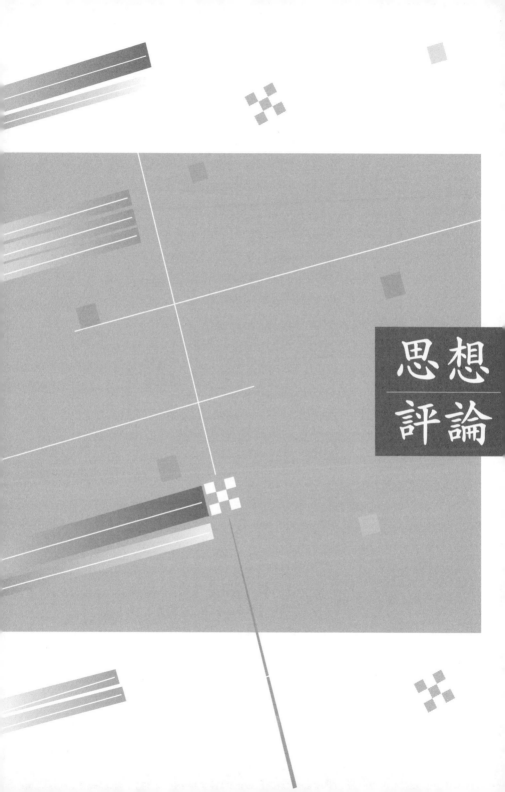

思想
評論

《未竟的奇蹟》未竟處：
理論視野的拓寬與歷史縱深的加強

徐振國

前言

　　李宗榮和林宗弘兩位中研院學者所編的《未竟的奇蹟：轉型中的台灣經濟與社會》（後簡稱《未竟》（2017）），是一本討論台灣經濟發展的綜合性論著，十分難得。兩位編者是訓練有素的社會學家，強調以左派經濟社會學鑲嵌論的觀點來檢討台灣的經濟發展，認為有前盛後衰的現象，稱前期為「奇蹟典範」、後期為「衰退典範」。何以致之？兩位學者在其導論中提出了立論宗旨，然後將26位學者分別寫的18篇文章分列在「經濟轉型的挑戰」、「歌利亞與大衛」、「產業升級的動力」、「中國效應」等四大篇目之中。18篇文章寫得很用心，許多文章未必呼應書中強調的經社鑲嵌論左派觀點，也未必有統獨立場，編者將之安置在書裡設定的架構之中，自有其企圖表達的宗旨。筆者特別注意的是，書中包含了左右和統獨兩條交織的軸線。前者是左派經社鑲嵌論者遵循西方馬克思理論的傳承，對台灣資本主義社會的性質與發展策略進行陳述和批判。後者是按照政治學者或政治社會學者開啟的「威權主義」和「威權轉型」等理論觀點，對中國國民黨和國民政府國家特性及其對工商

社會控制手段進行界定和檢視。

　　本文試圖對於書中左右和統獨兩條立論軸線的形成、偏重、分合和影響做一些分析和檢討。首先、本文對書中前言所提大綱做一概括性的討論。然後、對書中所依循的「威權論」及其在「國家性」問題上的迷失做一點正本清源的探討。本文第三節試圖對國內經社鑲嵌論的概念傳承與變化做一點檢視。第四至七節針對書中討論的台灣股市集資問題，兩岸經貿關係的糾結，太陽花運動的性質及統獨觀念的蛻變，後太陽花時代左派經社鑲嵌論期待的未來等課題做一些問難和詰辯。

一、《未竟》前言大綱的討論

　　經濟社會學者強調其學術傳承，係沿襲馬克思、韋伯、涂爾幹、博蘭尼、華勒斯坦等人的經典泉源，經歷1980年代中葉之後，尤其有了更明確的突破、運用當代理論家更充分的解析工具、而更能了解當代資本主義的性質和結構。兩位編者指出，「不同於經濟學從自利、效率等假設與供需原則等市場機制來研究經濟活動」，經濟社會學家更關心「人類的經濟行為如何受到制度架構、權力宰制、社會關係與文化符碼等非市場機制所影響」。這項基本關懷可以引申出兩個不同的研究取徑，其一是「強調宏觀法律制度、國家權力與文化構成的制度論」，其二「為相對中層或微觀層次，以網路為核心概念的分析取徑」。這兩個研究途徑原來有其相輔相成的關連，不過經濟社會學家似乎更偏重後者，主要倚重Granovetter在1985提出的「鑲嵌論」（embeddedness），企圖「結合多種理論傳統、對象和議題」。簡單地說，鑲嵌論認為社會是承載市場經濟的基礎，當資本主義的市場機制過度發達，破壞社會基礎，甚或扭曲了社會

為維繫其本身的存續時，社會便會對過度發展的市場經濟產生抵制與反撲。

依據上述宗旨，《未竟》認為台灣經濟發展可以分前後兩個階段，分別反映了兩種不同的理論典範，前期可稱之為「奇蹟典範」（1963-1996）、後期為「衰敗典範」（1997-）。在奇蹟典範中、需要被解釋的基本問題是：「為何台灣長期創下極高經濟成長率，成功擺脫邊陲處境？」按照兩位編者整理出來的解釋項包括：（1）採用出口導向勞力密集產業，達到資本積累效果，有益於經濟成長與所得分配。（2）國家具備發展導向的功能，提供投資誘因，引進國外技術。（3）中小企業為勞力密集的生產主力，形成彈性專業的社會網路，發揮創新動力。（4）國家主導財政金融政策，形成國有銀行與民間貸款的雙元結構。及至1980年代後期，台灣開始建立了以散戶為主且不挑戰企業經營權的股市。（5）中小企業小頭家與新興中產階級崛起，形成了最高的社會流動比例。（6）儒家父權家庭犧牲女性教育，歧視女性勞動市場。然而早婚、低離婚率與有效的家庭計劃也提供了人口紅利。

上述解釋和一般的台灣奇蹟的解釋相差不遠。不過，經濟社會學者強調社會鑲嵌基礎，重視中小企業形成的社會網路，社會流動，性別、家庭與人口因素等社會條件。另在全球金融資本的帶動之下，經社鑲嵌學者特別重視台灣民營企業藉股市金融制度的建立而形成產權集中和企業大型化。經社鑲嵌論者肯定國家具有發展導向上的正面功能，但也指出「國民黨的威權特性」，「壓制工人階級抗爭與民主轉型」，「對抗本土公民社會，以及與此高度相關的族群政治與國家認同分歧」等負面特性。

相較之下，經社學者最獨特的地方還是在「衰退典範」提法和說法。其核心問題是：「與全球工業國家及東亞新興工業國家類似，

為何台灣面臨經濟與社會的長期衰退？」。兩位編者整理出來的解
釋項包括：（1）「先進經濟體的廉價勞動力與土地耗盡時，開放貿
易導致分配惡化。」（2）新自由主義全球化衝擊下的失能國家，發
展國家理論失效，國家創新與投資被私人企業取代。（3）西進大陸
造成企業大型化，而在此之前，本土企業產業升級（資本密集）就
已造成了財團影響力上升。（4）銀行私有化和自由化後，形成私有
銀行為主體的金融體系，外資與法人主導的股市，以股東權益為主
而控制了上市公司經營方式。（5）在後工業化、產業升級與資本外
移的趨勢下，中小企業存活難，創業衰退，導致社會流動停滯，青
年失業，而使彈性工作或外包制隨之擴張。（6）少子女化與性別教
育投資平衡，女性勞動參與率高但仍歧視女性生育，青年貧窮，晚
婚，結婚率與生育率低，離婚率高，人口老化。（7）民主化以及與
此相關的本土認同深化，中國因素衝擊下的階級與世代政治分歧擴
大。

　　對於經社鑲嵌論者以社會作為基本範疇來探索貧富差距的問題
並找出解決之道，我是肯定的。然而上述解釋綱領涉獵廣泛，觸及
國民政府的威權特性、民主化、自由化、全球化、兩岸關係、世代
差距、認同政治等概念，論者要對此作周全的陳述和討論並不容易。
其中要特別指出的是，經社鑲嵌論者依附於威權論等相關概念做的
一些描述和推論，有結構性的偏差，必須做一正本清源的檢討。

二、正本清源：「威權論」的誤導與「國家性」的迷失

　　《未盡》談及國家和經濟政策的諸多問題，都直接間接地使用
了威權主義（authoritarianism）或威權論的理念。這個理念及其引伸
出來的相關理念在國內外長期使用，習以為常，卻隱含了重大的誤

導，形成「國家性」（stateness）問題的困惑而衍生出國家認同危機。

威權論始於美國政治學者J. Linz在1964年研究西班牙佛朗哥政權的特性，認為是一種介於極權主義（totalitarianism）和民主政治（democracy）的政權型態。這種民主／威權／極權的三分法是建立在國家和社會的關係分際上來判斷，威權主義具有「有限多元」、意識形態渙散、自上而下的不完全政治動員、社會異動不足、政治菁英進階管道狹窄、合法性瑕疵等缺陷，但能採取務實彈性的政策，應付實際的問題而得以存續。早期，Linz和許多政治學者認為威權體制是一種過渡性的政權，當社會多元化基礎擴大後便會變成民主體制，或者走向政治社會基礎一元化的極權體制。不過，二戰之後右派法西斯極權體制快速瓦解，1960年代獨立的新興國家又多走向了威權體制，故認為威權體制有其獨立存在的價值，威權論和威權統合論也因此經常被學界使用。

不過要注意的是，威權論及其背後的民主／威權／極權的三分架構，以及從統合論中區分出來的自由統合論／威權統合論的二分法，都是一種共時性（synchronicity）的參照架構，從西方發展經驗、尤其是從美國的民主政治價值觀，橫向觀看非西方國家的發展狀態，缺乏歷時性（diachronique）的縱深，故無法看到後進開發國家本身的歷史文化脈絡及其在建國和轉型中的諸多困境。

就學術理論的發展而言，1960年代亞非拉新興國家出現之時，美國政治學界曾經有「國家建立」（state-building）的科目。然而當時在實證主義的趨勢下，強調價值中立的原則，故被時興的「政治發展」（political development）的科目取代，旨在找到一些客觀中立的標準來衡量開發中國家的發展狀態。然而，這種客觀中立的背後卻反映了美國中心論的思維，反而遮蓋了後進國家本身發展的問

題和需要。

當時倒有兩位理性抉擇的經濟學家W. Ilchman and N. Uphoff提出「新政治經濟學」，認為政治學者只能在既有資源上談「分配」問題，缺乏「生產」概念，故不知如何有效地將既有資源擴大，更不知如何達到穩定經營的效果。他們指出，開發中國家的政治領袖各有其艱難的處境，百廢待舉、資源有限，卻要應付社會各方的需索。在此情境下，他們認為政治領袖的難處便是要對自己政權的有限性和可能性做出清楚的界定和判斷。他們還特地設計了一個「政治家的政治環境」模型，指出政權首腦是處在一個多重社會結構體中，必須區分出「核心結盟群」、「意識形態共同偏好群」、「社會穩定群」、「外社會穩定群」，以及「無從動員社會群」。他們認為，為政之道便是依其輕重緩急，選擇社會階層力量形成執政聯盟，藉以有效推展公共政策，維繫政權的生存發展。這個思考模型非常務實而有彈性。（Ilchman and Uphoff, 1971）可惜的是，理性抉擇後來的發展太強調數理演繹的博弈理論，例如以「囚徒困境」和「弱雞遊戲」來進行博弈演算，由此產生了嚴重的「理論負載」問題，就是過度突顯了理論和研究方法本身的特性，反而忽略了實質問題的理解和思考。

西方學界中當然也有人意識到這種視角的盲點，從而強調國家論的重要性。C. Tilly在1975年的編著《西歐民族國家的形成》便是要求重新認識國家的最早呼號。及至1985年，Evans, Rueschemeyer 和Skocpol等三社會學者合編的《把國家找回來》，更是以鮮明的標題強調了國家作為一基礎性概念的需要。不過，這一本知名度很高的編著並不成功，沒能把握到國家的基本組織特性，而是停留在國家功能論的思維，把國家當作是一項獨立變項，看它對社會階級變遷或經濟政策發展等依賴變項的影響。例如，該書收納了A. Amsden

的論文，討論〈國家和台灣的經濟發展〉，便是討論國家對產業政策的運用和影響，如何在台灣締造了經濟成長和所得均衡的雙項並存的成就。另從方法論的學術發展脈絡來看，回歸國家論原來意味著對美國政治學行為主義偏重微觀研究的一種反撲，強調宏觀制度的發展。不過，這個學術運動在美國失敗了，徒有研究宏觀主題的號召，卻擺脫不掉微觀實證科學方法論的侷限。於是，宏觀的國家制度論未能崛起，很快地被微觀的理性抉擇制度論所取代。

　　及至1980年代中期到90年中期，從台灣、韓國和墨西哥等國家的自由化和民主化運動，威權論和威權統合論轉化為「威權轉型」或「民主化」理論，具有主流的解釋地位，但也由此產生了難以逆轉的偏差。此一階段最具代表性的著作是1986年G. O'Donnell和P. Schmitter合寫的《從威權統治的轉型》。該書談拉丁美洲的經驗，正值台灣民主化運動即將進入高潮，遂被學界大舉用來解析國民黨政府的組織和運作特性。台灣研究基金會於1989年出版的《壟斷與剝削：威權主義的政治經濟分析》便是一個典型代表。當時胡佛、楊國樞、張忠棟、李鴻禧等學界前輩是以自由派的訴求為號召。威權轉型論的引介和詮釋工作則是由朱雲漢、吳乃德、蕭新煌、張茂桂等當時的中壯學者擔綱。值得注意的是，「壟斷與剝削」的提法也就開啟了經社鑲嵌論學者後來倡導的主題。

　　至1996年，威權論創始者Juan Linz和年輕學者Alfred Stepan合寫了《民主的轉型和鞏固問題》。值得注意的是，他們兩位在書中談到了在威權轉型或民主化過程中受到長期忽略的「國家性」問題干擾：

　　　……我們要討論的第一個宏觀獨立變項，在民主轉型和鞏固的
　　　理論文獻中，長久以來有嚴重的低度分析狀態，此即是國家，

民族，和民主化之間的複雜關係。我們稱此變項為國家性。我
們要顯示，為什麼一個主權國家的存在是民主和公民權的前提
條件。我們然後要考量，當國家和民族並不相符之時，或當民
族－國家（nation-state）和民主有相衝突的邏輯之時，事實上
此種狀況經常出現，那麼不同的國家建立（state-building）和民
族建立（nation-building）的策略，意味著對民主會有什麼樣的
影響。(xiv)

他們還指出，「一個功能運作國家（a functioning state）的存在」
是民主政治不可或缺的條件。對此，他們有這樣的申述：

民主是一種國家的統治形式。因此，除非它首先是一個國家，
沒有一個現代的政體能夠變成一個穩固的民主政治。因此之
故，沒有國家的存在，或對國家認同的程度不足，以至該疆域
中的一大群個人，要加入到別的國家或開創一個獨立的國家，
此就會造成許多根本的和經常是無法解決的問題。由於此種「國
家性」問題是如此的根本，和如此的分析不足……。申論至此，
我們已足可說明，沒有國家的存在，就沒有穩固的現代民主政
權。（7）

就學術概念的演進而言，筆者認為，此一宣示正顯示Linz和
Stepan一直處於後知後覺的狀態。他們既沒有意識到「國家建立」
課題被排擠的損失，也不曾體會到Ilchman和Uphoff所提的理性抉擇
政治環境的思考邏輯。他們可能受《把國家找回來》趨勢的影響，
也可能是看後進國家民主化中的種種困境而開始談「國家性」問題。
然而、他們看到的是國家性問題迷失的紛雜病象，意識到的也只不

過是「一個功能運作國家」的存在是民主政治不可或缺的條件，並沒有看到國家性問題的根源，提不出任何真正高明的見解，任由在亂局裡的人在概念的迷失中載浮載沉。

Linz和Stepan的大作在1996年出版之時，正值台灣進入總統直選的階段，國家性問題在熱烈的黨爭和選戰中全面浮現。所謂「國家認同」、「歷史記憶」等說法負載了許多歷史糾結的爭議，其中包括二二八事件的翻案、白色恐怖的恩怨、萬年國大的積欠，外來政權的責難、社會底層的剝削、日本統治台灣的貢獻、國共鬥爭的本質、以及台灣作為南島語系的血緣脈絡等等，皆反應了統獨意識形態的鬥爭，也就是「國家性」問題迷失的具體狀態。

值得注意的是，王振寰在1996年出版《誰統治台灣：轉型中的國家機器與權力結構》。王教授對台灣威權轉的實質過程做了一些詳細的描述和論斷，並在威權論和威權轉型論的基礎上進行了一次重要的理論轉折，就是從民主化和自由化的概念移轉到和西方的新左派思維。長達21年之後，李宗榮和林宗弘2017年出版《未竟的奇蹟》秉承了王振寰的一些論點繼續發揚。可惜的是，國家性迷失的問題未見緩和，兩岸關係變得更為凝重。

三、經社鑲嵌論的概念傳承與蛻變

王振寰在《誰統治台灣：轉型中的國家機器與權力結構》中強調Jessop的「策略—關係方法」和葛蘭西的文化霸權理論。不過，他主要還是在威權論或威權轉型論的基礎上進行論證。他認為舊國民黨政權的政治基礎是一種「以黨領政的制度結構」，「即黨的決定就是國家的政策」。中國國民黨還是以「全中國」為號召，視台灣為地方政府。執政者有高高在上的地位，建立「侍從關係」，以

其手中掌控的特權利益來交換民間順服者的政治支持，藉此形成政經特權和地方派系，達到維繫政權的目的。他認為這個舊政權在推動經濟發展上有其貢獻，然而在1980年代面臨了產業飽和、民主訴求、社會運動，以及國民黨內部繼承危機等壓力，不得不進行「被動的革命」。1988年蔣經國逝世後，李登輝在各種政治力量角逐過程中脫穎而出，取得總統和黨主席的大位。自此展開了「新國家的霸權計畫」，強調台灣意識、塑造國族主義、提倡生命共同體，並且藉社區文化總體營造來配合新國家的霸權計畫。然而，王振寰認為李登輝的推展的是「一種沒有霸權基礎的霸權計畫」，「沒有整體政治經濟發展的眼光」，僅在聚集資本家和地方政客，形成「金權政治」，旨在「擴張短期利益」。另外在積累策略方面，也只是循新自由主義的概念，尋求國際擴張的機會。基於此，王振寰認為整個威權轉型的過程，是從舊國民黨政權的「威權國家主義」轉變為新國家的「民粹威權政體」。王振寰指出這種發展趨勢會造成許多內部的危機，其中包括台灣內部的政治分裂和中國共產黨的反彈。

　　王振寰的新左派觀點在《未竟》中具有師承的地位，書中第一章由王振寰、李宗榮、陳宗淵三人合寫的〈台灣經濟發展中的國家角色：歷史回顧與理論展望〉，很清楚地表達了一些基本理念的傳承。強調反資本主義的基本傾向，確認官商勾結為常態、甚或認為財團掌控國家有其結構性的基礎，民主化之後這些傾向更變本加厲、更全面化：

> 李登輝時期以龐大的黨營事業與本地財團的利益結合；陳水扁時期以官邸為中心的、政商關係網絡；馬英九時期表面上不似以往密切，然而卻因為中國因素的影響，讓本地的政商關係產生新的型態。（75）

　　二十一年之後，兩位編者以及書中幾位主要作者觸及更深層的
國家認同問題，認為在龐大的兩岸互動過程中，台灣內部和兩岸之
間在國家認同問題上走向了更大的矛盾和猜忌。他們指摘台灣家族
企業藉中國大陸壯大並受到中共當局的招撫，擔心紅色供應鏈搶奪
了台灣中小企業的生存空間，甚至憂慮中國大陸經貿的磁吸效應而
使台灣的經濟瀕臨危境、喻之為「葉克膜經濟狀態」。《未竟》中
多處提到太陽花運動，認為是一個重要的時代轉折，代表了年輕世
代的覺醒，幾乎視之為最後一道解脫困局的出路。

　　不過，必須注意的是，王振寰和他的後繼者在理論援引上的差
異。王振寰偏重Jessop的「策略─關係方法」和葛蘭西的文化霸權
理論。兩位編者則刻意把理論層次拉高，強調經濟社會學鑲嵌論。
如前所述，他們列出一系列社會學巨擘作為經社鑲嵌論的後盾，並
大而化之地強調社會是基本的範疇，認為可以藉社會運動來改變國
家權力和市場經濟的屬性。

　　對此，何明修在書中第三章〈介於抗爭與協調：勞工運動在台
灣的經濟社會學意涵〉對「鑲嵌性」（embeddedness）一詞有一些
認真的討論。他一方面按照M. Granovetter（1985）的宗旨，強調「人
類的經濟行為受到社會關係深刻的影響」。另方面他追溯博蘭尼的
大作《鉅變》（1944），指出在一、二兩次大戰中深遭蹂躪的歐洲，
其災禍的源頭就是自由主義經濟所強調的「自我調節市場」。博蘭
尼認為經濟學家強調的人類交易天性並不存在。市場經濟的擴張其
實有其社會條件，特別是經過政府的大力提倡。博蘭尼憂心的是，
一旦一個完整的「市場社會」形成，完全由供需原則所主導的社會
形態，將會帶來巨大的災難。何明修認為博蘭尼的說法可以引申出
兩種不同的「鑲嵌性」意涵。Polanyi-1命題指出市場經濟順利運作

的社會條件，其中包括契約、仲裁與履行保證等等配套措施。
Polanyi-2命題指市場經濟帶來的社會危害，認為「市場經濟彷彿是
一個吞噬一切的黑洞，要求所有的生產因素都要配合無情的供需法
則，甚至摧毀原先促成市場經濟的社會條件。」至此，社會便會產
生各式各樣的反撲，包括右派的民族主義運動，侵略與掠奪，左派
的國有化或更完善的社會福利的要求等等。何明修指出，歷來經濟
社會學家關注Polanyi-1命題，忽略Polanyi-2命題。

　　基於上述觀點，何明修討論台灣勞工運動的過去和未來。他對
過去語焉不詳，卻點出了一個出人意外的看法。他指出、1984年政
府提出的勞基法並非在勞工運動的壓力下產生，卻促成了解嚴後勞
工運動的發展，獲得了勞基法中所標示的實質內容。基於此，何明
修認為，台灣社會在第一命題中有差強人意的表現，發揮了社會自
我保護的作用，「讓勞工階級避免最惡劣的市場專制。」他還指出，
台灣勞工運動的挑戰在未來。在全球競爭的趨勢下，非典型工作型
態的成長中，網路社會使勞動者和非勞動者身分日益模糊的狀況
下，何明修問：「台灣的勞工運動是否能承襲以往的使命，提供『社
會的自我保護』？」

　　何明修提出的是一個很有意思卻又需要釐清的說法。按1984年
還是國民黨威權主政的時代，怎麼會提出這麼一個超前的勞基法，
「能避免最惡劣的市場機制」，又能成為後來勞工運動發展的基礎？
這麼說來，中國國民黨威權統治者還曾經在勞工政策上花過心思，
有過一些勞工立法的成果。何明修在文章中點到一些勞工立法的歷
史背景，此需要放在當時龐大的國共鬥爭史中來做說明。何明修想
必也具備這種知識背景但是沒有說出來。

四、台灣股市集資手段的問題

　　書中第二章鄭力軒對於資本主義的集資方式和後果提出較完整的看法。他指出歐陸日韓主要是以銀行為核心的資本形成，「國家透過銀行體系可以直接決定融資對象，透過大規模借貸推動策略性工業的投資」（97）。台灣受美國的影響，由股票市場來進行集資的功能。不同的是，台灣的證券金融制度在1980年代初開始擴大，大多為散戶投資人，無法以集結成整體力量來保障自身的權益。企業遂透過「上市」以及「增資」的手段，達到企業資本快速擴大的後果，由此驟然改變了台灣的基本產業結構，使大型民間企業取代了過去中小企業為主流的型態。另外在經濟自由化的名目之下，當政者常會採取種種政策作為袒護某些民營企業者，又往往會在選舉時期以「獲盤」的手段來影響散戶的投票傾向。基於此，台灣資本市場的形成過程中充滿了利益的盤算和負面後果。鄭力軒的大作對於台灣民間企業的藉機坐大給予譴責。

　　不過，鄭力軒的文章畢竟做了一些紮實的資料整理工作，認真閱讀，也可以解析出截然不同的意涵。按台灣的經濟自由化始於1980年代初期，當時政府的政策目標便是健全股票市場，所謂「長期資金證券化，短期資金票據化」，鄭力軒的大作見證了這個政策理念的落實，也透露了股市制度自求完善的改革。例如文中提到散戶紛雜的現象，其後引進外資、投信、和自營商等法人制度後有很大程度的改善。此外，我認為更正面的績效是，台灣股市蓬勃發展直接促成了台灣電子產業的崛起。文中提到聯華電子公司開創了員工分紅配股制度，曾有一個時期產生很大的引資和凝聚員工之效果，然而也很快地成為公司沉重的負荷。基於此類經驗教訓，台灣現在上

市櫃公司都以配股息為主，很少配股，甚至經常採取「減資」的作法，以減輕公司負擔。針對此類改革，經社鑲嵌論者或許會找到更進一步的批判，例如強調國際資本入侵，或資本主義僅有效率上的改良而無剝削本質的改革等等。其實、我願意尊重彼等這一類的批判。我更大的期盼是，經社鑲嵌論學者不僅是在做單向的批判，必而是對資本主義的正反兩面的表現進行不斷地考察，才可能做出周全而務實的論斷。

和上述第二章有的相同論旨，書中第貳篇中有四章（第六、七、八、九）都討論台灣企業擴大的問題，不過重點不同。第貳篇第六章林宗弘、胡伯維兩位作者指出台灣民間企業到大陸投資，形成了一種病態的膨脹，僅追求規模或市佔率的擴大以求生存，不追求產值或利潤率的提升而耽誤了產業升級。基於此，台灣企業僅有「水平整合」，而無「垂直整合」，因此延誤了台灣經濟的進一步發展，造成年輕世代的失業和低薪後果。

第七章鍾喜梅和詹淑婷及第八章李宗榮，討論台灣家族企業的本質，在國民黨威權統治時代藉侍從關係而求自存，在政治民主化和經濟自由化的過程中又藉民營化而驟然擴張，形成規模龐大的財團。這些財團利用經理人制度，更能不勞而獲地取得更多的產權。相對於此，第九章謝斐宇認為台灣的白手起家的中小型企業就非常積極進取。他們以機械產業為主軸，在全球化資本主義的趨勢下，仍然維持了旺盛的生存和發展力道，足以抗衡勞力密集的資訊出口業，故套用德國產業作家的說法，稱之為「隱形冠軍」，是台灣未來的希望。

其實，台灣早期輿論界認為自己缺乏像日本那樣的大企業大商社而引以為憾。後來，發現台灣的中小型企業具備彈性的組織和運作能力，遂肯定為一項優勢。再往後經歷政治民主化和經濟自由化，

台灣民間金融和產業組織大幅擴大，可能是台灣社會長年積累的資源和優勢條件在全球化生產消費結構擴張下的一次爆發，未必需要歸罪於財團的貪婪。另從後果和績效來看，台灣股市經過不斷改革，現今大約有1600家上市櫃公司。台塑、鴻海、台積電等大企業規模龐大，然而資金20億左右、甚至10億5億以下的中小型公司非常多。這種產業規模金字塔形的分布原來就是一種常態，儘管各國在規模和比例上有差異，都還維持此一常態。至於資訊電腦產業和機械產業，原來就會各自形成多重網絡的集結，有很大的跨界合作的空間，未必要用〈歌利亞和大衛〉對戰的比喻來指涉。特別需要注意的是，自AI人工智慧和大數據等概念流行之後，資訊產業、生技產業和傳統產業之間尤其有了更複雜的異業結合現象。在這樣的環境之下，中小型企業者早就練就了自身的集資能力和專業眼光，也都盡力培養了後代，具有完整的學歷和閱歷，已經不是當年黑手頭家的模樣。經社鑲嵌論者固然是在珍惜自行草根創業者所代表的突破社會階級的意象，然而環境條件不同，大概要以全然不同的思維架構來了解現在、展望未來。

五、兩岸關係的研究與意識形態的糾結

書中第四篇（第十六、十七、十八章）專題討論「中國效應」，第六章和第十三章也分別從不同的脈絡討論中國大陸或兩岸的經貿問題。筆者認為第十三章（熊瑞梅、陳冠榮、官逸人）和第十七章（鄧建邦）是兩篇專業性很高的論文。熊瑞梅等三人以知識社群凝聚作用和專業發明人的結構折疊效應，來說明2008年以後中國大陸半導體產業在創新發明上的突飛猛進狀態。鄧建邦討論廣東沿岸地區的台商向內陸轉進。他用不同的社會鑲嵌方式來說明兩地不同的

發展型態。沿岸地區是以宿舍監控的方式來管理內陸來工廠的大量
農民工。轉進到內陸地區後便進入農民工的家鄉，需兼顧工人的社
區生活，必須放農忙假，甚至幫忙割稻，藉以建立公司正面的社會
形象。相對於此，第十六章（鄭志鵬、林宗弘）呈現了相當負面的
「過度鑲嵌」狀態，指出台商在大陸可以找到許多陽奉陰違的空間。
例如藉送禮、賄賂、任用親屬等手段和地方政府培養政商關係，使
「貪汙制度化」，藉此扭曲產權，進行「假合資」，而使官商互蒙
其利等等。

　　第六章（林宗弘、胡伯維）討論〈台灣企業在大陸規模迅速成
長的原因與後果〉。前面提過，兩位作者借用太陽花運動學生所偏
好的日本著名的漫畫書《進擊的巨人》，意指一種「遭受某種生化
實驗後，由人類變成的巨怪」。他們以此強烈的負面形象來說明台
商過去二十年的發展過程，「……前往中國投資，企業雇用人數遽
增，開始併購，消滅其他上下游競爭企業，企業的營收規模也迅速
上升。」可怕的是，這類企業回流之後，依然「像是侵入家鄉圍牆，
四處虐奪的」巨怪。

　　第十八章（吳介民）認為中國大陸「以商業模式做統戰」，指
出兩岸關係的獨特處在於「中國政府對台灣的主權宣稱與吸納合併
策略。」而中國的「國家特質是列寧式黨國體制」，其發展模式有
一條主軸，是所謂「權力與資本的雙螺旋運動」，長期以來對台灣
執行「以商圍政」的策略。具體而言，中共政府善於布置人際關係
網絡，給予特定政治人物與商人各種特許經營權，換取這些人對中
國政府的效忠和表態。作者列出了包括「連戰訪中團」、「兩岸企
業家峰會」、和「遍佈在中國各地的台商會」等等組織，甚至收錄
了各財團負責人對於「九二共識」之類政治議題的表態和言論。凡
此，皆在顯示兩岸政商關係盤根錯節，並利用各種管道，甚至建構

媒體來影響台灣的民意。

　　不過，吳介民認為「控制與抵抗是同步的『雙向運動』」。從2008年抵抗陳雲林訪台事件開始，便有一系列的抵抗中國因素的抗爭運動，而終於爆發出2014年的太陽花運動。吳介民採用中央研究院社會學研究所「中國效應研究小組」的調查資料，指出「在發生『太陽花運動』的短短一年內，民眾對兩岸政治議題的態度有戲劇化的轉變，信任民進黨的程度要高於國民黨。」而「這些民調資料可以佐證：台灣人民對國民黨政策傾中，以及中國施壓台灣的認知和不滿」。就具體的政治後果而言，這種民意傾向在2014年太陽花學運中呈現凝聚現象，隨後促成了民進黨在該年九合一大選獲得大勝，也促成民進黨在2018年的總統和立法委員的選舉中大勝，使蔡英文當選總統並使民進黨獲得全面執政的機會。就資料的印證而言，吳介民等人寫文章時，未及看到韓流在三山造勢引發的鉅變，促成藍營2018年九合一大選的中獲得壓倒性的勝利。繼之，民進黨又在2020總統大選和中央民意代表大選中壓倒性勝利。這顯示兩岸政策和意識形態有其持續不斷的循環陶冶過程，不能以某一階段的情勢來做論斷。吳介民的論文應該是一篇很好的情治單位研究報告，可以作為情治思考和偵防行動的依據。作為一篇學術論文，則包羅了太多的猜疑和否定心態，容易產生台灣品牌的麥卡席主義，有礙台灣的公民政治文化的發展，也無益於提升台灣的意識形態論述。

六、太陽花運動的性質以及統獨爭議的蛻變

　　《未竟》對太陽花運動著墨不多，卻兼具經社鑲嵌論的學理的主軸和意識形態指引綱領的地位。2015年、何明修和林宗弘曾合寫

一篇英文論文，譯成中文是〈博蘭尼在台北：太陽花運動作為一個
社會的自我保護〉。該文和書中第三章何明修的論文相呼應，討論
博蘭尼在1950年代論及資本主義過度發展的臨界點問題，認為市場
機制過度發達後會反噬其所依附的社會。一、二次大戰便呈現此一
慘烈反噬的現象。此種臨界點說啟發了《未竟》編者將台灣經濟發
展區分為「奇蹟典範」和「衰退典範」之分界。衰退的具體事例便
是兩岸的政商勾結，而太陽花運動打破了此一勾結，發揮了對台灣
社會的保護作用：

> 國共會談平台2005年形成後，一群以國民黨高層與台商網絡為
> 核心的政商聯盟逐漸興起，成為太陽花運動所對抗的服貿黑箱
> 後的利益團體。吳介民在個人研究的系列裡從政治權力的角度
> 提供的深入觀察，在黨國資本主義文獻裡，商業投資與經營開
> 放的機會是黨國統治者的政治槓桿，要求資本以政治忠誠來交
> 換經濟利益；這種政治侍從主義現象，在新的時空有了新的意
> 涵：恩庇主已經轉換成北京政權，交換的是台灣在地的影響與
> 跨海的商業利益。本書收錄的吳介民研究深刻記錄台灣資產階
> 級的歷史連續性，以及其政治變色龍的特性。

《未竟》的兩位編輯對於兩岸形勢的判斷非常倚重政治學者吳
介民。吳在書中的文章前面已經討論過，且再引錄一段他對太陽花
運動功能的看法：

> 控制與抵抗是同步的「雙向運動」。台灣社會本身對於中國統
> 戰策略的認識程度，以及採取何種社會防衛保護自己的民主生
> 活，會影響北京「以商業模式做統戰」的效用。「太陽花運動」

的爆發，似乎一夕之間改變國共合作框架下的兩岸關係運作模
式，但其實在「太陽花運動」之前，通過各種抵抗中國因素的
抗爭事件（例如抗議陳雲林來訪、熱比婭紀錄片事件、鍾鼎邦
事件、反媒體巨獸壟斷事件、反服貿運動等等）已經累積大量
的動員力量。公民行動也改變了輿論與新聞報導，同時促進社
會對中國因素的認知，而導致民意趨勢的變化。（712）

行文至此，我們也該參照一下吳叡人教授在《受困的思想》
（2016）中的看法。吳教授一直試圖以「想像共同體」來建構台灣
的民族主義。他認為中國大陸自2001年加入WTO後，便進入新帝國
主義的時代，對台灣的獨立建國理念形成重大壓力。他指出，原來
力促台灣獨立的奇美集團總裁許文龍，竟然在其退休感言中宣稱，
「台灣、大陸同屬一個中國」，「我們不搞台獨」。此使「九〇年
代驚鴻一瞥的新興台灣民族資本階級就此解體，轉化為買辦資本，
亦即政治學者吳介民所說的跨海峽政商集團」之一部。吳叡人感到
慶幸的是，就在此時發生了「魯蛇的逆襲」，指2008年陳雲林「黑
船來航」引爆的野草莓學生運動。就歷史意象的延伸，吳叡人認為
野草莓學運承繼了1927年日據時代詩人楊華曾參與台灣初期社會主
義運動在獄中書寫《黑潮集》的精神，批判資本與帝國主義，渴望
「引黑潮之洪濤，環流全球，把人們利己的心洗滌乾淨」（楊華詩
句）。沿此傳承，2008年的野草莓學生運動展現了「左翼政治與美
學意涵」與「黑色的本土反權力象徵」。吳叡人指出，這股力量終
於積累延續到2014年的太陽花學運，「當五十萬人的巨大黑潮在當
代黑色青年的持續召喚動員下湧現台北街頭」，黑潮的「暖流能量
終於爆發，一個台灣本土左翼傳統的政治象徵於焉形成」。
吳叡人是以很詩意的筆調把太陽花運動作了一次歷史地位的提

升，而且很巧妙地把台灣本土的左翼傳統和獨派訴求做了一次融合。吳和《未竟》中幾位左派鑲嵌論學者都很高興看到太陽花運動以橫空出世的姿態出現，對當時處於低迷狀況的民進黨產生很大的激勵，在2014九合一地方大選獲得壓倒性的勝利，2016年大選取得總統大位、同時取得立法院絕對多數的優勢。他們的大作未及看到2018年11/24日九合一地方選舉藍軍也同樣以橫空出世的姿態獲得大勝，且衝進了濁水溪以南民進黨長年以為牢不可破的地盤。

不過，韓流和太陽花運動各有其刻板停滯的意識形態。韓國瑜在高雄市長選舉時提出「人出得去、貨進得來，高雄發大財」的號召，是一種務實而現實的說法，不脫要求大陸「讓利」的意思。韓後來代表國民黨選總統，也只是回到一中各表的框架，未見其表述或詮釋的新意。太陽花運動善用一些新鮮時髦語言，反映了中壯代學術菁英歷來形成的教育成果，引進外國後現代主義的思潮，卻未見其消化融匯的功夫。筆者特別擔心的是，「非我族類其心必異」之類中國老舊的反智心態依然潛藏在年輕世代的行為舉止之中。前行政院長江宜樺下野後，以教授的身分在台大政治系演講，遭到學生集體鬧場，甚至採取了貼近人身的干擾。江在各校尋求教職時甚至遭到各種難以想像的抵制。這其實是過度的反威權主義教育下形成的負面後果，或能藉此達到獨派學者衝破困局的想像，但無益於台灣公民政治文化的培養。

民進黨和綠營在2020年總統大選和中央民意代表選舉中再度獲得大勝。內在因素是民進黨由現任總統競選連任，順利完成內部整合。國民黨在推舉候選人的過程荒腔走板、最後能靠韓國瑜獨特的方式聚眾造勢，聲勢浩大，論者認為也達到了泛藍陣營的催票極限。不過，兩個外在因素產生了關鍵性的影響。先是香港的反送中運動，中共採取了強硬對待的方式，使台灣民眾產生「恐共」情緒，林宗

弘等十三位「失敗者聯盟」作者順勢推出《亡國感的逆襲》，試圖加深「恐共」和「仇共」的效應。另從2018年底開始，中美衝突進入前所未有的激烈狀態，川普不時擺出支持台灣對抗中共的姿態，讓綠營民眾覺得國際局勢大有可為。

2020/1/11 勝選之後，蔡英文在 1/14 日接受 BBC 記者 John Sudworth的專訪時說，「我們不需要宣告自己獨立的地位，我們已經是獨立的國家，名字叫中華民國。」次日（1/14）早晨，蔡英文宣布簽署《反滲透法》，表示該法的違法構成要件非常嚴謹，不至於隨便濫用。為了說明「中華民國台灣」這個概念的形成，立法院副院長蔡其昌接受廣播訪專訪時說，民進黨是受天然獨的啟發而接受這個稱號，而且在民進黨內部有過爭議和調適過程：

> 「自然獨」認同的中華民國台灣，跟民進黨前輩搞台灣獨立是沒有歷史淵源的，是斷鍊的，是沒有連接的，也不是在藍、綠架構下的，而是誰能保護中華民國就愛誰，所以在這脈絡底下怎麼會有歷史的問題呢？就算有也會逐漸淡化，中華民國已被民進黨接手。

批評者認為上述變化是一種策略性的轉進，旨在推動一種漸進式的台獨，或喻之為一種「切香腸式的台獨」。我倒認為上述轉變有其重大意義，開啟了四項新變局。其一、論者一般認為蔡英文在民進黨巨頭中是相對開放的，過去她以「這個國家」來含糊其詞，現在夾817萬選票的加持，說出了一個帶有折衷性而有利於其執政的稱號。其二、太陽花運動畢竟也有一些開明的成分，主要是在科技資訊界和媒體文化界服務的菁英，例如唐鳳和顏擇雅，對於世局的觀察和了解要寬廣敏銳得多。他們橫跨省籍、兩黨、和兩岸的二元

壁壘之間，更懂得如何有效地突破困局與保衛台灣。其三、美國學
界先進如Linz等人，當年以居高臨下的姿態看開發中國家，不曾想
過美國也有其嚴重的「國家性」問題及民粹政治，更不曾想到透過
憲政程序的總統選舉，會選出一位「罔顧事實真相並且自戀無知的
跳梁小丑」（福山2020年接受法國《觀察報》訪問時用語）。台灣依靠
美國抵制中國，然而也擔憂靠山不穩固，把台灣當棋子用完棄之不
顧。其四、中共以文攻武嚇對付台灣，相當凌厲。然而中共當局的
說法也有其迴旋空間。要台灣接受「九二共識」、否則一切免談。
不過，只要民進黨領導提出「類似」的說法也可以。若此，蔡英文
提出的新名目應該是要避災避禍，甚至是為和中共建立新關係鋪
路。蔡英文總統做為國家的領導人，主導國家最主要的大陸政策，
本來就該有這樣的自由裁量空間。

　　現在的問題倒是學界要如何改善其思考方向？從「外來政權」、
「威權主義」、「威權轉型」、「轉型正義」、「國族主義」、「想
像共同體」、到「認同政治」一路走下來，早已達到了民主化的目
的。現若行之太過，將讓台灣社會產生難以彌合的內部衝突，也將
讓台灣在兩岸關係和國共關係中失掉原本具有的光明正大立場和溝
通管道。現若進行學術理論的重建工作，我們真的需要「把國家找
回來」，以具有縱深的「國家論」來彌補橫向的「威權論」。

七、左派經濟社會學者對未來的期待

　　對於兩岸之間的政商關係問題，經社鑲嵌論左派學者是跟著獨
派政治學者走，指責台商是中共統戰的外圍組織，唯有靠太陽花運
動的奮力一擊，才突破網羅，找回生機。面對未來，經社左派學者
希望走自己的路，特以何明修〈介於抗爭與協調：勞工運動在台灣

的經濟社會學意涵〉和陳東升的〈另類經驗模式的比較與探討：台灣經驗〉作為後太陽花時代的代表作。何明修的文章前面討論過，他對博蘭尼臨界點的觀點做過認真的界定，還和林宗弘一起提出〈博蘭尼在台北〉的說法。至於具體行動，他寄望於勞工運動，然而文章中卻難掩失望的語氣。他指出太陽花學運期間，各高校都進行串連「罷課」，正規的勞工組織卻不願進行「罷工」。這也就罷了。他說「經濟社會學和勞工社會學者在台灣缺乏共同的焦點與對話」，這個問題就嚴重了。難道是他文章中隱約透露的，不願承認台灣勞工運動既有的貢獻，而變成相互疏離的狀態？

陳東升依據西方當今的文獻對「另類經濟」做了廣泛的討論。他首先採用馬克思理論家E. Wright在其《真實的烏托邦》（2010）中所標榜的公民社會理念，讓大眾直接參與資源分配決策的。然後結合女性主義學者K. Gibson與J. Graham（2013）的多樣化社區經理論，加上Egger and Macmillan（2013）依附在市場經濟中的「分享經濟」（sharing economy）概念。再加上A. Amin（2003）等英國學者所主張的歐洲社會經濟模式，讓社會經濟支持者和參與者來共同解決貧窮問題、提供在地社會網絡的重建、進行由下往上的民主參與、以及採取反資本主義價值經濟組織方式的再造等等。例如「以人民公社、在地以物易物交換，自給自足的烏托邦經濟體系等等」。總之，陳東升以馬克思主義的原始信念為基礎，結合各家後現代主義理論者的概念，區分出「社會民主主義」、「社區經濟」、「共享經濟」、「社會經濟」四類可能發展的經社模式，而該四類模式都試圖開創新的共有財概念。社會民主主義強調「社會成員共同擁有與支配」，社區經濟強調「社區居民共同擁有」，該兩者在產權上皆有激進的態度，旨在取代資本主義的產權私有基礎。共享經濟和社會經濟主張在資本主義體制內進行改革，解決過度消費的問

題，提升公共財的「共享」，而不追求產權的全面「共有」和「共治」。

　　陳東升借重西方當代新左派理論來展望台灣經社發展的未來，應予肯定。可惜的是，他強調西方經驗，卻未能在自身的歷史脈絡中來理解和吸收本國的經驗。他提到，「戒嚴時期威權國家機器擁有強大的支配權利（力），可以干預經濟、社會、文化制度，缺乏公民力量，技術突破也相當有限，另類經濟雖然有些進展，但是必須國家機器的同意，並受到高度管制。」陳的這一段話值得玩味，他一方面指出戒嚴體制有強大的支配權力，也曾促進另類經濟的某些發展。然而他反對高度管制，相信公民自主的內在力量。這種思維其實是沿襲西方古典自由主義的信念，再融入後現代主義的新左派思維，主要是在參照英國理論家Amin等人的理想。

　　我要指出的是，中國小農經濟的歷史經驗中就有許多交換經濟的事例，民初知識分子也曾廣受西方社會主義和共產主義的洗禮，同時在國家建立過程中摸索出一些具體的政策作為。例如「以物易物」這類交換經濟概念，在抗戰期間以及台灣經濟發展初期，都曾經大規模推行，發揮了救亡圖存的效果。至於文中點到的「人民公社」（p. 578），曾經是毛澤東主導的一項龐大政策實驗，西方左派理論家有過不少的討論。「共享經濟」則是當今當大陸最夯的發展課題，中國大陸理論家經常將之和互物聯網經濟合併討論，甚至認為是重建共產主義的一種可能的實踐途徑。（阿里新鄉村研究中心、2019）陳東升可能認為在民主政治的自動自發基礎上，才能產生共享經濟的社群。筆者認為，歷史以及政治經濟的發展原來就有許多複雜的路徑和可能性，近現代中國本身就有許多可貴的摸索和學習經驗，為什麼不能也來重新認識一下呢？

結論

左派經社鑲嵌論者尊崇博蘭尼的說法，認為資本主義的市場機制發展到某一臨界點，便會發生反噬現象，反過來吞噬其所依託的社會。博蘭尼的說法極有價值，啟人深思，但要小心應用，否則容易產生負面引導。博蘭尼本人以第一、二次世界大戰當作慘遭反噬的案例，然而未及看到二戰之後又在各國通力合作之下為資本主義找到新的出路。時至今日，資本主義是否又走到一個困境或臨界點？這應該放在全球化與反全球以及高科技轉型等大課題中來探討。現若以「博蘭尼在台北」作為討論焦點，是否大題小作，有「難以承受之輕」？

《未竟》認為台灣經濟發展的前期為「奇蹟典範」，後期為「衰退典範」，兩位編者和若干作者很認真地討論其這個轉折過程和因果。對於此一課題，我認為必須放在全球化資本主義的發展脈絡中來考察其持續不斷的演變，而不能輕易做定性式的論斷，容易產生錯誤。例如書中談到台灣股市的集資問題，幾位作者指摘大企業藉此打壓散戶，透過「上市」以及「增資」的手段，急速擴大，而使大型民間企業取代了過去中小企業為主流的產業結構型態。我認為這個說法太片面、太負面、太罔顧事實。就本人所知，當年台灣股市擴大直接促成了台灣電子產業的崛起，是一項產業轉型的重大成就。而股市制度本身也有其自求完善的改革過程，從「增資」、「配股」改成「減資」、「配息」為主，藉以以減輕公司負擔。至於高科技的整個產業結構，從上市櫃公司的資本額分布狀況來看，依然是一個健康的金字塔分布。

經社鑲嵌論者強調以社會作為分析的基本範疇，這的確是一個

值得開拓的學術領域，而且已經有不少的研究成果。然而經社鑲嵌
論左派學者卻在政治議題上做了無限上綱的推論，沿著「威權主
義」、「威權轉型」、「轉型正義」、「國族主義」、「認同政治」
這一條線索來界定中華民國的政治特性。不時以「列寧式政黨」、
「黨國資本主義」，「政商勾結」，「民粹資本主義」等具有泛道
德貶抑的概念來加以界定和批判，大都不合實況，也失掉了經社鑲
嵌論者自己的專業主軸，成了獨派政治學者的附庸。

　　書中最大的敗筆是把台灣轉型失敗的責任推給台商，說他們是
日本漫畫書裡《進擊的巨人》，是一種失敗的生化實驗而將之變成
了害人害己的巨怪，還說他們是中共商業統戰模式的外圍組織分
子。這是一種非常強烈的譴責，論者似乎刻意遺忘傳統產業台商是
在美國301條款的壓力之下避走大陸。後來高科技產業台商也是在生
產成本過高的狀況下，幾經抉擇才選擇去大陸生產。不錯，中共採
取「以商圍政」的統戰手段。學界人士對此關心，就應該以更高層
次的理論概念來對應和超越統戰、保護台商，而不是把他們當作敵
對者來處置。我要特別提醒的是，從民國以來國共兩黨的政治宣傳
人員都善用負面修辭來進行中傷，說前朝或敵對者是「顢頇無能」、
「一窮二白」、甚至總結出「帝國主義亡我之心無一日或減」的斷
言。台灣受正統學術教育的學者擺脫不掉這種陋習，只是把「帝國」
兩字改成了「中華帝國」，便可以套上許多「其心可誅」的具體例
證。然而要注意的是，這一類斷言以假為真，具有自我實現的可能，
為自己招災惹禍。

　　台灣自1996年實施總統普選，經歷了兩次的政黨輪替，產生過
三位總統。2020年總統選舉後蔡英文總統高票當選連任，旋即提出
「中華民國台灣」的說法。後經立法院副院長蔡其昌補充解釋，指
係順應「天然獨」的認同傾向而提出來的新思維，曾經一番內部爭

議和調適,「民進黨已經接受了中華民國」。我從國家論的觀點來看,肯定這個轉折。然而真正重要的問題乃在於,如何擦亮「中華民國」這一塊招牌,如何實事求是地探索她的內涵,而能發揮理論號召和歷史辯證的力量。

左派經社鑲嵌論者希望在後太陽花運動時代,推行「介於抗爭和協調」之間的勞工運動。或採取諸如「以物易物」、「人民公社」、「共享經濟」之類的方式來推行具有某種「共享」或「共治」特性的「另類經濟」。我要提醒的是,國共長期對峙,爭的也就是社會主義或資本主義的經濟政策或社會動員手段,經社鑲嵌論者恰恰應該在近現代中國的發展過程中,認真地看一看自己國家積累的豐富經驗。

筆者很早就主張以「國家論」來彌補威權論,後來又採用更寬廣的「全球化」理論,爾後把兩組理論交互運用來勘查近現代中國的國家建立過程,其中包括意識形態、經濟、軍事、政治等四項因素的交織運用。限於篇幅,此一觀點在本文只能做零星的透露,希望能在本刊下一期寫一篇專文來做完整的呈現。

參考書目

王振寰(1996),《誰統治台灣?:轉型中敵國家機器與權力結構》,台北:巨流。

吳叡人(2016),《受困的思想:台灣重返世界》,台北:衛城出版。

李宗榮、林宗弘(2017)《未竟的奇蹟:轉型中的台灣經濟與社會》,台北:中央研究院社會學研究所。

徐振國(2000),〈從威權論統合論到新國家論的轉折和檢討〉,

《理論與政策》，第十四卷第二期，1-27。

徐振國（2001），〈回歸國家論，超越國家論：鞏固台灣民主政治
　　並化解國家定位困境〉，《理論與政策》第十五卷第二期，45-67。

徐振國（2001/12），〈清末民初的國家建立和政商關係鉅變〉，《東
　　吳政治經濟商學學報》。第三十五期，47-74。

徐振國（2009/03），〈生產方式和消費形態辯證互動的全球化趨勢〉，
　　《問題與研究》，第四十八卷第一期，1-31。

福山‧佛朗西斯（Francis Fukuyama）、李加平（譯），〈我們將回
　　到1950-1960的自由主義時代〉，2020/4/9發表於《觀點報》（Le
　　Point），由《法意讀書》編譯後首發。

蕭新煌等人合著（1989），《壟斷與剝削：權威主義的政治經濟分
　　析》，台灣民主基金會。

Amsden, Alice H. 1985. "The State and Taiwan's Economic
　　Development." in Peter B. Evans et al. eds. *Bringing the State Back
　　In*. New York: Cambridge University Press.

Anderson, Perry. 1996. *Lineages of Absolutist State*. *7th ed*. London and
　　New York: Verso.

Evans, P.B. et al. 1985. eds. *Bringing the State Back In*. New York:
　　Cambridge University Press.

Hall, John A., and G. John Ikenberry. 1989. *The State*. Minneapolis:
　　University of Minnesota Press.

Held, David. 1992. "The Development of the Modern State." in Stuart
　　Hall and Bram Gieben eds. *Formations of Modernity*. Polity Press in
　　Association with the Open University.

Hobsbawm, Eric J. 1997. *Nations and Nationalism Since 1780*. 李金梅
　　譯，《民族與民族主義》，台北：麥田。

Ilchman, Warren F. and Norman Thomas Uphoff. 1974. *The Political Economy of Change.* Berkeley: University of California Press.

Linz, Juan J., and Alfred Stepan. 1996. *Problems of Democratic Transition and Consolidation.* Baltimore: Johns Hopkins University Press.

O'Donnell, Guillermo and Philippe C. Schmitter and Laurence Whitehead 1986. *Transitions from Authoritarian Rule: Tentative Conclusions about Uncertain Democracies.* Baltimore: The Johns Hopkins University Press.

Schmitter, Philippe C. 1974. "Still the Century of Corporatism?" in Pike, Fredrick B. and Thomas Stritch. eds. *The New Corporatism: Social-Political Structures in the Iberian World.* Notre Dame: University of Notre Dame Press.

Mann, Michael. 1986/2012 *The Sources of Social Power.* Cambridge: Cambridge University Press.

　　徐振國，先後在東海大學政治學系和東吳大學政治學系任教，現已退休，目前研究「民國四大經濟學家」中何廉、方顯廷兩位，探討他們在民國時代對經濟學教育和經濟政策的影響和貢獻。代表著作有《中國近現代的「國家」轉型和政商關係遞變》（2008），正在擴大修訂出版。

陳寅恪先生晚年學術論文釋證

許偉恒

一、引言

陳寅恪先生（1890-1969年）是一位「通古今之變」的現代史學家，他畢生以「在史中求史識」、「在歷史中尋求歷史的教訓」為治史的主要目的[1]。陳先生晚年處身於中共極權統治下，未能公開地就世變暢所欲言，只能在晚年詩文中流露對世事的關懷和個人晚年遭遇的感歎；當中《論再生緣》及《柳如是別傳》便蘊含了大量陳先生的現實關懷。余英時先生早於1958年已撰寫〈陳寅恪《論再生緣》書後〉，指出陳先生作《論再生緣》具有兩重意義：

> 其一為藉考證《再生緣》作者陳端生之身世以寓自傷之意……
> 其二則為藉《論再生緣》之書而感慨世變，以抒發其對當前之極權統治之深惡痛絕之情。[2]

---

1 俞大維，〈懷念陳寅恪先生〉，收錄於錢文忠編，《陳寅恪印象》（上海：學林出版社，1997），頁9。

2 余英時，〈陳寅恪《論再生緣》書後〉，載氏著，《陳寅恪晚年詩文釋證》（台北：東大圖書公司，2008），頁228。

至1982年起，余英時先生先後撰寫〈陳寅恪的學術精神和晚年心境〉、〈陳寅恪晚年詩文釋證〉等文章，全面揭露陳先生的晚年詩文如何流露個人身世之感；陳先生晚年巨著《柳如是別傳》中的「古典」便涵蘊著大量「今情」：

> （《柳如是別傳》）在事實的層面所研究的是錢柳姻緣及復明運動。在這個層面上，陳先生的考證解決了無數複雜而深微的問題，在史學上有重大的突破。但是在意義層面上，此書卻絕不僅限於三百餘年前的明清舊聞，而處處結合著當前的「興亡遺恨」，尤其是他個人的身世之感。古典今情融化為一，這原是陳先生一貫的學術精神。[3]

余英時先生甚至認為，陳先生晚年的一切著作（包括詩作及學術文章）「主要都是為了『紀念當日個人身世之感』而寫成的。」[4]

在余英時先生的啟發下，近代學人紛紛發掘陳寅恪先生晚年詩文的古典今情。早於九十年代中山大學已召開專論《柳如是別傳》的學術研討會，論文其後更結集成書[5]。近年胡文輝《陳寅恪詩箋釋》全面詮釋陳先生現存的全部詩作、聯語以至殘句[6]；謝泳《陳寅恪晚年詩箋證稿》亦循陳先生解釋古典的方式解讀陳詩[7]。然而，陳先生

---

3 余英時，〈陳寅恪的學術精神和晚年心境〉，載氏著，《陳寅恪晚年詩文釋證》，頁65-66。
4 余英時，〈明明直照吾家路〉，載氏著，《陳寅恪晚年詩文釋證》，頁6。
5 胡守為編，《柳如是別傳與國學研究：紀念陳寅恪教授學術討論會論文集》（杭州：浙江人民出版社，1996）。
6 胡文輝，《陳寅恪詩箋釋》（廣州：廣東人民出版社，2008）。
7 謝泳，《陳寅恪晚年詩箋證稿》（台北：秀威資訊科技公司，2019）。

晚年發表的單篇學術論文卻得不到學術界的足夠關注。余英時先生
於1980年代發表的一系列文章早已指出，〈高鴻中明清和議條陳殘
本跋〉、〈論李懷光之叛〉、〈論韓愈〉、〈論唐高祖稱臣突厥事〉
等學術文章的內容均有弦外之音。然而，史學界至今仍沒有深入發
掘陳先生晚年學術論文的內容和現實關懷[8]。為填補此研究領域的空
白，本人不避穿鑿附會之嫌，嘗試循前人研究陳先生詩文之法，分
析陳先生晚年的學術論文如何暗藏他對時局和世變的關懷。

二、〈敦煌石室寫經題記彙編序〉

　　〈敦煌石室寫經題記彙編序〉為陳寅恪先生於1937年替許國霖
《敦煌石室寫經題記彙編》一書所寫的序文[9]，文章重點之一為考證
敦煌經卷於南北朝時自南入北的過程：

　　頗疑天監五年造於荊州之一卷及其他寫於齊梁時之諸卷乃梁元
　　帝承聖三年江陵陷沒時北朝將士虜獲之戰利品，後復隨凱旋之
　　軍以北歸者。考西魏所遣攻梁諸大將中惟楊忠即後來隋之太祖
　　武元皇帝，其人最為信佛……西魏之取江陵，楊忠既參預其事，

8　僅見的論文有王邦震〈1951年陳寅恪「唐史三論」發微〉，載氏著，
　　《獨立與自由：陳寅恪論學》（台北：聯經出版公司，2011），頁
　　299-319。
9　該文先載於1939年10月出版的《歷史語言研究所集刊》第8本第1
　　分，其後陳先生續有修訂，修訂稿見陳寅恪，〈敦煌石室寫經題記
　　彙編序〉，載氏著，《金明館叢稿二編》（北京：生活・讀書・新
　　知三聯書店，2001），頁227-233。本文引用〈敦煌石室寫經題記
　　彙編序〉全採《歷史語言研究所集刊》的初稿，讓讀者能窺見該文
　　原貌。

後又為涇州總管，居西北之地凡五歲之久，則此梁武之世荊州
寫造之佛典殆為楊忠當日隨軍所收，因而攜往西北，遂散在人
間，流傳至於今日，按諸舊史，徵以遺編，或亦有可能歟？此
則未得確證，姑作假設，以供他日解決問題之參考，所謂僅資
談助者是也。[10]

陳先生強調其說「未得確證，姑作假設」、「僅資談助」，可
見其說僅為推測之辭。然而，陳先生於文章末段竟就此「僅資談助」
的假說發出深刻的感歎：

足供證明者別見他篇，可不詳論，僅資談助者聊書於此，以寄
遐想而已。若此僅資談助之假設而竟為史實也，則此編所收南
朝數卷之佛典者，蓋當年江陵圍城之內蕭七符拔劍擊柱文武道
盡之時，不隨十四萬卷圖書而灰飛煙滅者，是誠可幸可珍，而
又可哀者矣！嘗謂釋迦氏之教其生天成佛諸奧義殊非凡鄙淺識
所能窺測，今此寫經題記竟得以殘闕之餘，編輯搜羅成於一人
之手，頗與內典歷劫因緣之說若相冥會，然則貝多葉中果有真
實之語，可以信受不疑者耶？質之雨新先生，以為何如。[11]

陳先生感慨該批敦煌經卷於「江陵圍城之內蕭七符（按：蕭七
符即梁元帝蕭繹）拔劍擊柱文武道盡之時」得以避開「灰飛煙滅」
之劫難，「是誠可幸可珍，而又可哀者矣」。陳先生於文中抒發強

---

10 陳寅恪，〈敦煌石室寫經題記彙編序〉，載《歷史語言研究所集刊》
   第8本第1分，頁18。
11 陳寅恪，〈敦煌石室寫經題記彙編序〉，載《歷史語言研究所集刊》
   第8本第1分，頁18。

烈的個人感歎，實與他當時身處北京清華園親歷七七事變有密切關
係。

　　讓我先考證此文的寫作時間。蔣天樞《陳寅恪先生編年事輯》
指此文寫於1937年6月[12]，然該文油印本的尾署有「中華民國二十六
年七月義寧陳寅恪序于清華園」的文字，可確定該文作於1937年7
月而非6月，亦即七七事變發生之時。事變時陳寅恪先生正「隻身留
在清華園內」[13]，其後更一直逗留清華園工作，直至約7月29日才離
園進城[14]。陳先生眾女兒合著的《也同歡樂也同愁》記下七七事變
當天的情況：

> 城內可隱約聽見炮聲，城裡與清華園一度交通阻隔，電話也打
> 不通，家人擔心父親安危，祖父與母親尤甚。好不容易父親得
> 以回來，但他的文稿及書籍均留在清華園寓所，非常著急。後
> 來幸虧租得一輛小汽車，由正在唸大學且動作利索的封雄三
> 哥，前去清華將父親書桌上的文稿及常用書籍搶運回來一部
> 分。[15]

　　這段記載充分顯示陳先生視其文稿及書籍若命。同書還有另一
段相近的記載：

12　蔣天樞，《陳寅恪先生編年事輯》（上海：上海古籍出版社，1997），
　　頁197。
13　陳流求、陳小彭、陳美延，《也同歡樂也同愁：憶父親陳寅恪母親
　　唐篔》（北京：生活・讀書・新知三聯書店，2010），頁115。
14　卞僧慧，《陳寅恪先生年譜長編》（北京：中華書局，2010），頁
　　178。
15　陳流求、陳小彭、陳美延，《也同歡樂也同愁：憶父親陳寅恪母親
　　唐篔》，頁115。

父親逃難時，對行李首先著重安排處理的是書籍，因他習慣把
讀書心得、相關資料、對比校勘等內容，都以文字批註於書眉
及行間空白處，待時機成熟，整理成論著。所以他把批註最多
最為重要的書籍，用最好的箱子裝載。[16]

　　這則記載反映陳先生極重視其個人著述及文稿，否則他也不會
在戰火之中仍急忙將之搶運回家，並用「最好的箱子」裝載其記滿
眉批的書籍。
　　若我們把〈敦煌石室寫經題記彙編序〉末段的一番話與陳先生
當時的處境相對照，當可發現陳先生欲借古事以抒發個人身世之
感。陳先生其時正身處被日軍圍困的北京城中，其文稿與敦煌經卷
同樣陷於「圍城之內」，此即陳先生所謂的「可哀者」。而陳先生
當時所期盼的，顯然是其文稿能如敦煌經卷般「不隨十四萬卷圖書
而灰飛煙滅」，此即陳先生所謂的「可幸可珍」。陳先生希望一己
文稿能如許國霖所整理的敦煌經卷般得以保留傳世，然而這只能成
為「以寄遐想」的夢，因陳先生的文稿最後仍難逃「灰飛煙滅」的
厄運[17]。這對陳先生的身心健康帶來極大的打擊。

---

16 陳流求、陳小彭、陳美延，《也同歡樂也同愁：憶父親陳寅恪母親
　　唐篔》，頁144。
17 陳寅恪的眾女兒曾憶述陳先生藏書及文稿遺失的細節：「他把批註
　　最多最為重要的書籍，用最好的箱子裝載，沒想到這樣更容易引起
　　竊賊覬覦，以致兩箱書籍在轉運途中全被調包，易以磚塊。『當日
　　兩書箱中，中文及古代東方文書籍及拓本、照片幾全部喪失』。」
　　所失書籍計有《蒙古源流注》、《世說新語注》、《五代史記注》，
　　以及大批藏有陳先生眉批的佛教經典。陳流求、陳小彭、陳美延，
　　《也同歡樂也同愁：憶父親陳寅恪母親唐篔》，頁144。

三、〈論隋末唐初所謂「山東豪傑」〉與〈記唐代之李武韋楊婚姻集團〉

關於〈論隋末唐初所謂「山東豪傑」〉與〈記唐代之李武韋楊婚姻集團〉兩篇學術論文，余英時先生早已指出其內容藏有弦外之音：

> 在他正式的史學論文中，《論韓愈》尤其值得重視。這是發表在有代表性的官方期刊上面（《歷史研究》第二期，一九五四年五月出版）的文字，其中自然涵有深意。這篇文章是和〈論唐高祖稱臣突厥事〉同一年寫成的。後者既有所指，前者也不會是無的放矢。事實上他的〈論隋末所謂「山東豪傑」〉（一九五一年八月作，《嶺南學報》十二卷一期，一九五二年六月出版）和〈記唐代之李武韋楊婚姻集團〉（一九五二年夏作，《歷史研究》第一期，一九五四年二月出版）也都是反應世變的敏感文字。[18]

事實上，兩篇論文分別針對共產黨及國民黨而發。

先論〈論隋末唐初所謂「山東豪傑」〉的內容。陳寅恪先生於文章開首這樣描述隋末唐初山東豪傑的特色：

> 隋末唐初之史乘屢見「山東豪傑」之語，此「山東豪傑」者乃

---

18 余英時，〈陳寅恪晚年詩文釋證〉，載氏著，《陳寅恪晚年詩文釋證》，頁118。

> 一胡漢雜糅,善戰鬥,務農業,而有組織之集團,常為當時政
> 治上敵對兩方爭取之對象。[19]

　　山東豪傑為「善戰鬥,務農業,而有組織之集團」,正與中共
紅軍的形象相符。陳先生於文中曾稱山東豪傑為「農民武裝集團」
[20],這是中共史學的慣用語,亦與中共一向標榜紅軍由農工構成的
說法吻合。陳先生揭示山東豪傑「胡漢雜糅」的性質尤其值得我們
注意:中共自創立至1950年代一直受蘇聯控制及影響,其政治組織
制度更直接從蘇聯移植過來。陳先生於1955年甚至有「竟符崛地出
蒼鵝」之句,將中共比擬為胡化的政權,視共產黨征服大陸為一「五
胡亂華」之局[21]。陳先生一向以文化而非種族作為衡量中古胡漢之
別的準則,他以「胡漢雜糅」形容中共紅軍實在十分貼切。
　　〈論隋末唐初所謂「山東豪傑」〉一文中最值得注意的是以下
文字:

> 更有可注意者,隋末之亂首發於長白山諸豪,自非偶然之事。

19　陳寅恪,〈論隋末唐初所謂「山東豪傑」〉,載氏著,《金明館叢
　　稿初編》(北京:生活・讀書・新知三聯書店,2001),頁243。
20　陳寅恪:〈論隋末唐初所謂「山東豪傑」〉,載氏著,《金明館叢
　　稿初編》,頁253。陳先生早年曾以楊么比擬中共。陳先生1939年
　　〈夜讀《簡齋集》潭州諸詩感賦〉中「豈知楊獠舞多姿」便以南宋
　　時主張「均貧富」的楊么比擬中共。至1945年〈乙酉七七日,聽人
　　說《水滸新傳》,適有客述近事感賦〉中「妖亂豫么同有罪」之句,
　　再次以楊么比擬中共,並對中共持批評態度。楊么及山東豪傑同樣
　　是中共史家筆下的農民武裝集團。胡文輝,《陳寅恪詩箋釋》(上),
　　頁198-200、350。
21　余英時,〈後世相知或有緣〉,載氏著,《陳寅恪晚年詩文釋證》,
　　頁287-288。

隋末暴政全國人民同受其害，然上之壓力其寬猛不必各地皆同
一程度，而下之抵抗者亦有強悍柔懦及組織堅固與否之分別。
隋末此區域非重兵鎮壓之地，而諸豪又為強悍而較有組織之集
團，是以能首發大難，其不轉向西北而直趨東南者，其以江、
淮為財富之地，當時全國武力又方用於攻高麗，江、淮一隅阻
遏力少，引誘力多之故歟？[22]

　　陳先生認為隋末山東豪傑於東北起兵後「不轉向西北而直趨東
南」，一方面是因為「江、淮為財富之地」、「引誘力多」，另一
方面是「當時全國武力又方用於攻高麗，江、淮一隅阻遏力少」。
頗疑陳先生欲借古事以揭示中共崛起的歷史：隋末唐初山東豪傑之
拓展方略，與中共於1929-1934年此段重要發展時期的行軍部署頗有
契合之處。
　　先分析毛澤東於1929至1934年的軍事部署。毛澤東於1930年1
月5日曾寫下〈星星之火，可以燎原〉的長文，提及紅軍早於1929
年4月已訂下「在國民黨軍閥長期戰爭期間，我們要和蔣桂兩派爭取
江西，同時兼及閩西、浙西」的戰爭方略[23]：

　　蔣桂部隊在九江一帶彼此逼近，大戰爆發即在眼前。群眾鬥爭
　　的恢復，加上反動統治內部矛盾的擴大，使革命高潮可能快要
　　到來。在這種局面之下來布置工作，我們覺得南方數省中廣東
　　湖南兩省買辦地主的軍力太大，湖南則更因黨的盲動主義的錯

22 陳寅恪，〈論隋末唐初所謂「山東豪傑」〉，載氏著，《金明館叢
　　稿初編》，頁258-259。
23 中共中央毛澤東選集出版委員會，《毛澤東選集（一卷本）》（北
　　京：人民出版社，1964），頁109。

誤，黨內黨外群眾幾乎盡失。閩贛浙三省則另成一種形勢。第
一，三省敵人軍力最弱。浙江只有蔣伯誠的少數省防軍。福建
五部雖有十四團，但郭旅已被擊破；陳盧兩部均土匪軍，戰鬥
力甚低；陸戰隊兩旅在沿海從前並未打過仗，戰鬥力必不大；
只有張貞比較能打，但據福建省委分析，張亦只有兩個團戰力
較強。且福建現在完全是混亂狀態，不統一。江西朱培德、熊
式輝兩部共有十六團，比閩浙軍力為強，然比起湖南來就差得
多。[24]

　　毛澤東認為閩贛浙三省的軍政亂局導致「敵人軍力最弱」，這
正與隋末唐初山東豪傑因「江、淮一隅阻遏力少」、「非重兵鎮壓
之地」而進攻東南的考量相符。至於中共當時窺覬的閩贛浙三省雖
非南方最繁榮的「財富之地」，但毛澤東於1933年8月至1934年1月
曾接連發表〈必須注意經濟工作〉、〈我們的經濟政策〉等文章[25]，
屢次重申閩贛浙的經濟建設事業必須與革命戰爭互相配合，又多次
提及閩贛浙的農業及工業具發展潛力，這正見紅軍選擇以閩贛浙為
據點與「（經濟）引誘力多」不無關係[26]。此外，國民黨主力軍隊
於1930年代初已集結東北進行中原大戰，其後九一八事變的爆發更
為中國東北邊防構成沉重壓力，這亦與「全國武力又方用於攻高麗」

24　中共中央毛澤東選集出版委員會，《毛澤東選集（一卷本）》，頁
　　108-110。
25　中共中央毛澤東選集出版委員會，《毛澤東選集（一卷本）》，頁
　　113-130。
26　毛澤東，〈必須注意經濟工作〉，載中共中央毛澤東選集出版委員
　　會，《毛澤東選集（一卷本）》，頁117；毛澤東，〈我們的經濟
　　政策〉，載中共中央毛澤東選集出版委員會，《毛澤東選集（一卷
　　本）》，頁129。

的情況若合符節。中共於1929-1934年的行軍部署與隋末唐初山東豪傑的行動正有契合之處。

由此推斷，陳寅恪先生很可能藉〈論隋末唐初所謂「山東豪傑」〉一文，從社會經濟因素解釋中共之崛起。陳先生早於1941年《唐代政治史述論稿》已提出「外族盛衰之連環性」的著名論斷，借外患引發唐室內憂預示抗日戰爭對國民黨統治的負面影響[27]。而中共乘日本侵華之際採取「不轉向西北而直趨東南」的方略，則成功於南方建立軍事據點，奠定中共發展及壯大的基礎。陳先生治史一向重視社會經濟因素在歷史進程中的基本作用[28]，〈論隋末唐初所謂「山東豪傑」〉一文正是從社會經濟因素解釋中共崛起之因。

〈論隋末唐初所謂「山東豪傑」〉指向中共的崛起，〈記唐代之李武韋楊婚姻集團〉則指向國民黨蔣宋集團的衰落。陳寅恪先生於文中提出李武韋楊婚姻集團的本質為政治聯盟：

> 武士彠在隋世乃一富商，必無與觀王雄家聯姻之資格。其娶楊在隋亡以後，蓋士彠以新朝貴顯娶舊日宗室，藉之增高其社會地位，此當時風俗所使然。[29]

陳先生其實是借李武的政治婚姻比擬蔣宋的政治婚姻。關於蔣宋婚姻的政治性質，史家多有論述。荷蘭漢學家方德萬（Hans J. van

27 余英時，〈陳寅恪的學術精神和晚年心境〉，載氏著，《陳寅恪晚年詩文釋證》，頁22。
28 余英時，〈陳寅恪的學術精神和晚年心境〉，載氏著，《陳寅恪晚年詩文釋證》，頁9-10。
29 陳寅恪，〈記唐代之李武韋楊婚姻集團〉，載氏著，《金明館叢稿初編》，頁273。

de Ven）這樣描述蔣宋於1927年聯婚的現實意義：

> 在軍界、上海金融和商界的個人關係使他敢於斷言，他需要確
> 保大多數有影響的部隊的效忠。蔣在1927年和宋美齡的婚姻表
> 明了這種關係的重要性，這是一家上海豪門和一個新升將領之
> 間的聯姻，對雙方都有明顯的好處。這一結合給予了蔣新的社
> 會威望並使他成為他的時代的名門的一分子。[30]

　　作為「新升將領」的蔣介石與「上海豪門」宋家聯姻，最終使
蔣介石的「社會威望」得以提升；這與武士彠以「新朝貴顯」娶「舊
日宗室」以「增高其社會地位」可謂如出一轍。

　　事實上，蔣宋婚姻帶有政治色彩不單是中外史家的普遍觀點，
亦是陳寅恪先生的一貫看法。陳先生於1944年及1945年的詩作已屢
次以李武韋楊婚姻集團比擬蔣宋婚姻。其時政壇傳言宋美齡因蔣介
石有外遇而遠走美國，陳先生遂屢用白居易〈長恨歌〉之典故，借
唐玄宗、楊貴妃的故事寫蔣介石、宋美齡的今事。如1944年〈聞道〉
中「金鈿何曾足重輕」之句，便以〈長恨歌〉入詩，表達「蔣、宋
之間，政治利益為重，兩人舊情為輕」的看法[31]。陳先生於1945年
再賦詩〈十年詩，用聽水齋韻〉，胡文輝考出「擘釵合鈿緣何事，
換羽移宮那自由」二句，首句借用白居易〈長恨歌〉及陳鴻《長恨
歌傳》中對唐玄宗及楊玉環的描述，喻蔣宋重歸於好；次句則謂「蔣

30　方德萬（Hans J. van de Ven）著、胡允桓譯，《中國的民族主義和
　　戰爭（1925-1945）》（北京：生活・讀書・新知三聯書店，2007），
　　頁180-181。
31　胡文輝，《陳寅恪詩箋釋》（上），頁277。

宋之間本屬政治聯姻，故兩人因政治利益自不能輕言離異。」[32]陳
先生在詩中的預言於翌年應驗：宋美齡雖因感情問題於1944年赴
美，但至1945年已歸回中國並與蔣介石重修舊好。1945年〈新清平
調一首〉中「果是佳期更及期」之句，胡文輝便認為陳先生在暗指
蔣、宋因政治勝利而和好如初[33]。陳先生在詩中屢次以政治婚姻論
蔣、宋之離合，又以李武韋楊婚姻集團成員的關係比擬蔣宋婚姻，
可見〈記唐代之李武韋楊婚姻集團〉的內容極可能指向國民黨的蔣
宋婚姻集團。

〈記唐代之李武韋楊婚姻集團〉中有一段文字值得我們留意：

> 綜括言之，此一集團武曌創組於大帝之初，楊玉環結束於明皇
> 之末者也。唐代自高宗至玄宗為文治武功極盛之世，即此集團
> 居最高統治地位之時，安祿山亂起，李唐中央政府已失統治全
> 國之能力，而此集團之勢力亦衰竭矣。[34]

文中指出李武韋楊婚姻集團的勢力於安史之亂後開始衰竭，正
與陳先生認定抗日戰爭將引發中國及國民黨內憂的判斷暗合[35]。陳
先生曾多次於詩文中論及抗戰後的國民黨必敗無疑，如早於1932年4
月發表的〈高鴻中明清和議條陳殘本跋〉，已預言九一八事變後的

32　胡文輝，《陳寅恪詩箋釋》（上），頁335-336。

33　胡文輝，《陳寅恪詩箋釋》（上），頁420-421。

34　陳寅恪，〈記唐代之李武韋楊婚姻集團〉，載氏著，《金明館叢稿
　　初編》，頁295。

35　胡文輝指出，陳先生常借用唐代安史之亂的歷史論抗日戰爭如何釀
　　成悲劇，甚至作出「安史之亂造成的人間『長恨』，而抗戰時代亦
　　為現代的『長恨』」的判斷。胡文輝，《陳寅恪詩箋釋》（上），
　　頁279。

國民黨會步上昔日明室的後塵：在「外見迫於遼東，內受困於張李」
的情況下陷入「既不能力戰，又不敢言和」之困局，埋下「亡其國」
的種子[36]。1944年〈阜昌〉「一局收枰勝屬誰」之句，亦反映陳先
生早已預見蔣介石於抗戰後的窘境[37]。至1945年陳先生作〈讀吳其
昌撰梁啟超傳書後〉一文，更暗指國民黨政權於抗戰後已漸趨渙散
[38]。同年〈乙酉七七日，聽人說水滸新傳，適有客述近事感賦〉一
詩中，「戰和飛檜兩無成」一句以岳飛喻蔣介石的國民政府、以秦
檜喻汪精衛在南京的所謂「和平政權」[39]，並以「兩無成」預言經
歷抗戰後的國民黨政權亂象已顯、難以收拾戰後殘局[40]。

　　伴隨著國民黨落入窘境，蔣宋集團的勢力亦告衰竭，並逐漸失
去「統治全國之能力」。上段引錄陳寅恪先生於1944年至1945年論
及蔣、宋婚姻的詩作，正見此婚姻集團的內部關係於抗戰晚期已不
再鞏固。陳先生於1947年的〈無題〉詩（副題為「咏張群內閣」），
有「文君幽恨鳳弦深」之句，胡文輝認為「此句表面形容開頭兩句
的怨女，指情郎另有所愛，實比喻蔣介石此時另擇阿嬌，拋棄原來
的行政院長宋子文」[41]，這表明蔣宋聯盟已於抗戰後漸趨瓦解，宋
子文亦於1947年3月1日辭去行政院長一職，可見「安祿山亂起，李

36　陳寅恪，〈高鴻中明清和議條陳殘本跋〉，載氏著，《金明館叢稿
　　二編》，頁146。此點首先由余英時先生點破，參余英時，〈陳寅
　　恪的學術精神和晚年心境〉，載氏著，《陳寅恪晚年詩文釋證》，
　　頁28。
37　胡文輝，《陳寅恪詩箋釋》（上），頁288-291。
38　胡文輝，《陳寅恪詩箋釋》（上），頁397。
39　余英時，〈試述陳寅恪的史學三變〉，載氏著，《陳寅恪晚年詩文
　　釋證》，頁350。
40　胡文輝，《陳寅恪詩箋釋》（上），頁350-351。
41　胡文輝，《陳寅恪詩箋釋》（上），頁448。

唐中央政府已失統治全國之能力，而此集團之勢力亦衰竭矣」之故事已於抗戰後的中國重現。沒有陳先生驚人的史學洞察力，是很難從古今對比中得出這樣具啟發性的歷史結論的。

最後，我願意就陳寅恪先生於1951年至1952年間撰寫的一系列學術論文，按其結構及排列作出大膽的推測。讓我先將五篇陳先生連續寫成的論文排列如下：

〈論唐高祖稱臣突厥事〉1951年春作
〈論隋末唐初所謂「山東豪傑」〉1951年八月作（初編）
〈論韓愈〉1951年冬作
〈記唐代之李武韋楊婚姻集團〉1952年夏作（初編）
〈述東晉王導之功業〉1952作（初編）

這五篇論文分而觀之，是一篇篇純學術性的中古史考據之作；但這五篇文章實際上均是反應世變的敏感文字，充分流露出陳先生對世事的關懷。余英時先生早已指出〈論唐高祖稱臣突厥事〉針對毛澤東向蘇聯「一面倒」的政策而發，暗批中共未能堅守民族獨立的原則[42]。〈論韓愈〉則是陳先生的中國文化宣言，文中高舉必須嚴守民族文化「大防」的論調[43]。〈述東晉王導之功業〉一文亦意有所指，該文結尾有以下一段說話：

王導之籠絡江東士族，統一內部，結合南人北人兩種實力，以

---

42 余英時，〈陳寅恪的學術精神和晚年心境〉，載氏著，《陳寅恪晚年詩文釋證》，頁25-26。

43 余英時，〈陳寅恪晚年詩文釋證〉，載氏著，《陳寅恪晚年詩文釋證》，頁118-120。

抵抗外侮，民族因得以獨立，文化因得以續延，不謂民族之功
臣，似非平情之論也。[44]

胡文輝指出陳先生於「此處用近代新名詞，有借評論王導以影
射蔣介石之意。蔣氏聯共抗日，亦猶王導之籠絡南方士族，以共禦
外侮；至於維持民族獨立，延續中國文化，不正是蔣氏之功嗎？」[45]
胡氏可謂準確掌握此文命意所在。

若我們將這五篇論文合而觀之，其中的脈絡是相當分明的：

〈論唐高祖稱臣突厥事〉：批評毛澤東未能堅守民族文化的獨
　　立
〈論隋末唐初所謂「山東豪傑」〉：從社會經濟因素論共產黨
　　之興起
〈論韓愈〉：陳寅恪的中國文化宣言，提出嚴守民族文化「大
　　防」
〈記唐代之李武韋楊婚姻集團〉：從抗日戰爭論國民黨之敗
〈述東晉王導之功業〉：讚揚蔣介石維持民族獨立、延續中國
　　文化之功

五篇論文以〈論韓愈〉為中心，闡述陳寅恪先生「中國文化本
位論」的一貫主張。這一主張帶出首尾兩篇論文的要旨：毛澤東因
未能堅守民族文化的獨立而被痛批、蔣介石則因維持民族獨立、延

44　陳寅恪，〈述東晉王導之功業〉，載氏著，《金明館叢稿初編》，
　　頁77。
45　胡文輝，《陳寅恪詩箋釋》（上），頁421。

續中國文化有功而被肯定。然而，國民黨最終因日本侵華引發內憂，共產黨則乘此良機得以日益坐大，最後更成功統治大陸。合讀這五篇文章，我們可發現陳先生已將共勝國敗及兩黨對民族文化的功過道出。余英時先生曾謂陳先生的文章神龍見首不見尾，非虛言也。

四、〈論李栖筠自趙徙衛事〉

〈論李栖筠自趙徙衛事〉一文作於1952年12月[46]，藉分析李栖筠於安史之亂前已捨棄鄉邑出走他地一事，道出河北地區於開元晚世胡化已深的史實。茲節引原文大旨如下：

> 於是河北之地，至開元晚世，約二十年間，諸胡族入居者日益眾多，喧賓奪主，數百載山東士族聚居之舊鄉，遂一變而為戎區。辛有見被髮野祭於伊川，實非先兆，而成後果矣。夫河北士族大抵本是地方之豪強，以雄武為其勢力之基礎，文化不過其一方面之表現而已。今則忽遇塞外善於騎射之胡族，土壤相錯雜，利害相衝突，卒以力量不能敵抗之故，惟有捨棄鄉邑，出走他地之一途。[47]

陳先生於篇末有以下結語：

> 斯則中古政治社會上之大事變，昔人似未嘗注意，故因李栖筠

---

46 蔣天樞，《陳寅恪先生編年事輯》，頁202。
47 陳寅恪，〈論李栖筠自趙徙衛事〉，載氏著，《金明館叢稿二編》，頁5。

自趙徙衛事，略發其覆如此，以待治國史考世變之君子論定焉。
[48]

　　陳先生特別留下「考世變」之言，已向讀者暗示此文有強烈的
現實關懷在其中。我認為陳先生是借李栖筠自趙徙衛一事，抒發自
己於1949年後被迫流寓嶺南的感慨。

　　李栖筠自趙徙衛一事與陳寅恪先生於1949年後的處境若合符
節。首先，陳先生於1949年後與李栖筠同樣「捨棄其祖塋舊宅」而
他徙。眾所周知，陳先生的祖塋位處杭州[49]，他早於1946年已有定
居南京之念。據陳先生弟子楊聯陞教授回憶，該年4月二人於美國相
會時，陳先生已云「回國後擬在南京定居」[50]。陳先生於1949年後
仍然以養老杭州為心願，陳先生眾女兒的回憶可印證此點：

　　上世紀五十年代，父親對美延入上海復旦大學讀書極為贊許，
　　多次同她談過，美延畢業後最好能在滬杭一帶工作，而父親願
　　像朱師轍（少濱）先生那樣，退休即卜居杭州養老，百年後附
　　葬於父母兄長身旁。身後安葬杭州祖塋，這是父親生前多年的
　　心願。[51]

48　陳寅恪，〈論李栖筠自趙徙衛事〉，載氏著，《金明館叢稿二編》，
　　頁8。
49　1948年夏，陳三立靈柩運到杭州，「終於與祖母俞明詩合葬於九溪
　　十八澗的牌坊山。」陳流求、陳小彭、陳美延，《也同歡樂也同愁：
　　憶父親陳寅恪母親唐篔》，頁226。
50　楊聯陞，〈陳寅恪先生隋唐史第一講筆記〉，載陳寅恪，《講義及
　　雜稿》（北京：生活·讀書·新知三聯書店，2001），頁486。
51　陳流求、陳小彭、陳美延，《也同歡樂也同愁：憶父親陳寅恪母親
　　唐篔》，頁226。

　　陳先生1949年後不少詩作均寄有此意，如1953年〈次韻和朱少濱癸巳杭州端午之作〉便有「錢塘真合是吾鄉」之句，可見陳先生有歸隱杭州之意[52]。然而，陳先生最終卻隨李栖筠之踪，被迫「捨棄鄉邑出走他地」。陳先生於1952年〈壬辰廣州元夕，收音機中聽張君秋唱祭塔〉中有「天涯誰共傷羈泊，出得京城了此身」之句，感歎自己未能返杭州定居，只能羈泊嶺南[53]。至1953年〈客南歸述所聞，戲作一絕〉有「可憐鳩舌空相問，不識何方有鑒湖」之句，明言其終老杭州的願望已成空[54]。〈論李栖筠自趙徙衛事〉一文寫於此系列詩作的前後，其被迫「捨棄鄉邑出走他地」的感歎可謂一以貫之。

　　此外，陳寅恪先生與李栖筠同樣因文化變遷的緣故而被迫離鄉他徙。陳先生指出，中古士人「其祖墳住宅及田產皆有連帶關係」，「故其家非萬不得已，決無捨棄其祖塋舊宅並與塋宅有關之田產而他徙之理」[55]；然李栖筠最終仍因河北地區於開元晚世漸染胡風，決定捨棄鄉邑出走他地。陳先生於1949年後同樣面對類似的文化變遷，但其激烈程度只有過之而無不及。

　　陳寅恪先生於1949年所作〈己丑元旦作，時居廣州康樂九家村〉一詩有「避秦心苦誰同喻」之句，胡文輝直指「詩中所避之秦，自

52　胡文輝，《陳寅恪詩箋釋》（下），頁704。
53　胡文輝，《陳寅恪詩箋釋》（下），頁653。
54　胡文輝，《陳寅恪詩箋釋》（下），頁740。陳先生至1965年亦有「鶯飛草長今何處，寒食清明又幾回」之句，抒發長年未能親赴其父之墓祭掃之嘆。參胡文輝，《陳寅恪詩箋釋》（下），頁1283。
55　陳寅恪，〈論李栖筠自趙徙衛事〉，載氏著，《金明館叢稿二編》，頁2。

指新政權無疑」[56]，這正見陳先生因不欲接近新政權而有「避秦」
之心[57]。至1951年，陳先生已對他所面對的文化變遷發出沉重的痛
辭。試看余英時先生的分析：

> 隨著時間的推移，陳先生的心境也變愈來愈沉重，這在他的詩
> 篇中流露得極其顯豁。一九五一年他聽說北京「琉璃廠書肆之
> 業舊書者悉改新書」，曾有詩云：「迂叟當年感慨深，貞元醉
> 漢託微吟。而今舉國皆沈醉，何處千秋翰墨林。」……北京琉
> 璃廠舊書肆是明清以來的一個文化中心，然而竟不能見容於新
> 政權，則中共對中國傳統文化的意態可以想見。陳先生的歷史
> 意識異常敏銳，由一葉之落即知秋之已至了。[58]

　　陳先生從「琉璃廠書肆之業舊書者悉改新書」一事，已敏銳地
察覺到中國傳統文化即將受到中共政治強力的摧殘。至1954年，陳
先生於《論再生緣》中抒發他的「興亡遺恨」，哀中國文化的基本

56　「避秦」另稿作「一生」，頗疑「一生」為諱改。參胡文輝，《陳
　　寅恪詩箋釋》（上），頁480。
57　陳寅恪先生於1949年後一直以流寓身分自居。1950年〈庚寅人日〉
　　一詩中「催歸北客心終怯」一句便以客自況。1954年〈戲和榆生先
　　生荔枝七絕〉又有「不如烟雨棄天南」之句，抒發自我放逐嶺南之
　　痛。1955年〈乙未五月朔，晚瑩生日賦贈〉更有「八年流寓又生辰」
　　之句，表明自己一直過著流寓的生活。此外，陳先生亦曾自比為戍
　　邊之罪人，如1950年〈庚寅廣州七夕〉一詩便以柳宗元被貶流寓柳
　　州自況。以上各詩的詳解可參胡文輝，《陳寅恪詩箋釋》（上），
　　頁476-477、480；胡文輝，《陳寅恪詩箋釋》（下），頁709、787、
　　873。
58　余英時，〈陳寅恪的學術精神和晚年心境〉，載氏著，《陳寅恪晚
　　年詩文釋證》，頁47-48。

價值已隨中共對蘇聯的一面倒而迅速逝去[59]。1955年陳先生更有「竟
符掘地出蒼鵝」之句，視當時中國為一「五胡亂華」之局[60]。陳先
生將中共比擬為胡化政權，則陳先生與李栖筠可謂面對類近的文化
變遷。陳先生之所以不願返杭州定居，正緣於他承受不了北方在極
權統治下所出現的文化變遷[61]。

抑更有可論者，陳寅恪先生於〈論李栖筠自趙徙衛事〉一文論
述李栖筠「捨棄鄉邑出走他地」的原委後，特別發掘李栖筠之祖父
輩「終身不仕」的特點：

> 河北士族不必以仕宦至公卿，始得稱華貴，即鄉居不仕，仍足
> 為社會之高等人物。蓋此等家族乃一大地主，終老鄉居亦不損
> 失其勢力，自不必與人競爭勝負於京邑長安洛陽也。……是栖
> 筠之父載，終身不仕，而地方官吏敬憚之如此，斯亦山東士族
> 本為地方豪強，不必以仕宦而保持其地位勢力之例證也……栖
> 筠之祖肅然，亦不仕進，其行事當與其子載相似。兩世如此，
> 足徵其家固不必以仕宦保持其社會地位也。[62]

陳先生指栖筠之祖肅然、父載之所以能夠終身不仕，全因李氏

---

59 余英時，〈陳寅恪《論再生緣》書後〉，載氏著，《陳寅恪晚年詩
　　文釋證》，頁235-237。

60 余英時，〈後世相知或有緣〉，載氏著，《陳寅恪晚年詩文釋證》，
　　頁287-288。

61 關於陳寅恪先生因文化變遷不願「北歸」，余英時先生早有詳盡討
　　論。參余英時：〈陳寅恪晚年詩文釋證〉，載氏著，《陳寅恪晚年
　　詩文釋證》，頁106-111。

62 陳寅恪，〈論李栖筠自趙徙衛事〉，載氏著，《金明館叢稿二編》，
　　頁6-7。

為山東豪強；其士族身分及文化傳承令他們「不必以仕宦而保持其
地位勢力」。頗疑陳先生在此借李栖筠家族的事蹟比擬自己的父祖，
並藉此推崇其先輩不願仕宦的氣節。

余英時先生早已指出，陳寅恪先生於晚年撰寫《寒柳堂記夢》
的深層動機，是「一而再、再而三地表彰他父親的『氣節』，即在
戊戌被革職後，再也不肯接受清廷的官職。」[63]陳寶箴於戊戌維新
後不再與聞政事，正與栖筠之父祖拒絕仕宦相近。陳寶箴的氣節為
其子陳三立（散原老人，即陳寅恪先生之父）所承。《一士類稿》
這樣描述陳三立的氣節與風骨：

> 昔年北政府盛時，閩贛派詩團優游於江亭後海，或沽上之中原
> 酒樓，往來頻數，酬唱無虛；陳則駐景南天，苃苃匡廬鍾阜間，
> 冥索狂探，自饒真賞。及戊辰首會遷移，故都荒落，詩人泰半
> 南去，此叟忽而北來，省其師陳弢庵，得「殘年小聚」之歡…
> 此中委曲，殆非世俗所能喻。而其支離突兀，掉臂游行，迴異
> 常人，尤可欽焉。[64]

陳三立於「北政府盛時」效法其父「絕不入帝京」，選擇「駐
景南天」，這豈非與李栖筠之父祖「不必與人競爭勝負於京邑長安
洛陽」十分相似？事實上，陳先生一生均追隨父祖輩的氣節，因此

63　余英時，〈陳寅恪與儒學實踐〉，載氏著，《陳寅恪晚年詩文釋證》，
　　頁294-295。
64　徐一士，《一士類稿》（北京：中華書局，2007），頁176-177。
　　周一良先生首先揭出此條資料。參周一良，〈紀念陳寅恪先生〉，
　　載《紀念陳寅恪教授國際學術討論會文集》（廣州：中山大學出版
　　社，1989），頁13。

才有1949年後堅拒出任第二歷史所所長職務之事。[65]試看周一良的
分析：

> 他本人又像歷來某些士大夫那樣，遠離現實政治，不願沾邊。
> 他自己明說，教書四十年，「只是專心教書和著作，從未實際
> 辦過事」。在舊中國，他雖長期擔任歷史語言研究所第一組（歷
> 史組）主任，卻始終住在清華園教書。在新中國，他堅辭第二
> 歷史所所長職務，始終不離廣州。此無它，不願居政治中心所
> 在的南京和北京也。[66]

　　「不願居政治中心所在的南京和北京」即避免「與人競爭勝負
於京邑長安洛陽」也。由此可見，陳先生一方面欲透過撰寫〈論李
栖筠自趙徙衛事〉一文以表彰父祖的氣節，另一方面則借此文感念
父祖輩的文化傳承，為自己得以與政治保持一定距離提供憑藉。[67]還
有一點值得注意，陳先生撰寫此文正值父親陳三立的百歲誕辰（陳
三立生於1852年10月）；陳先生會否在此事驅使下寫成〈論李栖筠
自趙徙衛事〉一文以懷緬先父的氣節？如以上推測屬實，則〈論李
栖筠自趙徙衛事〉可被視為《寒柳堂記夢》的前傳。

65　關於陳寅恪先生拒絕北歸出任第二歷史所所長職務，可參考陸鍵
　　東，《陳寅恪的最後二十年》（北京：生活‧讀書‧新知三聯書店，
　　1995），頁95-121。

66　周一良，〈紀念陳寅恪先生〉，載《紀念陳寅恪教授國際學術討論
　　會文集》，頁12-13。

67　逯耀東便認為陳寅恪先生對任何現實政權均採取消極不合作的態
　　度、自逐於現實政治的紛紜之外，多少受到其父親陳三立的感染。
　　參逯耀東，〈陳寅恪的「不古不今」之學〉，載氏著，《胡適與當
　　代史學家》（台北：東大圖書公司，1998），頁216-217。

　　然而，陳寅恪先生與李栖筠一樣面對家族衰敗、被迫捨棄鄉邑
出走他地之窘境。陳寅恪一段論李栖筠的文字值得我們特別注意：

> 李栖筠既不得已捨棄其累世之產業，徙居異地，失其經濟來源，
> 其生計所受影響之鉅，自無待言。又旅居異地，若無尊顯之官
> 職，則并其家前此之社會地位亦失墜之矣。[68]

　　李栖筠因失其家業，於旅居異地時唯有選擇出仕以維持其家族
的社會地位及生活；事實上陳先生亦有類似遭遇。陳先生於1954年
曾賦詩〈答龍榆生〉，胡文輝這樣釋讀「難同夷惠論通介，絕異韓
蘇感謫遷」之句：

> 當時的經濟社會亦已全歸黨國統一，陳氏雖然謝絕歷史研究所
> 所長職位，終不能脫離大學職位；教授職位雖非行政職務，但
> 亦已納入官方體系，故陳氏雖不願仕，終不能隱，屈身官方化
> 的學院正近於「不夷不惠」之間。[69]

　　陸鍵東指出，陳先生於1950年8月已被中共委任為中國史學會廣
州分會的委員[70]，馮衣北亦曾指陳先生曾被中共任命為科學院的學
部委員、人民政協委員和中央文史研究館副館長[71]。正如余英時先

68　陳寅恪，〈論李栖筠自趙徙衛事〉，載氏著，《金明館叢稿二編》，
　　頁8。
69　胡文輝，《陳寅恪詩箋釋》（下），頁760。
70　陸鍵東，《陳寅恪的最後二十年》，頁264。
71　余英時，〈陳寅恪晚年心境新證〉，載氏著，《陳寅恪晚年詩文釋
　　證》，頁136。

生所言，這些中共官方發表的名義並不可以構成陳先生「認同」與
「靠攏」中共的證據[72]，但這同時表示陳先生已被迫「納入官方體
系」。余英時先生斷言陳先生把「出處」看得非常認真[73]，他對於
被迫納入官方體系必然感到萬分委屈。在中共全能主義的籠罩下，
一向強調獨立的知識人已難逃中共的天羅地網，知識人不依附單位
而生存幾乎是不可能發生的。陳先生「雖不願仕，終不能隱」，於
中共極權統治下未能完全獨立於官方體系而自存；這很可能就是〈論
李栖筠自趙徙衛事〉一文命意所在。

五、〈書杜少陵哀王孫詩後〉

　　〈書杜少陵哀王孫詩後〉一文作於1953年4月[74]，文章重點是釋
杜甫〈哀王孫〉「朔方健兒好身手，昔何勇銳今何愚」中的「朔方
健兒」究竟何所指。在徵引史料說明「朔方健兒」指向同羅部落後，
陳寅恪先生於文末作出總結：

> 同羅昔日本是朔方軍勁旅，今則反覆變叛，自取敗亡，誠可謂
> 大愚者也……少陵之意蓋謂同羅部落夙畏回紇，既已叛去，不
> 復為安氏守長安矣。今唐兵又將引回紇部眾以收西京，長安精
> 銳守兵，唯餘甚畏回紇之奚部落，回紇一至，奚必奔潰也。[75]

72　余英時，〈陳寅恪晚年心境新證〉，載氏著，《陳寅恪晚年詩文釋
　　證》，頁136。
73　余英時，〈陳寅恪晚年詩文釋證〉，載氏著，《陳寅恪晚年詩文釋
　　證》，頁107。
74　蔣天樞，《陳寅恪先生編年事輯》，頁202。
75　陳寅恪，〈書杜少陵哀王孫詩後〉，載氏著，《金明館叢稿二編》，

細按文章的內容和撰寫時間，頗疑這是陳先生為預測韓戰結局而特別撰寫的文章。眾所周知，蘇聯對韓戰的取態因斯大林於1953年3月5日逝世而急速轉變。斯大林在世時一直堅持強硬路線，反對在韓戰中向美國示弱[76]，目的是要將美國長期拖在朝鮮戰場[77]；然而斯大林猝逝改變了戰爭的走向。蘇聯在新領導上任後迅速改變對韓戰的立場，最終促成同年7月停戰協定的簽署。陳先生在此很可能以昔日的同羅部落比擬當時的蘇聯，暗指蘇聯「反覆變叛，自取敗亡」。

這篇文章之所以推斷為針對韓戰而發，是有充足的理由的。第一，陳寅恪先生一向對韓戰走向極為關心[78]。余英時先生指出，陳先生於1951年的〈辛卯七夕〉及1953年的〈癸巳七夕〉均咏板門店和談，一在和談之始（1951年7月間），一在停戰簽字之後（1953年7月27日）[79]。此外，陳先生於1953年亦曾賦詩〈熱不成寐次少老聞停戰詩韻〉，評論韓戰的停戰協定[80]。陳先生於學術論文中暗論韓戰是不希奇的。

(續)────────────────

頁64。

76 楊奎松，《革命（二）：毛澤東與莫斯科的恩恩怨怨》（桂林：廣西師範大學出版社），頁391-393。

77 沈志華，《毛澤東、斯大林與朝鮮戰爭》（香港：全球防務出版公司，2017），頁334。

78 據陳寅恪先生晚年助手黃萱回憶，陳先生「對於抗美援朝的勝利，給予很高的評價，認為這是大膽而且得策的進軍」，這反映陳先生一直關心韓戰走向。黃萱，〈懷念陳寅恪教授：在十四年工作中的點滴回憶〉，收錄於錢文忠編，《陳寅恪印象》，頁176。

79 余英時，〈陳寅恪晚年詩文釋證〉，載氏著，《陳寅恪晚年詩文釋證》，頁74-79。

80 胡文輝，《陳寅恪詩箋釋》（下），頁711。

　　第二，陳寅恪先生以同羅部落比擬蘇聯，與其暗碼系統有關。余英時先生指出，陳先生1951年〈辛卯七夕〉中「難暖羅衾夢未成」中的「羅」即指俄羅斯；而1953年〈癸巳七夕〉中「離合佳期又玉京」中的「玉京」，依道家之說乃在「大羅天之上」，暗含俄羅斯之「羅」[81]。陳寅恪先生1956年所作〈丙申（1956年）春偶讀杜詩「唯見林花落」之句戲成一律〉中「休問大羅雲外事」中的「羅」，亦暗指俄羅斯[82]。按此推論，陳先生很可能刻意選取同羅部落的故事比擬蘇聯在韓戰的表現，因同羅之「羅」即俄羅斯之「羅」也。

　　第三，陳寅恪先生於〈書杜少陵哀王孫詩後〉中曾論同羅部落與安祿山發動叛亂的情況：「安祿山雖久蓄異謀，然不得同羅部落為其軍隊主力，恐亦未敢遽發大難。」[83]同羅部落既指蘇聯，安祿山則暗指北韓。韓戰研究專家沈志華指金日成一直懷有「統一朝鮮半島的堅定信念」[84]，這與「安祿山久蓄異謀」的描述吻合。此外，北韓政府的軍事行動正是得到斯大林的支持才能正式展開[85]，這正與「然不得同羅部落為其軍隊主力，恐亦未敢遽發大難」的情形頗為相似。更重要的是，陳寅恪先生一直認為蘇聯為朝鮮戰爭的發動者。余英時先生分析〈辛卯七夕〉「難暖羅衾夢未成」一句，便得出「陳先生判斷發動戰爭的原動力來自蘇聯，但是好夢並未實現」

81　余英時，〈陳寅恪晚年詩文釋證〉，載氏著，《陳寅恪晚年詩文釋　　證》，頁76。

82　余英時，〈陳寅恪晚年詩文釋證〉，載氏著，《陳寅恪晚年詩文釋　　證》，頁81。

83　陳寅恪，〈書杜少陵哀王孫詩後〉，載氏著，《金明館叢稿二編》，　　頁63。

84　沈志華，《毛澤東、斯大林與朝鮮戰爭》，頁145-166。

85　沈志華，《毛澤東、斯大林與朝鮮戰爭》，頁189-211。

的結論[86]。由此可見，以上解釋與陳先生對韓戰的一貫看法吻合，
並不至於穿鑿難通。

第四，文中提及的回紇亦有所指。陳寅恪先生指「同羅部落夙
畏回紇」，又謂「唐兵又將引回紇部眾以收西京」，則回紇應指美
國。陳先生早於1948年的詩作〈丁亥除夕作〉便曾借回紇喻美國。
胡文輝指出，詩中「至德收京回紇馬」一句，正是以回紇助唐室收
復長安後大肆搶掠的故事，譏諷美國在抗戰後於中國橫行霸道[87]。
由此可見，〈書杜少陵哀王孫詩後〉中的回紇很可能暗指美國。

第五，陳寅恪先生撰寫此文與杜甫作〈哀王孫〉一樣，同為推
理料事之作。陳先生指出：

> 少陵當日在安氏勢力統治下，得此消息（按：即同羅部落叛去
> 的消息），密告李唐宗室之留陷長安者，所以深慰之，且諄戒
> 其勿洩也。[88]

陳先生認為杜甫得悉同羅部落叛去的消息後，已準確預測唐室
將能收復長安；這正是〈哀王孫〉中「竊聞天子已傳位，聖德北服
南單于。花門剺面請雪恥，慎勿出口他人狙」之確解[89]。正因為此，

---

86 余英時，〈陳寅恪晚年詩文釋證〉，載氏著，《陳寅恪晚年詩文釋
   證》，頁76。

87 胡文輝，《陳寅恪詩箋釋》（上），頁455。胡文輝同時指出，時
   人多以回紇暗喻幫助中國打敗日本的美國，可見以回紇喻美國為當
   時文人的慣用比喻。見胡文輝，《陳寅恪詩箋釋》（上），頁431。

88 陳寅恪，〈書杜少陵哀王孫詩後〉，載氏著，《金明館叢稿二編》，
   頁63。

89 陳寅恪，〈書杜少陵哀王孫詩後〉，載氏著，《金明館叢稿二編》，
   頁63。

陳先生於文末併論杜甫及王維時，曾推許杜甫「善於說理」：

> 殊不知摩詰藝術禪學，固有過於少陵之處，然少陵推理之明，料事之確，則遠非右丞所能幾及。[90]

其實陳先生〈書杜少陵哀王孫詩後〉一文亦為推理料事之作。按蘇聯對韓戰的取態雖因1953年3月5日斯大林猝世而改變，然因中、美雙方未能就戰俘問題達成共識，板門店談判要延至4月下旬才正式恢復，至7月參戰國始正式簽署停戰協定。陳先生於當日未必深知會談的具體細節，但他對世變的敏銳觀察已使他於4月作出「長安精銳守兵，唯餘甚畏回紇之奚部落，回紇一至，奚必奔潰也」的判斷，最終中國（即〈哀王孫〉中的奚）亦為避免「奔潰」而同意結束韓戰。陳先生「推理之明，料事之確」，實非一般史家所能企及。

陳寅恪先生於1953年借〈書杜少陵哀王孫詩後〉一文暗論韓戰，實大大犯下時忌。陳先生《論再生緣》未能正式出版的其中一個重要原因，正是文中「間敘朝鮮戰爭」[91]。陳先生在〈書杜少陵哀王孫詩後〉中竟以「昔何勇銳今何愚」暗諷蘇聯在韓戰中「反覆變叛，自取敗亡」，其為文的確是徹底的「欠砍頭」。

90 陳寅恪，〈書杜少陵哀王孫詩後〉，載氏著，《金明館叢稿二編》，頁64。
91 關於《論再生緣》因論及韓戰而未能順利出版，參徐慶全，〈陳寅恪《論再生緣》出版風波〉，載周言編，《陳寅恪研究：反思與展望》（北京：九州出版社，2013），頁195-208。

六、〈書世說新語文學類鍾會四本論始畢條後〉

　　〈書世說新語文學類鍾會四本論始畢條後〉一文作於1953年9月[92]。陳寅恪先生於文章開首即道出此文要旨：

> 寅恪昔年撰〈論陶淵明之思想與清談之關係〉一文，其大旨以
> 為六朝之清談可分前後兩期。後期之清談僅限於口頭及紙上，
> 純是抽象性質。故可視為言語文學之材料。至若前期之清談，
> 則為當時清談者本人生活最有關係之問題，純為實際性質，即
> 當日政治黨系之表現。故前期之清談材料乃考史論世者不可忽
> 視之事實也。世說此條之劉注實為前期清談重要資料，而昔年
> 之文所未及釋證者。今略論之，以補昔文所未備也。[93]

　　正如陳先生於文章開首所言，〈書世說新語文學類鍾會四本論
始畢條後〉的論旨於1943年所撰〈陶淵明之思想與清談之關係〉中
已發其端。此外，陳先生於1937年所撰〈逍遙遊向郭義及支遁義探
源〉中甚至已引用《世說新語》〈文學類〉「鍾會四本論始畢」條
的劉注及劉邵《人物志》〈材能篇〉之文，得出「性分才能大小宜
適諸問題……本是清議中具體事實之問題，今則變為抽象理論之問
題而已」的結論[94]。陳先生於1953年特撰〈書世說新語文學類鍾會

92　蔣天樞，《陳寅恪先生編年事輯》，頁202。
93　陳寅恪，〈書世說新語文學類鍾會四本論始畢條後〉，載氏著，《金
　　明館叢稿初編》，頁47。
94　陳寅恪，〈逍遙遊向郭義及支遁義探源〉，載氏著，《金明館叢稿
　　二編》，頁92-93。

四本論始畢條後〉一文再度發揮舊旨，我們必須留心此文是否藏有弦外之音。

文中最值得我們注意的是以下一段文字：

> 世說此條所記鍾士季畏嵇叔夜見難擲與疾走一事，未必盡為實錄，即令真有其事，亦非僅由嵇公之理窟詞鋒，使士季震懾避走，不敢面談。恐亦因士季此時別有企圖，尚不欲以面爭過激，遂致絕交之故歟？今考嵇、鍾兩人，雖為政治上之死敵，而表面仍相往還，終因毋丘儉舉兵，士季竟勸司馬氏殺害叔夜。世說記此一段逸事，非僅可供談助，而論古今世變者，讀書至此，亦未嘗不為之太息也。[95]

文中「世說記此一段逸事，非僅可供談助，而論古今世變者，讀書至此，亦未嘗不為之太息也」數句，發出對比今昔的感慨，明顯已為讀者留下線索，提醒後人〈書世說新語文學類鍾會四本論始畢條後〉一文有其借古諷今之意。陳寅恪先生的感慨源於《世說新語》的故事：鍾會（士季）欲將其所撰《四本論》贈予嵇康（叔夜），然因懼怕嵇康責難其論，因此只敢「於戶外遙擲，便回急走」。陳先生推測鍾會之所以有此異常舉動，除因震懾於「嵇公之理窟詞鋒」，亦因「士季此時別有企圖，尚不欲以面爭過激，遂致絕交之故」。按此文撰寫於1953年9月，頗疑陳先生以上所論之「今典」，為毛澤東與梁漱溟同月於全國政協常委擴大會議就過渡時間總路線

95　陳寅恪，〈書世說新語文學類鍾會四本論始畢條後〉，載氏著，《金明館叢稿初編》，頁55。

問題發言所引發的激烈衝突[96]。

　　這篇文字之所以推測為針對毛、梁二人的衝突而發，有以下數方面原因。首先，鍾、嵇之關係與毛、梁之關係頗有類近之處。眾所周知，梁漱溟於1938年1月曾到延安探訪毛澤東，並與毛澤東交換中國社會發展道路的意見。梁漱溟所持主張見於《鄉村建設理論》，其內容如毛澤東所言是走改良主義的路，並與毛澤東主張進行社會及農村革命的主張截然不同。事實上，近代中國改良與革命之爭論正類近於魏晉時期談才性離合異同的四本論，因改良、革命間的意見之爭某程度亦帶有政治黨派鬥爭之色彩。毛、梁二人的主張於1938年已南轅北轍，但毛澤東「尚不欲以面爭過激」，表面上與梁漱溟「仍相往還」，這完全是因為毛澤東「此時別有企圖」，欲塑造中共開明的形象以招納知識人為共產黨效力。毛、梁此時的交往與鍾、嵇最初「仍相往還」頗有契合之處。

　　至1949年國共內戰後期，梁漱溟曾多次發表文章討論時局，如1949年1月22日於《大公報》發表〈過去內戰的責任在誰？〉一文，敦促毛澤東盡快停戰[97]。至同年2月13日，梁漱溟於《大公報》再發表〈敬告中國共產黨〉，重申他不同意共產黨「濫用武力」，並引用他於十年前與毛澤東的對話，期望毛澤東能「自我檢討、自我批評」共產黨使用武力的政策[98]；這些言論明顯已走向共產黨的反面。

96　關於毛、梁衝突的始末，可參戴晴、鄭直淑、章含之合著，《梁漱溟、章士釗與毛澤東》（香港：香港達藝出版社，1988），頁19-27。

97　梁漱溟，〈過去內戰的責任在誰？〉，載中國文化書院學術委員會編，《梁漱溟全集（第六卷）》（濟南：山東人民出版社，1993），頁795。

98　梁漱溟，〈敬告中國共產黨〉，載中國文化書院學術委員會編，《梁漱溟全集（第六卷）》，頁806-807。

梁漱溟於該文同時呼籲毛澤東容納異己。其文曰：

> 今天中共既在勢力上若將領導全國，自己亦聲言要領導全國，
> 同時又始終在以「聯合」「民主」相號召（未曾宣稱一黨專政），
> 我就要求作一諍友。類如我說不要再打的話，應該不犯「反革
> 命」之罪。[99]

　　梁漱溟甚至以中共容不下「中間路線」以證共產黨「似乎容納
異己的空氣太缺乏」；這與毛澤東強調「人民民主專政」、極力「剝
奪反動派的發言權」的主張明顯格格不入[100]。中共建國後，梁漱溟
拒絕加入共產黨，一直以黨外人士自居，這在毛澤東眼中是絕對不
能接受的。毛澤東於建國後致力將中國改造成一個全控型國家，並
將全體知識人整合進黨國的官僚體系之中，其目的是要知識人對體
制產生一種依附關係[101]。然而梁漱溟卻拒絕成為體制化的知識人，
這已使他成為社會主義的敵人了。由此可見，毛澤東與梁漱溟在新
中國成立前後已是「政治上之死敵」。1953年梁漱溟於全國政協常
委擴大會議就過渡時間總路線問題發言，直斥中共建國後的農村政
策忽略了農民需要，使農民生活太苦。已取得絕對權力的毛澤東已
不用再對梁漱溟掩飾，因此立即如昔日「士季竟勸司馬氏殺害叔夜」
一樣，向梁漱溟展露其專權的真面目。

99　梁漱溟，〈敬告中國共產黨〉，載中國文化書院學術委員會編，《梁
　　漱溟全集（第六卷）》，頁804。
100　毛澤東，〈論人民民主專政〉，載中共中央毛澤東選集出版委員會，
　　《毛澤東選集（一卷本）》，頁1480。
101　金耀基，〈國家社會主義與中國知識分子〉，載氏著，《中國政治
　　與文化》（香港：牛津大學出版社，2017），頁51-56。

　　論者或曰：毛、梁雖為「政治上之死敵」，但我們如何能夠確
定陳寅恪先生於〈書世說新語文學類鍾會四本論始畢條後〉中的今
典就是指向毛、梁？首先，陳先生一直關注民主黨派於1949年後的
動態，1953年詩作「閉口休談作啞羊」之句便是陳先生因民主黨派
對國事噤聲不言而作出的嚴厲批評[102]。同年陳先生與汪籛會面時曾
連續兩天「『怒罵』那些與他相熟、並加入了民主黨派的朋友，稱
之為『無氣節、可恥』，比喻為『自投羅網』」[103]，可見陳先生充
分了解民主黨派人士於1949年後的舉動。至1961年9月，吳宓南下廣
州與陳先生會面，陳先生在吳宓面前「專述十二年來身居此校『威
武不能屈』之事實，故能始終不入民主黨派，不參加政治學習」[104]，
亦能見陳先生對民主黨派的厭惡。從陳先生對時局的熟悉和關心，
可以推想他必定對梁漱溟於1949年後拒絕重新加入民盟之事有所聽
聞[105]。更重要的是，1953年的中國知識界在陳先生眼中早已陷於「舉
國皆沉醉」[106]之局，知識人中能與毛澤東成為「政治上之死敵」的
人其實不多，梁漱溟就是其中僅有的代表之一。這亦是〈書世說新
語文學類鍾會四本論始畢條後〉一文的內容指向毛、梁關係的旁證。

　　抑更有可論者，陳寅恪先生於〈書世說新語文學類鍾會四本論
始畢條後〉一文最後一段，特別發掘嵇康「忠於曹魏」的家族背景：

---

102 胡文輝，《陳寅恪詩箋釋》（下），頁707-708。
103 陸鍵東，《陳寅恪的最後二十年》，頁106。
104 吳宓，《吳宓日記續編（第五冊）》（北京：生活‧讀書‧新知三
　　聯書店，2006），頁161。
105 陳寅恪與梁漱溟早在抗戰初期已在桂林有所往來，其後在南京俞大
　　維家兩人又曾見面。參劉克敵，《陳寅恪和他的同時代人》（台北：
　　時英出版社，2007）。
106 胡文輝，《陳寅恪詩箋釋》（上），頁616-619。

抑更有可論者，嵇公於魏、晉嬗替之際，為反司馬氏諸名士之
首領，其所以忠於曹魏之故，自別有其他主因，而叔夜本人為
曹孟德曾孫女婿，要不為無關。清代呂留良之反建州，固具有
民族之意義，然晚村之為明室儀賓後裔，或亦與叔夜有類似之
感耶？因附論及之，以供治史論事之君子參證。

陳先生指出嵇康「曹孟德曾孫女婿」的身分使他成為「反司馬
氏諸名士之首領」，又引呂留良「明室儀賓後裔」的身分印證其反
清思想自有其家族淵源，頗疑有關考證亦帶有弦外之音。眾所周知，
梁漱溟之父梁濟（巨川）於1918年為護衛儒家道德傳統而自沉於北
平積水潭[107]，梁漱溟同情儒家的保守主義態度很大程度正承自其
父。1953年9月梁漱溟於擴大會議就過渡時間總路線問題發言後，毛
澤東曾這樣批評梁漱溟：

> 有人不同意我們的總路線，認為農民生活太苦，要求照顧農民。
> 這大概是孔孟之徒施仁政的意思吧。

梁漱溟於新中國成立後仍然堅持個人的原則與信仰，思想上仍
然傾向認同儒家的仁政德治，這正與其父梁濟堅守傳統中國文化的
精神暗合。陳先生特意於文末發掘嵇康「忠於曹魏」的家族背景，
會否正是向讀者留下線索，讓我們藉此聯想到梁濟、梁漱溟父子家
族承傳的儒學傳統？

---

107 林毓生，〈論梁巨川先生的自殺──一個道德保守主義含混性的實
例〉，載氏著，《中國傳統的創造性轉化》（北京：生活・讀書・
新知三聯書店，2011），頁233-257。

七、〈書魏書蕭衍傳後〉

　　〈書魏書蕭衍傳後〉作於1958年3月[108]，是陳寅恪先生最後一篇正式發表於學報的學術論文，與上一篇撰寫的單篇論文〈書世說新語文學類鍾會四本論始畢條後〉相距超過四年半。在此期間陳先生已用新的體裁完成《論再生緣》，而自1954年3月起更正式展開《柳如是別傳》的撰寫計劃。陳先生為何於1958年撰寫《柳如是別傳》期間突然寫下〈書魏書蕭衍傳後〉這篇短文？特別值得注意的是，陳先生於此文坦誠道出自己只是重彈舊調：

> 寅恪嘗論切韻與史實之關係，師丹老而健忘，未及取證魏書此傳。今為記之，並不避重錄昔日文中所引裴李兩之嫌，以資說明，藉補舊稿之疏漏。

　　陳先生於〈書魏書蕭衍傳後〉一文「不避重錄之嫌」，重複引錄〈從史實論切韻〉的證據（即《北齊書》〈裴讓之傳〉及《北史》〈儒林傳〉中的李業興傳略），而整文僅為其舊作〈從史實論切韻〉增添《魏書》〈蕭衍傳〉中「醬、將」和「菜、卒」同聲一例[109]。陳先生為增補一例而特意於撰寫《柳如是別傳》期間另擬一篇學術文章，此舉已值得我們留心。此外，陳先生早於1949年〈青鳥〉一詩已有「無醬台城應有愧」之句，以「醬、將」同音之典指責國民

108　蔣天樞，《陳寅恪先生編年事輯》，頁202。
109　陳寅恪，〈從史實論切韻〉，載氏著，《金明館叢稿初編》，頁382-409；
　　　陳寅恪，〈書魏書蕭衍傳後〉，載氏著，《金明館叢稿初編》，頁230-233。

黨將領不堪一戰[110]，可見陳先生對此古典早已了然於胸。那陳先生為何要待至1958年3月才為舊文補上此例，並於有代表性的官方期刊上發表？

　　我認為陳寅恪先生於此時特意撰寫這篇論文，有兩方面的動機。首先是懷緬昔日與友人的自由論學。試看此文其中一段文字：

> 近代學人有以秦之先世「柏翳」及「伯益」一端（見史記伍），以證法言序者，亦頗精確。但似不如取伯起所記梁末之事，以證法言隋初之語者，具有時代性，更較適切也。鄙說如此，然歟？否歟？特舉出之，以求教於當世審音治史之君子。[111]

　　余英時先生指出，陳先生「晚年最使他低迴不能自已的乃是從前與友人自由商討學術的一段舊生活」[112]，而上引〈書魏書蕭衍傳後〉的一段文字正反映陳先生這種情懷。事實上，陳先生1957年〈答王嘯蘇君〉一詩有已有「轉恨論文失此賢」之句，感歎未能再與趙元任討論學術[113]。同年陳先生賦詩〈題王觀堂《人間詞及人間詞話》新刊本〉，深切追憶早年論學之師友王國維[114]。這些懷念昔日論學友人的詩作，頗能幫助我們理解陳先生失去共商磋與請益師友的悲痛。這正是陳先生於1958年撰寫〈書魏書蕭衍傳後〉的重要背景。

---

110 余英時，〈陳寅恪的學術精神和晚年心境〉，載氏著，《陳寅恪晚年詩文釋證》，頁44。胡文輝，《陳寅恪詩箋釋》（上），頁500-507。

111 陳寅恪，〈書魏書蕭衍傳後〉，載氏著，《金明館叢稿初編》，頁232。

112 余英時，〈陳寅恪的學術精神和晚年心境〉，載氏著，《陳寅恪晚年詩文釋證》，頁68。

113 胡文輝，《陳寅恪詩箋釋》（下），頁988-989。

114 胡文輝：《陳寅恪詩箋釋》（下），頁1014。

　　抑有更可論者，陳寅恪先生在〈書魏書蕭衍傳後〉文末特意提及近代學人曾以「柏翳」及「伯益」一端，論證陸法言《切韻》序中「秦聲以入為去」之說；頗疑這位「近代學人」意有所指。我對音韻學並無深入認識，遍尋近代學人論《切韻》的學術文章後，仍未能確定這位「近代學人」是誰；但我同時發現陳先生友好傅斯年的名篇〈夷夏東西說〉曾有一段文字討論柏翳及伯益[115]。傅氏在文中肯定柏翳即伯益，其後又引宋代金仁山之言以證其說：「《尚書》之伯益，即《秦紀》之柏翳也。秦聲以入為去，故謂益為翳也」[116]，當中「秦聲以入為去」正是來自陸法言《切韻》的序文，亦即陳先生於〈書魏書蕭衍傳後〉中提及「亦頗精確」的分析。陳先生必定知悉此說早於宋代金仁山已發其覆[117]，那為何他卻於文中指此說出於「近代學人」？頗疑陳先生在當時身處政治高壓之下，不便公開及正面地提及早受中共史學界廣泛批判的傅斯年，因此才以婉轉的方式表達對傅斯年的懷念。他特意提到此說出自「近代學人」，很可能只是文人故作狡獪之語。

　　那陳寅恪先生為何於1958年3月突然撰寫〈書魏書蕭衍傳後〉一文？我認為陳先生撰文的另一目的，是要對中共史學界即將掀起的

---

115 關於傅斯年與陳寅恪的關係，參王汎森，〈傅斯年與陳寅恪：介紹史語所收藏的一批書信〉，載氏著，《中國近代思想與學的系譜》（台北：聯經出版公司，2018），頁517-525；王晴佳，〈陳寅恪、傅斯年之關係及其他：以台灣中研院所見檔案為中心〉，載《學術研究》2005年11期。

116 傅斯年，〈夷夏東西說〉，載氏著，《傅斯年全集（第三冊）》（台北：聯經出版公司，2018），頁822-894。

117 清初學者趙翼於《陔餘叢考》亦曾提出伯益、柏翳為一人，並在文中引用金仁山之說法。趙翼，《陔餘叢考》（石家莊：河北人民出版社，2003），頁88。

厚今薄古運動表達強烈不滿。1958年3月10日，時任中央宣傳部副部
長、中央政治局委員陳伯達發表〈厚今薄古，邊幹邊學〉的報告，
掀起史學界的厚今薄古運動[118]；此風更於三月下旬席捲陳先生身處
的中山大學。陸鍵東指出，1958年3月25日《中山大學周報》已刊登
〈歷史系教工揭露些什麼〉一文，其中有以下一段話：

> 「厚古薄今」的現象，亦是這次揭發的主要內容之一，有好些
> 大字報指出，如中國現代史不講中華人民共和國成立後的歷
> 史，日本史只講到明治維新，中國近古史講宋代用七週時間，
> 而講清代（鴉片戰爭前）只有三週時間，這就是教學上厚古薄
> 今的例證。[119]

　　陳先生對政治及學術動態的高度敏感，使他知道一場風暴即將
降臨史學界；而他很可能要藉撰寫一篇於新時代「格格不入」的史
學文章以對即將掀起的厚今薄古運動作回應。陳先生於〈書魏書蕭
衍傳後〉一文所探討的中古音韻問題，豈不正是「厚古」的表現？
但陳先生就是如此的「迂腐不通」，非要在新時代維持歷史研究的
尊嚴不可。至於陳先生之所以在文中暗引傅斯年的〈夷夏東西說〉，
亦可能與傅斯年早於1955年的胡適批判運動中受牽連有關。當時周
一良曾批評傅斯年的考據支離破碎[120]，而范文瀾在批判胡適的殷周
史觀時，亦對傅斯年〈夷夏東西說〉的內容作出嘲弄[121]。事實上，

---

118 陸鍵東，《陳寅恪的最後二十年》，頁234。
119 陸鍵東，《陳寅恪的最後二十年》，頁222。
120 周一良，〈西洋「漢學」與胡適〉，載中國社會科學院編，《歷史
　　研究》，1955年第2期。
121 范文瀾，〈看看胡適的「歷史的態度」和「科學的方法」〉，載中

1955年的批判胡適運動正是1958年厚今薄古運動的先聲。在中共即將發動厚今薄古運動之時，敏銳的陳先生已立即於同月出版的官方期刊《中山大學學報》發表〈書魏書蕭衍傳後〉，以表達個人對中共厚今薄古運動的反對立場。陳先生這樣「不識時務」，難怪迅速成為中共史學界的重點攻擊對象[122]；而〈書魏書蕭衍傳後〉亦成為陳先生最後一篇於中共官方期刊正式發表的學術論文。這表示陳先生已決意與肆意踐踏「獨立之精神、思想之自由」的中共史學界徹底分道揚鑣[123]。

八、結語

余英時先生曾明言他解讀陳寅恪先生的詩文「寧失之深，毋失之淺」：

> 對於他的隱晦詩文，我們必須儘量地往「深曲」處去求解，不但一字一句不能放過，每一個字的音和義都必須仔細推敲。我們寧可失之於深，不可失之於淺，恰到好處則不過是箋詩的理想而已。[124]

(續)

國社會科學院編，《歷史研究》，1955年第3期。

122 參胡文輝，《陳寅恪詩箋釋》（下），頁803。

123 陳寅恪先生晚年助手黃萱的回憶，有助我們了解陳先生對厚今薄古運動的看法：「1958年批判『厚古薄今』。陳先生受批判，說是『拔白旗』。他遂不再教課，專力著作。我曾勸他復課，他說：『是他們不要我的東西，不是我不教的』」。黃萱，〈懷念陳寅恪教授：在十四年工作中的點滴回憶〉，收錄於錢文忠編，《陳寅恪印象》，頁176。

124 余英時，〈文史互證‧顯隱交融〉，載氏著，《陳寅恪晚年詩文釋

　　上文嘗試發掘陳先生數篇學術文章的弦外之音，正是「儘量地往深曲處去求解」的結果。我雖已盡量按照考證原則解釋陳先生晚年各篇單篇論文的意旨，不少推測仍可能有過度詮釋的問題。但我仍願意先提出一己愚見以供學界指正，相信陳先生晚年各篇學術論文的意旨在將來必會更為清晰。最後，讓我以陳寅恪先生之言為全文作結：「此則未得確證，姑作假設，以供他日解決問題之參考，所謂僅資談助者是也。」

　　謹以此文紀念陳寅恪先生逝世五十周年。

　　許偉恒，香港中文大學歷史系畢業，現職中學教師。主要研究範圍為兩漢歷史及六四歷史。著有《六四十問》。

（續）────────────────────────
　　證》，頁182。

「中國話語」抑或「超越中西」：
史學應摒棄研究中的「民族驕矜之氣」

胡 成

　　近年來一個帶有頗多顯耀政治光環的新詞彙，即構建史學的「中國話語」體系，頻頻見諸於中國大陸的學術期刊及公眾媒體，且聲量不斷被拉高。大致說來，最先在2012年6月，在北京召開的「馬克思主義理論研究和建設工程工作會議」，主管全國意識形態的最高官員，提出要打造具有「中國特色」、「中國風格」、「中國氣派」的哲學社會科學學術話語體系。再至2014年年底，官方創設了全國性的相關機構和協調制度。2019年1月，被視為中國大陸最頂級專業學術期刊的《歷史研究》，刊發題為「新時代中國歷史研究」的八篇筆談，其中有四篇表態要熱切回應和積極參與[1]。由此可以預見，在當下「集中力量辦大事」的舉國體制之下，將會迅速拉動新一波的史學研究轉向[2]。

1　張海鵬，〈學習習近平總書記賀信加強中國歷史學學科體系建設〉，頁5-7；陳謙平，〈新時代中國近代史研究與學科建設的新使命〉，頁11-13；王巍，〈發展考古學服務新時代〉，頁14-15；林文勳，〈開創新時代中國邊疆學學科建設的新局面〉，《歷史研究》2019年第1期，頁16-17（北京：中國歷史研究院）。

2　當下中國各研究機構對研究成果，均有一系列嚴格的數位化考核標準。研究者們通常以毛時代農村的分配制度「工分」而戲稱之。如某重要研究機構設定研究者每年完成的指標是：教授60分、副教授

　　就學界的回應來看，在迄今為止刊發的數十篇文章中，大致可區分為「贊同」、「有條件地贊同」，以及「不贊同」的三種態度。第一種多是擔當要職的學術官員，或被官方青睞的主流學者。就像哈威爾（1936-2011）在《無權者的權力》中所寫的，布拉格水果店經理在洋蔥、胡蘿蔔陳列櫥窗上貼條標語──「全世界無產者，聯合起來」，這種表態可以忽略不計；第二種則為一些曾在專門領域耕耘過的資深學者，贊同的前提或稱「建立起話語體系最重要的是有偉大的作品」[3]，或不安於「這種話語背後流露出的一種理直氣壯，一種自傲的情緒」[4]；第三種則是刊發在官方宣導之前，也是目前可見唯一的批評和反對意見──即作為中國經濟史研究領軍人物的李伯重教授，於2011年刊文指出，所謂「依靠中國傳統文化資源去創造一套『中國自己的話語』，並以此去『為自身贏得國際話語權』，肯定既無可能，也無必要」[5]。

　　逮至今天，中共最高領導人做出正面批示[6]，「中國話語」已

（續）──────────────────────────

　　50分、講師40分。相應的學術發表折算為：《歷史研究》80分、中共中央理論刊物的《求是》80分、《近代史研究》60分，等等。如果論文有幸上達天聽，得到正國級領導人的批示，則是240分。重要的是，研究者的升等及申請、遴選諸如「長江」、「資深」、「特聘」學者的頭銜、優渥經濟待遇，均以獲得多少「工分」為取捨標準。

3　耿雲志，〈建立起話語體系最重要的是有偉大的作品〉，載全國哲學社會科學話語體系協調會議辦公室，《中國學術與話語體系建構（總論人文科學卷）2015》（北京：社會科學文獻出版社，人文分社，2015），頁252-255。

4　章清，〈當代學術話語建設：一個長時段的思考〉，《學術月刊》，第47卷（上海：上海社會科學院），2015年3月，頁3。

5　李伯重，〈中國經濟史學的話語體系〉，《南京大學學報（哲學社會科學版）》，2011年第2期（南京：南京大學），頁76。

6　〈習近平致中國社會科學院中國歷史研究院成立的賀信〉，《人民

是一個高度政治化的議題,我們在學術面上本不必過於認真而引火焚身。就如這些年來官方大力提倡的「唯物史觀」[7],聽聽就知道是「雷聲大、雨點小」的例行宣示。因為在學風浮躁的今天,不會有誰能夠氣定神閒,花太多時間和精力去潛心研讀不計其數的馬克思主義經典。然而,就構建「中國話語」體系來看,在資訊高度單一的輿論環境中,連續幾天主流媒體的煽情鼓動,追隨者們就會義憤填膺、豪情滿懷。這自然會引起社會文化面上的漣漪效應,形塑一個更加鬥志昂揚、矢志進取的時代精神。鑒於此,我們有必要在中國現代「新史學」演化的時代脈絡中,考鏡源流、辨章學術,就其合理性、合法性,以及必要性和可行性做一番概念史的梳理和探討。說到底,史學最應當弘揚的功能,不就是應盡力讓「人們在暗夜裡保持一份清醒」嗎[8]?

一、面對「西方」的焦慮及「融入世界」的努力

毋庸贅述,當下中共官方之所以高調提出構建「中國話語」體系,並得到一些專業學者的回應,與當下強勢「中國崛起」的自我定位和期許密切相關。上面提到李伯重於2011年撰寫的那篇「不贊同」的文章,首頁有清華大學歷史系教授仲偉民撰寫的一段「主持

(續)—————————
　　日報》,2019年年1月4日,第1版。

7　汪偉光,〈以唯物史觀為指導,加快構建中國特色,馬克思主義史學理論和史學學科創新體系〉,原刊於《世界社會主義研究》2016年第1期,載全國哲學社會科學話語體系協調會議辦公室,《中國特色哲學社會科學構建與話語體系創新(2017)》(北京:社會科學文獻出版社,人文分社,2017),頁77-187。

8　"AHR Exchange, On The History Manifesto, Introduction," *American Historical Review*, April, 2015, p. 528.

人語」，說隨著中國大國地位的逐步確立已是不爭的事實，中國人
文社會科學與國際學術的關係問題上，已由「國際接軌」悄然轉向
尋求「中國學術主體性」，學者們開始思考如何建立中國自己的「學
術範式」[9]。接下來則隨著中共官方大力介入，這種期望發酵和升級
成為要「敢於發聲」、「勇於亮劍」。一位任職於馬克思主義學院
的教授說得十分清楚，即當今世界隨便一個二流國家、三流國家，
甚至不入流的國家都敢「詆必中國」，為了占據國際道義的制高點，
我們的應對舉措「理應包含中國話語的獨立與自主」[10]。

　　為了避免情緒化地討論問題，復旦大學資深教授章清睿智地指
出：應將「中國話語」置入近代中國「新史學」演化的歷史長時段
進行反思[11]。的確，自19世紀末至20世紀初，當中國學術引入西方
的「學科知識」之後，隨之發生了一系列的「知識轉移」及「權勢
轉移」，對西方學術產生了諸多緊張和焦慮，並一直延續到了構建
「中國話語」體系的今天。不過，進一步分析，我們可以看到此前
的中國儘管先是積貧積弱，後又進入百廢待興的社會主義初級階
段，在面對西方學術衝擊之時，有著與今天不盡相同，難以一概而
論的緊張和焦慮。

　　最初一個頗能說明問題的事例，是在1897年4月9日，曾出使過
英國、法國、義大利、比利時，後又為張之洞幫辦洋務，提任湖北
自強學堂提調的錢恂（1853-1927），探訪了以聚書、刻書、藏書，

9　仲偉民，〈社會經濟史研究 主持人語〉，《南京大學學報（哲學社
　　會科學版）》，2011年第2期，頁72。
10　陳曙光，〈中國話語與話語中國〉，《教學與研究》，2015年第10
　　期（北京：中國人民大學），頁23。
11　章清，〈當代學術話語建設：一個長時段的思考〉，《學術月刊》，
　　第47卷，2015年3月，頁3-8。

且還精於鑒別校勘古史而享譽士林的譚獻（1832-1901）。錢恂向譚獻介紹了歐洲漢學的情況，稱其規劃中那些久欲訂述之中國史學問題，「海外已有留心於此者」，且「討論精審」。譚獻回到家後，日記中記下了「聞之慨然」的心理感受[12]。讓我們稍微做點設身處地的還原，這個內心多少有些震動的「慨然」，一定表明了其時那些頂尖中國學人，對西方學者研究中國歷史問題已經刮目相看。

曾幾何時，「西學」在法政、民生、曆律、外交、武備、醫事等諸多方面，讓國人嗟歎不已；然而，唯獨在擁有語言和文化之便利的中國歷史研究方面，中國學人卻不太看重或在意同時代那些傳教士的漢學家們的著述。不過，當經過嚴格學術訓練的歐洲職業漢學家閃亮登場之後，其研究能力讓中國學人感到不勝驚愕和震撼。1906年，法國漢學家伯希和（1878-1945）前往中亞考察時，用兩年多時間裡搜尋到了一大批古梵文、印度文、波斯文、回鶻文、粟特文、突厥文書寫的經卷古書。當他在1909年9月初抵達北京，一批最博學的中國學人在六國飯店為之舉辦了歡迎酒宴。出席之人有學部侍郎寶熙、柯劭忞、蔣黼和王國維等，竟然沒有人能看得懂這批非漢文的古代文獻，以致「人人都為之動容。」[13]

「有學而不能者矣，未有能而不學者也」。研究者都知道，學術訓練和知識能力的準備程度，決定著研究者最終能走多遠和能飛多高。中國學人此時相對於西方學者的落後，端在於缺乏現代系統化的專業教育。著名學者張廣達教授曾將其時中國學人中最佼佼者的王國維，與法國著名漢學家沙畹（1865-1918）進行比較，指出

---

12 范旭侖、牟曉朋整理，《譚獻日記》（北京：中華書局，2013），頁325。

13 神田喜一郎著，高野雪、初曉波、高野哲次譯，《敦煌學五十年》，（北京：北京大學出版社，2004），頁9。

倆人存在著頗多學術訓練方面的差距——王國維二十二歲來到上
海，在擔任維新派《時務報》的書記和校對工作之餘，每天跟隨兩
位日本教習學習英文、日文三小時，並由此知道了康德、叔本華等
一批西方學術大師。沙畹則在十六歲就撰寫了有關康德的哲學論
文，二十歲進入巴黎高師。他在該校的東方語言學院裡學習漢語，
並在語言學、東方學、古典學、文化學等方面，得到了在該校任教
的諸多世界級名師之指點[14]。

　　再從王國維那個年代開始，隨著職業化、專業化在中國的迅速
展開，大學和研究機構的不斷創設，史學在課程設置、學生培養、
教授聘任、獎助遊學、翻譯和出版方面，不斷加深了與西方學術的
關聯和互動[15]。按照王汎森教授的說法，其時中國頂級學人都是「將
中國學問當做世界學問的一部分，並且以世界學術的標準而不是以
傳統文史舊學的尺度來衡量中國學術的成就」[16]。由此稍做引申，
我們或可認為至當下構建「中國話語」體系提出之前，中國史學面
對西方學術，依次經歷了「要科學的東方學之正統在中國」、「馬
克思主義中國化」，「摒棄西方中心主義」這三個不同演化階段的
緊張和焦慮。

　　首先，「要科學的東方學之正統在中國」，是1928年中央研究

14　張廣達，〈王國維的西學和國學〉，載《史家、史學與現代學術》
　　（桂林：廣西師範大學出版社，2008），頁39-48。
15　劉龍心，《學術與制度：學科體制與現代中國史學的建立》（北京：
　　新星出版社，2007）；胡成，〈科學史學與現代中國史學專業精神
　　的形塑〉，《史林》2014年第3期（上海：上海社會科學院歷史研
　　究所），頁98-111。
16　王汎森，〈民國的新史學及其批評者〉，載羅志田主編，《20世紀
　　的中國：學術與社會（史學卷）上》（濟南：山東人民出版社，2001），
　　頁36。

院歷史語言研究所創辦之後，傅斯年等人確立的學術發展目標。該所延攬了陳寅恪、李濟、趙元任、羅常培、李方桂等人，並在研究所裡特聘請西方著名漢學家米勒（F. W. K. Müller, 1863-1930）、伯希和、高本漢（1889-1978）等人為外國通信員。在傅斯年的規劃之下，由李濟等人主持的安陽殷墟考古發掘，以及趙元仁等主持的西南少數民族語言、習俗的調查等一系列研究事業依次展開。至1932年底，史語所在安陽殷墟的六次考古，加上明清檔案資料的整理及在兩粵、一些北方地區的方言調查，使得傅斯年可以稍感欣慰地說：亦皆專門之業、精詣之作，史語所「此時對外國已頗可自豪焉」[17]。

　　就在安陽殷墟考古的挖掘過程中，這批中國學人與西方大概有過令人不快的齟齬和爭執。1929年1月23日，李濟在給傅斯年的信中，談及有些西方學者面子上雖很客氣，但「心裡總以老前輩自居；對於中國這種窮小子，只是提攜獎勵而已」。平心而論，這封信的背景以及主旨，是李濟對事不對人的借題發揮，故自嘲道「一時心血來潮，想硬硬骨頭」。不過，儘管內心有些不滿，李濟卻還堅持認為中國學人「耐性等著那『天演的』力量領著我們上那真真的人的路上去。也許我們的兒子（應該說我的）可以替我們出這口氣，希望總要有的。」[18] 說起這封信的起因，是他得到了美國史密森研究院弗利爾藝術館（Freer Gallery）的大筆經費資助；為了不太多依賴洋人，說此重話是他想再申請中央研究院月出1500元左右的津貼。

17 〈致蔡元培抄件（1932年12月26日）檔案：III：81〉，載王汎森、潘光哲、吳政上主編，《傅斯年遺劄》，第1卷（台北：中央研究院歷史語言研究所，2011），頁442-443，

18 李光謨，《從清華園到史語所：李濟治學生涯瑣記》（北京：清華大學出版社，2004），頁302。

其次,「馬克思主義的中國化」,是由1930年前後撰寫《中國
古代社會研究》的郭沫若所率先開創。相對於那個年代所有中國的
馬克思主義史學家,郭沫若留學日本時受到的學術訓練是最好的。
除了能閱讀英文和說非常流利的日文之外,他還能直接閱讀馬克思
主義的德文原典[19]。在對王國維、羅振玉等人的著作進行了精深研
讀之後,郭沫若著手研究馬克思、恩格斯沒有涉及的中國古代歷史。
在他看來,馬克思、恩格斯的論述,體現人類思維對自然觀察上所
獲得的最高成就,是具有普世意義的方法論、認識論,並非關於某
一社會歷史的具體知識。他的工作就是「要使這種新思想真正地得
到廣泛的接受,必須熟練地善於使用這種方法,而使它中國化。」[20]

自1949年中共建政之後,馬克思主義史學被定為一尊,直到1990
年代中期逐漸退隱之前,讓中國馬克思主義史學家最為難堪的,是
馬克思關於「亞細亞生產方式」的論述。在馬克思看來,不同於代
表著「世界歷史」的人類普遍發展規律的西歐,東方社會經歷了這
樣一個長期停滯的歷史階段。該生產方式的特點是土地國有、水利
灌溉、專制集權統治。由於嚴重阻礙了私有制的商品經濟發展和自
由思想的形成,馬克思賦予其太多「落後」、「衰敗」和「頹廢」
的意涵。然而,中國馬克思主義史學家,始終沒有就此與之割袍斷
義,厲言相向。如在當下中國已被嚴禁正面引用的魏復古(Karl
August Wittfogel, 1896-1988)於1957年出版的《東方專制主義》一
書,在1994年中國社會科學院等聯合主辦的學術研討會上,還有人
說作者「查閱了中國不少歷史資料,因此批判必須是擺事實講道理

---

19 傅斯年,〈致胡適(3月16日)〉,載歐陽哲生主編,《傅斯年全
集》,第7卷(長沙:湖南教育出版社,2003)頁390。
20 郭沫若,〈革命春秋〉,載《郭沫若全集》,第13卷(北京:人民
文學出版社,1992),頁330。

的，對於其中若干可以肯定的真理顆粒，不宜籠統否定。」[21]

再次，「摒棄西方中心主義」，這首先由美國學者柯文（Paul A. Cohen, 1934- ）於1981年撰文提出。是文向中國學者介紹了美國學術界研究中國的「西方中心論」的傾向，批判了所謂「衝擊—反應」、「現代化」和「帝國主義」這三種解釋範式，並稱其視中國為西方文化的附庸，抹殺了中國歷史的自主性[22]。不過，當時正值文革之後的思想解放，中國史學更多關注如何清除長期以來的極左思潮或教條主義，批判鋒芒指向傳統皇權專制統治及其理念，而非自1949年後在思想和文化層面被強行隔絕的那個「西方」。只是到了1989年天安門事變之時，一些學者清算被標示為鼓吹「資產階級自由化」代表作的《河殤》時，方才在負面和否定意義上密集使用了這個術語[23]。

進一步發展是至1990年代，隨著中國史學界對西方研究路徑和方法的了解不斷深入，這個詞彙開始受到頗多關注，並引發了一些相關的學術討論和思想爭辯。1993年年初，在美國任教的黃宗智教授刊文指出，通過對華北小農和長江三角洲小農的實證研究，來自西方的亞當‧斯密和馬克思的經典理論並不恰當和適用，強調「中國歷史發展的理論應建立在中國歷史實際的基礎上，而非套用西方

21 朱政惠，〈1978年以來亞細亞生產方式問題研究的若干思考〉，《史學理論研究》，1995年第3期（北京：中國社會科學院世界歷史研究所），頁15-21。

22 柯文，〈美國研究清末民初中國歷史的新動向〉，《復旦大學學報（哲學社會科學版）》，1981年第6期（上海：復旦大學），頁73-82。

23 李炳海，〈「西方中心論」的邏輯推理和思維定勢：《河殤》思考方式的批判〉，《東北師範大學學報（哲學社會科學版）》，1990年第1期（長春：東北師範大學），頁71-75 。

經驗的模式。」[24] 再至1996年，李伯重也撰文批評自1950年代以來
被中國學人熱捧的「資本主義萌芽情結」，認為這是「把從歐洲經
驗得出的社會發展規律絕對化，從根本上來說，也是歐洲中心主義
的一種形式。」[25] 儘管如此，李伯重仍然認為中國史學要想戰勝危
機，走向輝煌，還是應該堅定不移地「融入世界」。在此後刊發的
另一篇文章中，他明確地寫道：「不論哪一個國家的學者，如果無
視其他國家學者的工作，依然閉門造車，其研究肯定就無法達到更
高的水準。」[26]

二、「東方主義」及中西「二元對立」的緊身衣

今非昔比，不同於此前還是小心翼翼「睜眼看世界」的那些史
學前賢[27]，當下宣導構建「中國話語」體系，多少有些挾財大氣粗
之國勢，開始千思百慮地欲與「西方」分庭抗禮，或乾脆取而代之。
然而，如果就此再稍做些學術史的梳理，令人尷尬的卻是作為其核
心概念的「話語」，並非地地道道的中國「原生態」，而是來自於

---

24 黃宗智，〈中國經濟史中的悖論現象與當前的規範認識危機〉，《史
　學理論研究》，1993年第1期，頁42-60。
25 李伯重：〈資本主義萌芽情結〉，《讀書》，1996年第8期（北京：
　生活·讀書·新知三聯書店），頁70。
26 李伯重，〈走出漢學：從李中清、王豐《人類的四分之一：馬爾薩
　斯的神話與中國的現實（1700-2000）》談起〉，載氏著，《理論、
　方法、發展、趨勢：中國經濟史研究新探（修訂版）》，（杭州：
　浙江大學出版社，2013），頁313。
27 胡成，〈全球化時代與中國歷史的書寫：以1930年代的兩個主流學
　術典範為中心〉，《史林》，2010年第3期，頁152-162；〈我們的
　中國史研究如何走向世界：以臺灣地區及日本的中國史研究為鏡鑒
　的思考〉，《史林》，2011年第5期，頁165-177。

1980年代前後在西方大行其道的"discourse"[28]。

最早是在1990年，時任北京大學中文系教授張京媛，撰文向國人介紹了薩義德（Edward Said,1935-2003）的《東方主義》一書。張教授將其名字翻譯成「賽義德」，談及該書批判西方學術界與社會經濟和政治擴張關係密切的東方主義話語，指出「它不是歐洲對東方的空洞的幻想，而是有著幾代人投入的一整套理論和實踐。」[29]這就不同於以往我們使用「話語」時，只是針對人們日常相互交往的「言說」或「談吐」。如1962年紅色詩人郭小川描寫海軍士兵在海島生活的詩文中，有「這句平常的話語呀，像春風一樣溫暖人們的心窩。」[30]

強有力的推動，或者說直接與中國現實「對號入座」的，是《讀書》雜誌1993年第9期的三篇刊文。其中一篇直接批評了鄭念在美國寫的《上海生死劫》，張戎在英國寫的家族史小說《鴻》，在法國走俏的亞丁的《小周天》，以及在美國出版的巫寧坤所著的《一滴淚》。這篇文章認為：「他們的作品之所以在西方讀書界獲得認可，與那種『東方主義』的模式不無關係。」。不過，這種把「板子」打在那些作者身上，有點像女性被侮辱之後，再不當地指責其穿著太暴露那樣。作者承認：「經歷了太多的難以想像的苦難，他們有充分的理由和權利用自己獨特的審美方式來回顧自己的經歷，指責

---

28 張寬，〈語詞梳理 Discourse（話語）〉，《讀書》，1995年第4期，頁132-134。

29 張京媛，〈彼與此：評介愛德華‧賽義德的《東方主義》〉，《文學評論》，1990年第3期（北京：中國社會科學院文學研究所），頁129-134。

30 郭小川，〈木瓜樹的風波〉，《郭小川全集》，第2冊，（桂林：廣西師範大學出版社，2000），頁114。

他們有意識地去迎合西方讀者的胃口，用傷口和膿疤去賺取同情和
金錢，未免殘忍」[31]。

重要的是，《讀書》編輯部以〈他們文明嗎？〉為題，同期還
發表了一篇「編輯室日誌」。是文開頭以呂叔湘先生多年前翻譯、
1984年由三聯書店重印的《野蠻與文明》一書為楔子，談及歐美至
今還沒有解決「我們文明嗎」的問題。讓編輯部引以為傲的是，在
1992-93年的短短一年時間裡，他們已經「一口氣」發表了五篇介紹
薩義德的「東方主義」和「文化與帝國霸權主義」為話題的有關文
章，並稱「作者全都遊學海外，文中不乏切身感受，也許這也是留
學生的一種『新動向』」[32]。兩年後上述那篇將「東方主義」對號
入座的作者也撰文稱，這篇編後記頗有一些脾氣，認為「由於《讀
書》雜誌在中國人文和社科知識分子中特殊的影響力，以薩義德為
代表的後殖民批評突然間成了中國的讀書界競相談論的話題。」[33]

順著「東方主義」的這條路子，構建「中國話語」體系的想法，
自然而然地水到渠成。最初提倡者，是時為北京大學中文系博士，
後在中山大學任教的程文超（1955-2004）。他於1993年撰文聲稱從
「尋根」話語到後現代話語欲望裡，我們與西方文化的心平氣和的
真正對話成為可能，並強調「對話需要有自己的話語，文化重構被
鄭重地提上了日程。」接下來的進一步造勢，有1995年8月在濟南
召開的「走向21世紀：中外文化、文藝理論國際學術研討會」。與
會代表就中國文論話語體系的建構問題，展開了熱烈而積極的爭論

---

31 張寬，〈歐美人眼中的「非我族類」〉，《讀書》，1993年第9期，
　　頁7。
32 編輯室日誌：〈他們文明嗎？〉，《讀書》，1993年第9期，頁158。
33 張寬，〈文化新殖民的可能〉，《天涯》，1996年第2期（海口：
　　海南省作家協會），頁16。

探討。激進者提出：在未來的這個世紀裡，「中國文藝理論的發展戰略應首先確立中國文化自己的話語，以革除目前的『失語』狀態，這是中外文化對話交流的基本前提」。[34]

值得注意的是，直到2013年官方介入和宣導之前，史學界對「中國話語」幾乎沒有一篇正面回應。原因或在於文學向有「詩無達詁」之說，對於「興發於此，而義歸於彼」的作品、詩詞，研究者若想呈現那些瞬間即逝的審美感受，的確需要更多將心比心地「以意逆志」；史學則面對已經逝去的往昔，重現需要「用審密之方法，廣集古今之實證」，沒有太多馳騁想像力的詮釋空間。不論中國，抑或西方，史學主流一直注重從歷史實際和具體資料出發，訓練有素的史家絕不會簡單套用或生硬照搬任何理論模式。1999年，著名蒙元史、中亞史學家張廣達教授撰文辯白，稱對「東方主義」不能一概而論，因為「許多東方學、漢學著作並不是御用學者的撰述。就其主體而言，它們是觀念多元（plurality of ideas）理性思維的結晶，嚴肅學者留下來的精神文明的寶藏。」[35]

雖則此時史學尚未提出要在研究中構建「中國話語」體系，卻並不意味著沒有受到東方主義的強烈衝擊和深刻影響。一個可被視為代表性的學術事件，是1999年《歷史研究》刊發了一篇介紹後現代史家研究中國史的書評[36]。是書的書名是《懷柔遠人：馬戛爾尼

---

34 白陽，〈「走向21世紀：中外文化、文論國際學術研討會」綜述〉，《山東師範大學學報》，1995年第6期（濟南：山東大學出版社），頁106-109。

35 張廣達，〈我和隋唐、中亞史研究〉，原刊《學林春秋》，第三編，上冊（北京：朝華出版社，1999），載《史家、史學與現代學術》，頁331。

36 羅志田，〈後現代主義與中國研究：《懷柔遠人》的史學啟示〉，《歷史研究》，1998年第1期，頁103-117。

使華的中英禮儀衝突》，為美國學者何偉亞所著，1995年由杜克大
學出版社出版。實際上，在此前的1997-98年期間，香港中文大學中
國文化研究所主辦的《二十一世紀》雙月刊就刊發了五篇美中學者
對該書的相關評論，其中至少有兩篇對該書持全面否定意見[37]。遺
憾的是，一年後《歷史研究》刊發對該書的書評時，卻沒有將那些
可供讀者自行判斷的批評意見一併附上。

　　《懷柔遠人》援借《東方主義》的「話語」批評模式，試圖解
構以往將之視為兩種時代（資本主義與封建主義）、兩類文明（西
方文明與東方文明）衝突的現代化思維定勢，並認為那是緣自於自
16世紀西方擴張以來的那個「自然化了的霸權話語」。這裡撇開技
術性的資料解讀爭持不談，上述《二十一世紀》刊發的兩篇否定性
書評，擔憂「東方主義」引入中國會帶來一系列認知倒錯。先是在
大洋兩岸著名的資深學者周錫瑞，批評該書盜用殖民者的智識構
架，試圖讓「中國人應把他們的頭腦和願望退回到清代（或在安全
的異國情調之中）而非對西方現代性的渴望。」[38] 另一位有大陸背
景，也任教於美國的張隆溪後來跟進，批評這種以反對西方霸權為

37　周錫瑞，〈後現代式研究：望文生義，方為妥善〉；艾爾曼（Benjamin
　　Elman）、胡志德（Theodore Huters），〈馬嘎爾尼使團、後現代
　　主義與近代中國史：評周錫瑞對何偉亞著作的批評〉，《二十一世
　　紀》1997年12月號（香港：香港中文大學中國文化研究所），頁
　　105-130；張隆溪，〈什麼是「懷柔遠人」？正名、考證與後現代
　　史學〉，《二十一世紀》1998年2月號，頁 56-83；葛劍雄，〈就事
　　論事與不就事論事——我看《懷柔遠人》之爭〉，《二十一世紀》，
　　1998年4月號，頁136-139；羅志田，〈夷夏之辨與「懷柔遠人」的
　　字義〉，《二十一世紀》，1998年10月號，頁 139-145。
38　周錫瑞，〈後現代式研究：望文生義，方為妥善〉，《二十一世紀》，
　　1997年12月號，頁115-116。

口號的「後學」，一方面否定五四以來在中國科學和民主的努力，另一方面則為1990年代正在興起的狹隘民族主義浪潮提供了理論依據[39]。

關於《東方主義》的內在理論缺陷，著名埃及裔馬克思主義者薩米爾‧阿明（Samir Amin,1931-2018）於1989年出版的《歐洲中心主義》，有相當深入和恰當的思想分析。阿明認為薩義德對東方主義的批判，可定位為尚未完全擺脫地區主義的「顛倒的東方學」。在阿明看來，如果像薩義德所說的那樣，學者們只承認「差異的權利」（文化和地區的差異）意義上的「人們」，否認普世價值意義上的「人類」，那麼勢必會聲稱只有歐洲人才能懂得歐洲，只有中國人才能懂得中國，只有基督徒才能懂得基督徒，只有穆斯林才能懂得伊斯蘭教。阿明說：「一部分人的歐洲中心論只能由另一部分人的顛倒的歐洲中心論來完成。」[40] 的確，在一個公共學術場合，當薩義德被問及：「作為一個西方學者應怎樣才能更好地理解阿拉伯世界」？他打斷了這一提問，反詰道：「為什麼西方要假定『東方』需要被正確地理解？為什麼我們要假定我們對『東方』的興趣是可以（和東方）互惠的？」[41]

這種「東方」是「東方」，「西方」是「西方」的二元對立，通過《東方主義》進入到中國，發酵成為「中國」和「西方」的二

39 張隆溪，〈什麼是「懷柔遠人」？正名、考證與後現代式史學〉，《二十一世紀》，頁62。

40 （埃及）薩米爾‧阿明著，王麟進、譚榮根、李寶源譯，《自由主義病毒／歐洲中心論批判》（北京：社會科學文獻出版社，2004），頁237-240。

41 Andew J. Rotter, "Saidism Without Said: Orientalism and U.S. Diplomatic History," *American Historical Review*, October, 2000, p. 1210.

元對立,並直接導致了以往矢志進入或融入的那個開放意義上的「世界」消失。對此批判性的文字,如大力宣導「新史學」領軍人物之一的楊念群於2003年寫道:這項學術引入,觸動了中國民族主義歷史記憶這根敏感神經,搭起了一個使中國學者進入後現代語境的有效平臺。他的結論是,這「為自身的民族主義傾向提供理論保護色,然後通過提倡『中華性』等抽象概念實現向本土『保守』思想的過渡」[42]。再如另一位中青年才俊的夏明方也有同感,他在2006年撰文寫道:受「東方主義」以及「在中國發現歷史」理論的影響,當下如果還把前近代的明清中國視作「落後」或「衰敗」的學者,「說不定就會被戴上一頂『西方中心論』,在西方則是『東方主義』的帽子,甚至還要被指斥為不學無術。」[43]

三、 學術「話語權」及史學「客觀性」的職業倫理

從1993年第一篇宣導構建「中國話語」體系算起,至今已過去了二十多年。當年那些風華正茂的鼓吹者,業已到了白髮蒼髯、職業生涯或將結束的年齡。然而,關於「中國話語」的具體內涵,諸如應有哪些詞彙、符號、意念和象徵,以及還應有哪些範疇、與之相關的邏輯關係等等,都還猶如空中樓閣,連個起碼的輪廓和草圖都沒有。好在,近來又有一位德高望重的主流史學家,信心滿滿地大膽預期:隨著國家實力地不斷增長,「未來20年或者更長一點時

42 楊念群,〈「後現代」思潮在中國──兼論其與20世紀90年代各種思潮的複雜關係〉,《開放時代》,2003年第3期(廣州:廣東省社會科學院),頁8-14。
43 夏明方,〈十八世紀中國的「現代性建構」:「中國中心觀」主導下的清史研究反思〉,《史林》,2006年第6期,頁116-142。

間，一定會是中國學術話語體系大放光彩的時期。」[44]

　　俟河之清，人壽幾何！如果說學術研究有消遣解悶，自娛自樂的功效，那麼在學術面上提倡構建「中國話語」，儘管永遠可能只是一個口號[45]，但我們仍願意給予尊重和祝福。這裡需要進一步討論的，是當下談及「中國話語」時，總與「話語權」聯繫在一起。究其思想來源，一方面來自被稱為後現代代表人物的法國思想家福柯關於「話語是權力，人通過話語賦予自己權力」的諸多言說；另一方面還緣自於薩義德借用義大利馬克思主義者葛蘭西的「文化霸權」理論。薩義德撰寫《東方主義》的論證焦點，就是視「東方主義」作為權力的話語表現出來。他認為歐美帝國主義由此證明自己的宰制地位，並同時扭曲了殖民者的形象。

　　問題在於我們通常所說的「權力」，一般指能夠影響、控制他人行為，並具有強制性和不平等性的特質。雖則，福柯認為現代社會的「權力」四處彌散，卻總是將之置放在一定的社會政治關係中進行闡發和說明。他展示的那些規訓和懲罰，部署和實施，均在諸如監獄、醫院、瘋人院這類實體性的機構和制度之中，而非無限制或無邊際地隨意伸展。在福柯看來，正是通過這種「知識與權力的空間化」，權力的操控者獲得了對被操控者無所不在的統治力。同樣的道理，如果在實體意義上的機構和制度之內，學術會有各種事關代際、性別、族裔等權力／權利的矛盾和衝突。然而，對於中國與西方學者同行間的交往，以及對於可被稱作為「無形學院」

44　張海鵬，〈關於中國歷史學話語體系建設的點滴思考〉，載全國哲學社會科學話語體系協調會議辦公室，《中國學術與話語體系建構（總論人文科學卷）》（2015），頁248。

45　劉擎，〈建構純粹的「中國範式」是否可能〉，《文匯報・學林》2009年8月9日，第3版。

（Invisible College）的跨國或全球性的學術社群或學術共同體來
說，怎麼可能存在著看誰「聲量高、籌碼多、拳頭硬」，誰就有更
多影響力和控制力的「話語權」？

　　這不僅僅是因為缺乏垂直性的等級結構，致使權力無法操弄和
運作；關鍵更在於支撐不同國家學者之間學術交往的平臺或網路，
主要為歷經千古歲月、大浪淘沙而留下來的眾多學術經典。這些著
作之所以在今天仍光照四射，在將來還繼續惠澤世人，多是深刻理
解人生的不幸和苦難，且還一定是超越了包括「話語權」在內的所
有世俗考量的泣血之作。這就像長期在訪學海外的張廣達教授，稱
置身於海外著名圖書館的巨大書庫之中，出入於舉目望不到頭的一
排排的書架之間，認識到這裡收藏的大多數著作，「造就一種切磋、
商榷己見的學風，使已形成的見解在對話中不斷得到創造性的更
新。這種學風使得再現知識與反映史實真相構成一種發展、推移的
關係，從而導致今天西方學界的文化相對觀，即所有的東西文化都
應平等對待。」[46]

　　毋庸諱言，今天幾乎所有的中國學人，都意識到相對於西方學
術，即使在研究中國歷史問題上，我們在世界學術版圖上仍處在相
對邊緣的位置上。這就有點像迄今尚未衝出亞洲的中國足球那樣，
要想進入世界盃。恐怕還是要反躬自省，而非轉而抱怨他人有更多
「話語權」。這也就是說若想得到各國同行的承認，進入舉世矚目
的學術中心，我們必須要有一大批超群絕倫、出類拔萃的研究成果。
當務之急，是需要我們不斷創立和完善，讓天才能夠成群結隊而來
的學術制度和研究環境。就如上引那位談及「建立起話語體系最重

────────────

46　張廣達，〈我和隋唐、中亞史研究〉，《史家、史學與現代學術》，
　　頁332。

要的是有偉大的作品」的前輩，強調研究過程中必須的「自由討論、
相互切磋、相互磨礪」[47]；然在今天學術上急功近利的中國，則猶
如天方夜譚，是那樣可望而不可及。

再與20世紀初的「新史學」做些比較，對「東方主義」未加太
多審慎反思的誤用、濫用，表明我們今天在一定程度上已迷失了最
初確定的職業準則。1922年，在南京高等師範學堂史地系任教的徐
養秋（字則陵，1886-1972），介紹19世紀以來西洋史學發展趨勢時，
寫道「學術無國家界限，有同情者得共求真理，謂之學術共作。」[48]
此前，還只是北大國文系四年級學生的毛子水，在批評章太炎「國
故」的文章中，同樣認為「學術是天下古今的公器」。在他看來，
各國學問高深之人，都有「為真理而尋求真理」的態度，還能夠受
著什麼歷史地理的拘束麼？他說：「倘若自己已經知道自己的學說
是應該棄去的，但是因為歷史上特殊的關係，不能把他棄去，這就
是沒有尋求真理的精神，這就不能算得真正的學者。」[49]

追根溯源，探尋「真理」成為各國史家共同認可的核心職業倫
理，來自於德意志歷史學家蘭克（1795-1886），從19世紀中葉以來
開始宣導的「客觀性」原則[50]。 不同於其時蘭克等歐美史家旨在摒
棄宗教教派意識形態的掣肘，中國「新史學」對「客觀的歷史真相」

---

47 耿雲志，〈建立起話語體系最重要的是有偉大的作品〉，載全國哲
學社會科學話語體系協調會議辦公室，《中國學術與話語體系建構
（總論 人文科學卷）》（2015），頁255。

48 徐則陵，〈近今西洋史學之發展〉，《史地學報》，第1卷第2號（1922）
（南京：南京高等師範學校史地系），頁4。

49 毛子水，〈駁《新潮》國故和科學的精神篇訂誤〉，《新潮》，第
2卷第1號（北京：北京大學國文系），頁49。

50 彼得·諾維克著，楊豫譯，《那高尚的夢想：「客觀性問題」與美
國歷史學界》（北京：生活·讀書·新知三聯書店，2009），頁1-10。

表達最高忠誠的精神指向，在於掙脫那些僵化呆滯、且還冥頑不靈的理念和信條。畢竟，當時但凡鼓吹維繫奴役與壓迫的專制集權統治，總是拉著大旗作虎皮，打著維護「中華傳統」或捍衛「本土文化」的旗號。正如傅斯年於1919年在《新潮》發刊旨趣書中指出的：「夫學術原無所謂國別，更不以方土易其性質。今中國處於世界思想潮流，直不啻自絕於人世；既不於現在有所不滿，自不能於未來者努力獲求，長此因循，何時達旦。」[51]

相對於此時尚無研究經歷的傅斯年，更具說服力的是在學界已嶄露頭角的王國維，同樣強調在研究中義無反顧地探究客觀真理。早在1905年，王國維在〈論哲學家與美術家之天職〉一文中，先是將哲學和美學「真理」的最高層級，定義為「天下萬世之真理，而非一時之真理也。」在他看來：「唯其為天下萬世之真理，故不能盡與一時一國之利益合，且有時不能相容，此即其神聖之所存也。」[52] 接下來的1911年，王國維又撰文指出：「學無新舊也，無中西也，無有用無用也。凡立此名者，均不學之徒，即學焉而未嘗知學者也」。王國維清楚知道，對西方學術的盲目抵制，過於自哀自怨、自戀自大，受傷最重的是處在「無學之患」階段的中國學人。他說：「余謂中、西二學，盛則俱盛，衰則俱衰，風氣既開，互相推助。」[53]

如何能讓中、西二學，盛則俱盛，相得益彰呢？王國維率先垂

51 傅斯年，〈《新潮》發刊旨趣書（1919年1月）〉，載歐陽哲生編，《傅斯年全集》，第1卷，頁76。
52 王國維，〈論哲學家與美術家之天職〉（1905），載謝維揚等編，《王國維全集》，第1卷，（杭州：浙江教育出版社；廣州：廣東教育出版社，2010），頁131。
53 王國維，〈《國學叢刊》序〉（1911），載謝維揚等編，《王國維全集》，第14卷，頁129-131。

範，惠及後人的學術實踐是：既不唯西方學術的馬首是瞻，削足適履；又不陶醉於中國傳統，坐井觀天，妄自尊大。這種可視為「超越中西」的研究典範，一是「取地下之實物與紙上遺文互相釋證」；二是「取異族之故書與吾國之舊籍互相補證」，三是「取外來之觀念，與固有之材料互相參證」[54]。尤其對於那些讓守舊人士大為不滿的「新語之輸入」，王國維坦然認為：「處今日而講學，已有不能不增新語之勢；而人既造之，我沿用之，其勢無便於此者矣。」[55] 作為使用西方概念化思維工具的第一人，王國維在《殷周制度論》的緒言中，天衣無縫地插入了「制度」、「政治」、「文化」、「都邑」、「團體」等新名詞[56]。陳寅恪推崇其學術成就及精神境界，能夠「歷千萬祀，與天壤而同久，共三光而永光。」[57]

在同時代的中國學人中，陳寅恪無疑最有資格評判王國維的研究能力和學術水準。這不僅因為倆人是志同道合、息息相通的清華同事和好友；且還由於他本人在學術上也是「超越中西」的卓越典範。1986年，著名魏晉史中古史學者田餘慶（1924-2014）教授談及其學術成就，稱陳寅恪在論證歷史問題時，之所以能夠見人之所未見，發人之所未發，就在於他獨具匠心地「發揮中國史學的傳統優勢，汲取西方近代史學的思想和方法，融會貫通而又不露痕跡。」

---

54 陳寅恪，〈海甯王靜安先生遺書序〉（1934），載謝維揚等編，《王國維全集》，第20卷，頁212-213。

55 王國維，〈論新學語之輸入〉（1905），載謝維揚等編，《王國維全集》，第1卷，頁129。

56 張廣達，〈王國維在清末民初中國學術轉型中的貢獻〉，《史家、史學與現代學術》，頁49。

57 〈海寧王先生之碑銘（1929年）〉，載謝維揚等編，《王國維全集》，第20卷，頁206。

58 如果想要更多舉證，今天常被引用的還有他在1933年寫下的那段
著名評論：「其真能於思想上自成系統，有所創獲者，必須一方面
吸收輸入外來之學說，一方面不忘本來民族之地位。」 59

再從「超越中西」的角度來看，最難能可貴，也最值得濃墨重
彩的，是他率先嘗試用中國人的歷史感悟和生命體驗，詮釋和發展
了那些被視為人類普世價值的理想和信念。具體說來，這是指陳寅
恪在《論再生緣》（1954）、《柳如是別傳》（1963），以「自由」
一詞為主軸的精深研究。這個概念本出自嚴復以《群己權界論》為
書名，翻譯英國思想家密爾（1806-1873）的《論自由》一書。陳
寅恪通過細針密縷、獨具匠心的研究，向人們清楚展示了「獨立之
精神，自由之思想」，不只存在於西方，也並非僅是自詡為「以天
下為己任」的士大夫所持有，更感人的是還出自於那些被「當時迂
腐者所深詆，後世輕薄者所厚誣」的「婉孌倚門之少女，綢繆鼓瑟
之小婦」。正是他有力證明瞭「自由」，既非「外來」，又非於「國
情」的水土不服；我們方可滿懷期待地堅信，這同樣流淌在我們歷
史文化的血脈之中，是我們民族生生不息、威武不屈的脊樑。

三、結語

本文認為，今天在中國大陸適當重提前一段時間因「後現代」
或「東方主義」被誤用、濫用而執意顛覆的「客觀性」，或可幫助
我們避免預設某些看上去閃閃發光的非學術立場，並自覺地在史學

---

58 田餘慶，〈消除「代溝」，共同前進〉，原刊《文史哲》，1987年
第1期，載《秦漢魏晉史探微》（北京：中華書局，2004），頁411-412。
59 陳寅恪，〈馮友蘭中國哲學史下冊審查報告〉，載《金明館叢稿二
編》，（北京：生活·讀書·新知三聯書店，2001），頁252。

研究中拒絕「民族驕矜之氣」。就像當年蘭克曾遇到一位狂熱的新教徒、宗教改革史的研究者，在學術會議上貿然與他搭訕。此人稱他們倆人有一點是一致的，即都是歷史學家和基督徒。他沒有想到蘭克的回答是：「我們之間還有一點分歧：我首先是一個歷史學家，然後才是基督徒」。法國學者安東莞‧基揚（Antoine Guilland, 1861-1938）在講述這段被他認為可信的傳聞時，評論道：「他珍愛自己的思想觀念，但他更傾向於對真理的熱愛。」[60]

「因真理而得自由」，如果我們在研究過程中萬一遇到「不中國」、或可能被某些人認為「反中國」的議題時，想必不會輕易背棄職業操守而曲意逢迎。這就像一位訓練有素的職業醫生，對所有病人都應一視同仁那樣。遺憾的是，近來一篇標題為「新時代的歷史話語權問題」的文章，卻告訴我們西方早已有「歷史相對主義」認為史學不應「客觀」，前不久盛行的後現代主義理論，業已否認重現客觀過去之可能。這篇文章還不無情緒化地號召中國大陸史家：「可於後現代風潮抨擊西方現代史學之餘，在中國崛起進入新時代之際，臨流反躬自省，檢討隨西洋現代之波而逐流的遺憾，走出一條自己的道路。」[61]

毋庸置疑，蘭克「重現客觀過去」的實證理念，在西方根深柢固，一度趨於極端而導致了研究的呆板、僵化和偏執。與之不同，這種「客觀」在現代中國，不是太多，而是太少。當年，傅斯年雖提倡把史學建設得如生物學、地質學一樣，然在1949年之後被標籤「爲歷史而歷史」的資產階級學術觀點而遭受嚴厲批判。好不容易

60　（法）安東莞‧基揚著、黃艷紅譯，《近代德國及其歷史學家》（北京：北京大學出版社，2010），頁51。

61　汪榮祖，〈新時代的歷史話語權問題〉，《國際漢學》2018年第2期（北京：北京外國語大學）頁15。

等到1978年之後的「撥亂反正」，傅斯年等人雖不再是不能公開提及的政治禁忌，然居於中國大陸學術主流，是馬克思主義史學主張「實事求是」那一派的范文瀾、翦伯贊等。他們與現實政治仍有不少「剪不斷，理還亂」的纏繞，難以義無反顧的「客觀」。

最新的發展是在2019年10月，官方高層又一次大力倡導「哲學社會科學具有鮮明的意識形態屬性，必須旗幟鮮明講政治」；並嚴厲斥責「近些年，有人主張淡化哲學社會科學研究的意識形態屬性，宣稱『讓學術的歸學術，政治的歸政治』」[62]。這不禁讓人想起1965年歲杪文化大革命爆發之初，戚本禹也曾抨擊以「超階級」、「純客觀」的態度去研究歷史的主張，是資產階級階級用來欺騙勞動人民的「虛偽的面孔」。他的替代主張是：「為人民寫歷史，為革命寫歷史，一定要思想上同客觀主義劃清界限，一定要擺脫他們的思想影響。」[63] 這兩者的共同點，是執意剝奪研究者寧靜治學和獨立思想的權利；區別則在於當年是「無產階級世界革命」，此時則是「大國崛起」的「中國夢」。

關於本文副標題的「民族驕矜之氣」，出自上引徐養秋於1920年代初介紹第一次世界大戰前歐洲史學發展所寫的一段話。他說那些史家「自視為天縱之資，負促進文化之大任，引起國際間之犯忌，而下戰禍之種子。」作為具體事例，他談及了自蘭克之後而興起的

---

62 謝伏瞻，〈把「不忘初心、牢記使命」作為哲學社會科學工作者的終身課題〉，《求是》2019年第20期（10月16日），北京：中國共產黨中央委員會，http://www.qstheory.cn/dukan/qs/2019-10/16/c_1125102408.htm.

63 戚本禹，〈為革命研究歷史〉，原刊於《紅旗》1965年第13期，載《歷史研究》，1965年第6期，頁38；翟耀、戚本禹，〈為革命而研究歷史〉，《歷史教學》，1966年第1期（天津：天津古籍出版社），頁61。

普魯士學派。該學派創始人的特賴奇克（Heinrich von Treitschke, 1830-1896），曾極力反對歷史研究須恪守「客觀性」，大力鼓吹形塑以「普魯士中心論」為旨歸的國家意識。徐養秋寫道：「近四十年來，普魯士因人民愛國思想而統一日爾曼，史學蒙其影響，頓失朗開派精神，而變為鼓吹國家主義之文字，自成為普魯士學派，國家超乎萬物，為國而亂真而不顧也。視國家為神聖，以愛國為宗教，滅個己之位置，增團體之驕氣。」[64]

當然，認為時下中國史壇的「民族驕矜之氣」，猶如當年普魯士學派史學那樣甚囂塵上，或屬言過其實；且以國家、文化和種族為中心的「民族驕矜之氣」，在當下的美國、日本、德國，俄羅斯及東歐等地，也還大有人在。本文之所以對此有太多憂慮，是考慮到時下密不透風的「維穩」舉措，當局能夠輕而易舉地泯滅平衡極端「民族驕矜之氣」的所有不同聲音。如果做點比較，即使在當年被認為最專制的普魯士，年輕的馬克斯·韋伯不滿特賴奇克關於歷史無需「客觀性」的謬論，此後一生仍能不受阻撓地發表眾多關於「價值中立」，呼籲嚴肅、謹慎、冷靜，以及滿懷敬畏之心去探究真理的文字和演講[65]。

更讓人警醒的另一段歷史往事，是明治之後日本堅持「客觀性」史學受到的打壓和摧殘，間接或直接催生了諸多巨大歷史災難。早在1891年，奉行科學實證史學的久米邦武（1839-1931），被認為挑戰了極端民族主義的國體論，遭到神道家、國學者的猛烈攻擊而不得不辭職。接下來在1911年，又發生了在沒有經過學界充分研討的

---

64 徐則陵，〈近今西洋史學之發展〉，《史地學報》，第1卷，第2號，頁4。

65 瑪麗安妮·韋伯著，閻克文、姚中秋譯，《馬克斯·韋伯傳》，（北京：商務印書館，2010），頁161-163。

情況下，官方用政治權力打壓異己的「南北朝正統事件」。再至1940
年前後，津田左右吉（ 1873-1961）又因質疑官方民族主義的「國
體史觀」，被員警拘捕而受到不公正的司法審判。痛定思痛，任教
於日本一橋大學的永原慶二（1922－2004）教授於戰後做出的結論
是：作為日本史學界的奇恥大辱，是官方對不同學術觀點一律封殺，
只允許一種以日本為中心，認為日本歷史、文化優越，支持對亞洲
鄰近各國、各地區、各民族的統治的學術存在。在他看來，「史學
不再對日本近代國家形態的現實性進行批判和反思，最終在昭和戰
時體制時全都倒向國體史觀。」 66 由此說來，那個被國人耳熟能詳
的中國傳統歷史格言，就顯得忒有智慧——「前事不忘，後事之師」！

　　胡成，南京大學歷史系退休教授。主要研究中國現代歷史，中美
文化交往、19世紀以來的跨國醫療及衛生史。近年發表專題學術論
文見於《史林》，《漢學研究》，《歷史語言研究所集刊》等學術
刊物。

---

66 （日）永原慶二著、王新生等譯，《20世紀日本歷史學》（北京：
　　北京大學出版社，2012），頁108-109。

極權統治的民情基礎：
讀《耳語者：斯大林時代蘇聯的私人生活》*

郭于華

　　這是一部特定時期私人生活的紀錄，許多個人和一個又一個家庭的經歷以故事方式呈現出來；這是一部斯大林時代的口述歷史，作者成為各樣普通人講述的收集者、記錄者和研究者。近500位受訪人成為講述的主體，他們看似瑣碎微小的講述如涓涓細水匯成那一特定時代宏大敘事的洪流。

　　講述曾經的過往，並非輕而易舉或自然而然，原因是講述作為人的表達行為、也作為人的本質屬性，從來受到權力的干預和控制，在極權統治下更是受到嚴酷的鉗制。正如一位講述者所說：「我們從小就學會了閉嘴，舌頭會給你帶來麻煩」；另一位講述者則追憶道：「經過3年的逃亡生活，我和姐姐已習慣於沉默不言，不會說話，只會耳語。」（120）　恐怖統治造成的持續性惡果之一，就是造就了一個沉默而順從的民族——人們學會了緘口不談自己的過去，至愛親朋之間也不談；孩子從小就受到教誨，避免禍從口出。整個蘇維埃社會全由耳語者們組成。不難想像，要在死亡和發聲之間做出

＊　[英]奧蘭多·費吉斯，《耳語者：史達林時代蘇聯的私人生活》，毛俊傑譯，桂林：廣西師範大學出版社（理想國），2014年9月出版。

選擇，沉默者和耳語者遂成為國民的絕大多數。

　　在斯大林時代，人們不僅不敢交談，更很少有人會冒死亡或流放、勞改的風險留下文字紀錄，書信、私人日記等當然也難以存在。甚至為了生存，人們對所經歷的一切不是選擇記住，而是寧可遺忘或者有意塗抹遮掩，比如隱瞞出身、改變簡歷，夫妻之間相互迴避家庭歷史等等。正因為如此，在那個時代成為過去之後，相關歷史材料的搜集，特別是口述歷史的訪談、記錄、整理、分析才尤為重要和具有社會學研究的價值。

一、大恐怖與大恐懼

　　據有關統計，斯大林統治下的1928年到1953年，約有2500萬人受到蘇維埃政權的迫害，約占總人口的八分之一。1941年蘇聯總人口估計為2億，這意味著平均每1.5戶家庭即有1人！而這個數字還不包括死於饑荒和戰爭的。「他們的人生遭遇到驚心動魄的摧殘」（4-5）。槍決、酷刑、流放、勞改、剝奪財產和株連家人成為家常便飯；無論黨內黨外，無論老弱婦孺，無論精英平民……迫害是普遍的。

　　作者闢專章呈現了大恐怖（1937-1938）年代蘇聯的政治生態，恐怖成為大規模、持續的社會氛圍。作者描述到，對不同政見的反斯大林派別進行清洗是大恐怖的主要理由；面對大規模的抓捕和處決，在普遍性的恐懼中，布爾什維克精英們似乎顯得更為消極被動。他們之中的大多數接受黨在思想上的灌輸，他們有著向黨證明自己清白的深層次渴望，因而很容易放棄任何抵制的想法（256）。這或許是被成功改造的表徵？顯而易見，恐怖是改變其心智的主要原因。相形之下，一些「沒有文化」的普通人反而更明白。

　　無論如何，所有人在大恐怖之下都須學會沉默和耳語。「因為嘴快而受害」的教訓太多了，所以必須學會「保持沉默」和「竊竊私語」。家庭逐漸生成了談話的特殊規則：運用迂迴的語言；以暗示的方式來表述想法和意見；讓孩子管住嘴和保持「不知道」。逐漸地人們喪失了講真話的能力——「社會正在變成一個耳語者的社會」（267-270）。

　　「耳語者的社會」形成的機制值得分析。

　　首先，在恐怖瀰漫中，通過意識形態灌輸，人們普遍接受了「人民公敵」思維：任何人，無論至愛親朋，還是同事戰友，甚至老革命、老領導都有可能是人民公敵。這種階級鬥爭思維導致了人們對敵友的判斷並不基於事實，其做過什麼，說了什麼，與自己的關係如何都不是依據，而唯黨和領袖馬首是瞻。即使有人懷疑是冤假錯案，那也肯定是下面的人弄錯了，而最高統帥是永遠、絕對正確的因而不可質疑。

　　如此，家庭裡、社會中必然是親情喪失、友情疏離，子女背棄家庭，親子關係斷裂，夫妻情感淪喪，朋友情意不存；其突出表現就是舉報人無處、無時不在，所有人都有可能舉報他人，所有人也都有可能被舉報。作者在開始就說明了「耳語者」所包含的兩種含義：一是指怕人偷聽而竊竊私語的人；二是指暗地裡向當局彙報的舉報人。舉報（告密）行為也來自不同的心理動機：有自願舉報和非自願舉報之分；前者是希冀得到獎賞得到好處或公報私仇，後者則往往是受到威脅，出於自身安全而不得已為之。舉報是迫使所有人作惡的機制，不僅會使有良心者受到內心的折磨，而且使舉報者在作惡過程中日漸喪失良心。很多人會背離人之常情而寧願相信：舉報是愛國行為和愛國義務（276）。此種行為會污染所有的心靈，讓所有人手上沾血，在大恐怖中變得冷漠麻木。這是對人性的泯滅，

也是極權統治最為污濁和邪惡之處。正如經歷者事後反思到的，

> 讓我們直面那個時代吧，你不能原諒的，不但有斯大林，還有
> 你自己。也許你什麼錯事也沒做，至少在表面上如此——但你
> 已經習慣於邪惡。……當你周圍的人被槍決、打死或突然銷聲
> 匿跡時，你卻什麼也沒看到，什麼也沒聽到。（281）

　　進而，在個性和人性喪失的同時，人的本質屬性——社會性也
在失去，取而代之的是黨性、階級性、集體性。互不信任蔓延至整
個社會：親人互不信任、相互離棄甚至相互揭發，人們似乎只相信
國家是公正的（318），國家所為是合理的，於是被捕和被殺不依據
證據，被捕和被殺本身成為罪證。雖然也存在相信自己的親人、尋
找和救助家人、親屬的情況，但通常發生在那些成長於斯大林時代
之前的祖父母一代人當中。（340-350）
　　在將近三十年的時間中，黨性與階級性對人性的取代影響了不
止一代人的行為與思想。比如，青年人要加入組織，因為「我再次
感到，自己從屬於一個龐大的我們」（365）；尤其對那些出身不好
的年輕人，加入共青團象徵了從「人民公敵」的孩子到「蘇維埃公
民」的過渡——這成為「普遍的生存策略」。入黨更是如此，對許
多積極入黨的人而言，並不一定相信它的意識形態，而是出於非常
現實的考量，比如想轉移他人的猜疑，既保護自己的家庭，也有助
於自己的職業生涯，期待一個較安全較好的前景。於是，許多人過
著「雙重生活」；更有許多受害者仍然無比熱愛著施害的政權。一
個家庭被驅趕的富農孩子的話很有代表性：「相信斯大林的正義，
使我們更容易接受處罰，並帶走我們的恐懼」。

當所有人必須在放棄生命和放棄良知之間做出選擇,即選擇死
亡還是選擇無恥時,其實是無可選擇。

二、重塑心靈與重構社會

極權統治對人心和民情的治理除了以強制和暴力造成政治恐怖
氛圍,還必然訴諸於人們的頭腦,即通過意識形態灌輸改變人們對
常識常理的認知和傳統宗教信仰,以達到被統治者精神上的服膺。
這種改造與統治是全方位的,從經濟生活到社會生活,到私人空間
乃至人們的精神世界,無所不至,無遠弗屆。

1. 用計劃經濟取代市場(哪怕是有限的)經濟,以暴力方式消
滅私有制,建立公有制,是奠定極權統治經濟基礎的必由之路。1930
年中央計畫配額要剝奪的富農家庭達100萬(約600萬人口);後又
由國家政治保衛局提高到所有農戶的3%至5%;而在各地具體執行
時為迎合上級還故意超額[1]。人們描述了集體化這一蘇維埃歷史上巨
大的轉捩點:在農莊集體化運動中,「富農」被捕勞改,全家被驅
逐流放,所有財物被充公,常常只給被驅逐家庭一小時收拾長途旅
行的行裝,只允許帶少量衣物;當他們扶老攜幼離開家鄉時,沒人
走近,沒人告別,因為人們心存恐懼。這些被驅趕到「特殊居住地」
的富農們在惡劣環境中大規模死去,1931至1932年的冬季死去的就
有幾十萬人;許多人去往古拉格勞改營並從此聲跡杳然。

驅逐了富農的村子則掛上紅旗,表示已經集體化:作為村莊公
共空間的古老的教堂被推倒,拆下的木材挪作他用,大鐘被取下拿
去熔化⋯⋯。這意味著宗教信仰被無神論取代,以造成只能追求生

1　從1929到1932年,被逐出家園的至少有1000萬「富農」,頁98。

存的原子化的民眾；數個世紀以來形成的生活方式——家庭農場、獨立的村莊、教堂、農村市場均被摧毀，村落社區、親屬和鄰里關係無法維繫。而這種聲稱必能帶來進步的「消滅富農」、「集體化」導致的卻是「從未有過的懶散。房屋、庭院、圍欄一片頹圮」。農民和整個國民的饑餓狀態一直持續著，不難理解，這是私有財產被公有化的必然結果，這是「通往奴役之路」。

2. **對私人領域的消滅，是集體主義／國家主義／共產主義政治的必要過程。**實現「集體人格」，需要「砸碎私人生活的甲殼」，即剷除作為「孕育反革命分子危險溫床」的私人空間。對私人生活的全面占領和監控，讓個人幾乎完全透明，難以保留任何隱私的縫隙。家庭則被視為兒童社會化的最大障礙，家庭消亡遂成為社會主義革命的目標之一。

一對父女的故事是這一過程的真實寫照：葉麗薩維塔的父親，謝爾蓋・古謝夫在1917年時任彼得格勒蘇維埃革命軍事委員會主席，父女上一次見面是12年前女兒只有5歲的時候；這次重逢驅使女兒走向父親的動力卻是饑餓：

> 「古謝夫同志，我需要你。」他轉過身來，顯得很疲憊，因睡眠不足而雙眼通紅。
> 「我在聽，同志！」
> 「古謝夫同志，我是你女兒，給我3盧布，我要吃一份午餐。」也許，他已筋疲力盡，聽到的只是我對3個盧布的索求。
> 「當然，同志。」古謝夫說，探手入口袋，掏出一張綠色的3盧布鈔票。我接過錢，向他表示感謝，用它買了一份午餐。（即使如此，女兒從未親近過父親）

這對父女的故事受到列寧的喜愛，成為一個生動表現布爾什維克犧牲個人、對革命事業無私奉獻的傳奇。符合了斯大林所說的「一個真正的布爾什維克不應也不能擁有家庭，因為他必須將自己的一切獻給黨。」（14-15）

在居住策略上，布爾什維克以「摻沙子」的方式改變原有的居住格局，以加速家庭的解體。具體作法是強迫富裕家庭出讓自己的住房給城市貧民分享。布爾什維克認為，迫使人們住進共用公寓，可讓人們在基本思想和行為上更趨向於共產主義，因而設計和建立「新型住房」的共用公寓（公共的洗衣房、澡堂、餐廳、廚房、幼稚園、學校等），目標是敦促大家從「私人家庭轉向集體生活」（20-22；186-197）。而現實中這種轉向確實發生了：在共用公寓裡，隱私難以保持，家庭失去了對孩子的掌控，自己的文化傳統和習俗往往不堪一擊，被共用公寓的共同原則所取代。許多人切身感到「自己的思維偏向『我們』，而不是『我』。」（182-197）

布黨對私人生活的直接干預明確體現在1918年的婚姻和家庭新法上，其框架旨在「促進傳統家庭的崩潰」。這種干涉實際上導致大幅增長的隨意婚姻，以及世界上最高的離婚率（1926年是法國或德國的3倍，英國的26倍）。家庭和社區的關係、性道德等，都變得鬆弛。（22）

3. 以發展速度和經濟成果確立合法性。數年的大規模流放和勞改營造就了「囚犯經濟」，在消滅富農、取消市場經濟和私人生活領域的同時，是「萬馬奔騰」邁向工業化和社會主義、扔掉俄羅斯古老落後帽子的第一個五年計劃時期。計畫中的礦產，農墾，運河，地鐵，鋼鐵廠，水電站等大型國家工程的建造需要大量勞動力和設計、技術人員，於是大規模逮捕和流放造就的「囚犯」成為古拉格系統的經濟所需，這些無償勞動力成為砍伐木材、修建道路、建設

各類設施——成就社會主義偉業的主力軍（120-124），這也頗具諷刺意味。

　　首都的建設與發展，成為社會主義制度下美好生活的見證和人們對未來的美好預期。「莫斯科迅速擴展，從1928-1933年首都人口從200萬增至340萬。數以百萬計的人，夢想就是搬入莫斯科。在蘇聯，莫斯科是權力、財富、進步的中心」（160）。除首都莫斯科外，各種輝煌的建築和城市的擴展都成為社會主義制度優越性的表徵，它們光鮮亮麗，美輪美奐，但人們看不到的卻是它們的基礎，那是用千百萬人的生命奠基的。各類工程、項目當然離不開科技專家的作用，但即使是科學家和專業技術人員也只能是被利用的勞力、工具；因而他們的命運也必然是在利用中被清洗，在清洗中被利用。

　　在「五年計劃」中的瘋狂努力、「突擊」生產、要求實現目標後再做休整等一系列短期行為，向人們召示「共產主義不遙遠」，可以「飛速奔向未來」。於是，在想像中「即將」和「現在」都已經分不清了；人們寧願「接受對未來的憧憬，需要採取一定的姿態，使自己能夠順利滑向與政權的合作」。（202）

　　甚至戰爭也成為凝聚人心、成就對國家忠誠、對黨和領袖信任崇敬的理由。反法西斯戰爭中的巨大犧牲和艱苦卓絕、特別是最終勝利的結果「證明」了領袖和政黨的偉大光榮正確，同時卻掩蓋了其極權統治與法西斯內在本質的同質性。這是軍事上的取勝，也是征服心靈的勝利。

　　上述社會主義實踐加意識形態強制，以一種理想方式重構了人們對現實的理解。對人與社會的改造從方方面面著手，幾乎沒有空白：文學成為極權統治的婢女，「就像一隻鮮活的銀狐，走進了皮草店」（204-206）；書籍、雜誌等各類出版物教導讀者「重新做人」；教育機構更是要辦成「共產主義學院」；甚至勞改營中，除了暴虐

迫害，也會用相對較好的物質待遇收買少數人如一些科學家和專業
技術人員，使囚徒成為合作者、奉獻者。科學家帕維爾·維滕貝格
的故事就告訴我們：古拉格遠遠超越監獄營本身，它是蘇維埃工業
的主要驅動力之一，也是鍛造統治機器上的齒輪和螺絲釘的大熔
爐。（220-226）

　　用物質手段加上意識形態手段將人們分成並使其認同不同的等
級——「人民公敵」，可以改造轉化與利用的群眾，積極分子，「無
產階級新精英」等等。作為執政階層的新精英，只要政治上相信共
產主義，捍衛蘇維埃制度，可以保留原有的文化品位，亦可享有特
供體系提供的「幸福生活」；革命禁欲主義是針對其他人的，優裕
和奢侈才是精英的品格（168-181）。

　　「大轉變」和「大恐怖」創造了以人與國家關係來定位的「新
社會」：摧毀了維繫家庭和社區的關係，改變了人們相互間的信任
和忠誠，代之以階級關係和階級思維，從而實現對社會的再造。人
們都學會了編造自己的階級身分，或文飾自己的履歷，使之顯得更
像「無產階級」。通過樹立榜樣等方式，國家意識形態「植入千百
萬人的腦子」——「與親人之愛及其他個人關係相比，對國家的忠
誠則是更為高尚的美德」（133-134）。在當時的俄語詞典中，舉報
（donos）被定義為一種（揭露非法行為的）公民美德（47）。青少
年受到鼓勵舉報親屬以表現對國家的忠誠。顯而易見，迫害和洗腦
必然導致異化，恐怖制度下的生活給人心和人性帶來深刻影響，親
情的斷裂和人性的毀滅造成難以記述的人間慘劇：親屬之間相互舉
報，憤怒的人們殺掉親屬中的告密者；在黨的鼓勵下，人們相信任
何人都可能躲在假面具後面，「看，人民公敵到底是什麼嘴臉，有
的甚至偽裝成父親」。而在背離親情的同時，黨和斯大林代替了父
親。

　　正像一位1927年作為托派被開除的布爾什維克領袖所言：「真正的布爾什維克，早已把自己的個性徹底融入黨的集體之中，願意做出必要的努力，拋棄自己的意見和信念……如果黨有需要，他願相信，黑是白的，白是黑的。」（45）

　　也如安東尼娜的回憶，媽媽總說：「當你與狼一起生活時，就必須學會狼的習性！」（157）

三、「解凍」之後，能否「歸來」？── 反思之難

　　經歷了大恐怖（1937-1938）和大恐怖餘波（1938-1941）的蘇聯人民，因戰爭的需要，迎來了被領袖稱作「我的兄弟姐妹們，我的朋友們」，「為生死攸關的鬥爭而團結起來的整個蘇維埃國家的戰爭」時期。許許多多人們為這一稱呼的改變「感動得熱淚盈眶」。（405）人們為保衛祖國而戰，「前線生活讓人迅速親近」，軍事比主義更為重要。即使是「人民公敵」的子女，如願意或勝任戰時急需的工作，背景和履歷也不再是一大障礙；家庭出身可以被視而不見，作為富農子女的安東尼娜感到「這是我人生的第一次全憑自己的能力來取得進步」（444-458）。同時，宗教信仰，言論自由，社團復興等有所鬆動，「戰爭變成了一種淨化」（462）。人們似乎不難感受到，戰爭時期極權有鬆動跡象，而極權統治之惡甚於侵略戰爭。

　　在取得戰爭勝利的1945年到1953年（戰後的小恐怖時期），最高統帥斯大林卻很快排除了政治改革的可能，他直接挑明：蘇維埃制度不會有任何緩和。戰後的冷戰時期，軍隊和黨的領導層中又推行了新的大清洗，所謂「自由」的改革派成為敵對的權力中心；甚至軍隊的高級領導人、軍事英雄例如朱可夫元帥也遭到整肅

（486-488）。古拉格的人口再度增加，雖然1945年特赦釋放了許多人，但5年後又收進了100多萬新的囚犯。

人們在繼續戴著面具生存：「雖然不相信黨及其奮鬥目標，卻認真執行它的各項命令」，「掩飾一直是蘇俄必要的生存技能」，「人們已習慣於在公共場所故作姿態」，「戴上面具的藝術能耐達到了爐火純青的地步」。人們繼續著舉報「人民公敵」，監視、彙報他人的私人生活和個人意見，……正是在各種各樣的「平庸之惡」（阿倫特語）的行為中，人們將自己變成了「普通的斯大林主義者」。

這些普通的人們，努力使遠大「理想」與現實衝突能夠調和自治。這些蘇維埃公民也曾奮起抗議物品的短缺和供應不公平，抱怨腐敗和低效，並將之歸罪於新官僚的特權；然而同時他們又忍辱負重，期望自己能親眼看到共產主義烏托邦。這種努力在相當長的時間裡幫助維持了蘇維埃政權。辛勤勞動，勇敢作戰，必要的犧牲是為了明天的回報：「享受美好生活」（198）。在戰後，人們痛苦地意識到：「我們是否真正明白，我們拯救了祖國俄羅斯，同時也拯救了斯大林政權？……在自家的極權主義和希特勒的版本中間，我們寧可選擇前者。」（470）

在大恐怖和恐怖餘波之後，被塑造的慣習依然強韌。反猶主義的持續；排外的民族主義高漲；以政治運動方式肅清西方影響。普通的斯大林主義者正是生活於這一時期：在對異己作家、藝術家進行批判時，人們仍然相互舉報、陷害。他們本可以選擇不發言，不出席會議，或者假裝生病，但卻在控制鬆動時仍然保持順從的慣習。例如，作者花費不少筆墨描述的著名作家西蒙諾夫，他仍要「證明自己的忠心耿耿」，奉命寫作，奉命批判，一方面參與斯大林政權的鎮壓，另一方面又往往承受良心的責備，這種衝突幾乎把他摧毀（525-543）。

「迫害和參與者的作為，都植根於無孔不入的對斯大林政權的
順從——即普通的斯大林主義者的定義所在。」（524）

　　1953年斯大林病逝，標誌著其時代的結束。獨裁者對本國人民
乃至人類的最大貢獻就是他死了；然而肉身死亡並不一定意味著其
統治模式和精神遺產的終結。斯大林制度的真正力量和持久遺產，
既不在國家結構，也不在領袖崇拜，而在於「潛入我們內心的斯大
林主義」。「人們慢慢都會習慣於痛苦」（523），習慣於順從，甚
至習慣於邪惡。這種慣習造成了所謂「後極權時代」的許多特點。

　　書的第八章名為「歸來」，指斯大林死後的大赦之舉——100
萬囚犯從勞改營獲釋，這大約相當於古拉格人口的40%。但是當人
們從勞改營歸來、從流放地歸來、從孤兒院出來時，許多人卻發現
再也回不到從前，回不到家庭親情友愛中了。在多年的恐怖之後，
作為人的本質屬性的社會關係——鄰里、社區、村莊、教堂，都已
被破壞或削弱。雖然家庭仍是社會中的穩定單元，是人們可信賴和
依靠的唯一關係，但並非所有人都能回歸家庭。分離時年幼的孩子
完全不記得、不認識自己的家人；長期沒有在家庭中生活的人「不
知道什麼是家庭」；親人之間因價值觀不同或性情改變而疏遠彼此
的，甚至相互心存怨恨的，都很難重建親密關係。歸來者身心俱損，
無法與親人交流，出現一些囤積食物、偷竊物品等怪癖行為和暴力
傾向，導致親人之間缺少信任。受害者與舉報者之間更是無法相互
面對，「他們從沒想到，那些幽靈還能借屍還魂，來找掘墓人算帳。
因此，在平反時期，他們變得恐慌失措」。（611）

　　三十多年極權統治的持續，使人們在回歸時存在著能尋找回來
的與找不回來的東西，人們因長期的恐懼和痛苦而選擇沉默、遺忘
和麻木，幾乎是必然的。

　　「解凍」，並不意味著意識形態堅冰的融化和人們社會生活與

精神生活的復蘇。記憶依舊冰封雪藏，堅忍和沉默仍是應對過去的常見方式。（624）

在所有的極權主義社會，壓抑自己的創痛記憶，選擇遺忘，已被廣泛視為受迫害者的心理自衛。但在蘇聯，斯大林的受害者更有特殊緣由忘卻過去。後斯大林時代沒人知道赫魯雪夫的解凍能夠持續多久，很快回到鎮壓也有可能。而事實上，解凍是短暫和有限的。對斯大林迫害的討論不可導向對整個蘇維埃制度的批評。而1964年勃列日涅夫取代了赫魯雪夫之後，解凍戛然而止，審查制度變得嚴格。人們再一次壓制自己的記憶——拒絕談論過去——在表面上加入蘇維埃忠誠而沉默的大多數。

反思之難，首先難在極權統治的完整性，它全面而深入地占領各個領域和人們的內心世界，幾乎沒有空白；其造成的後果也必然是難以輕易擺脫的。人們的社會世界和精神世界被毀滅，恢復起來談何容易。例如，衛國戰爭勝利被用來展示政權自身的合法性和人民的忠誠，這形成對公共記憶的操縱。

反思之難，也難在極權統治帶來的無法擺脫的恐懼；恐懼具有遺傳性，人們深知健忘是生存之道，有意識地迴避（否認）創痛，迴避政治成為本能的防護之舉。雖然精神病學的研究表明：開口說話對創傷的受害者頗有療效，沉默持續越久，受害者越有可能覺得自己已被秘而不宣的記憶圍困和壓垮。但是如不能戰勝恐懼，記憶和治療便無從開始。

反思之難，還難在加害、被害的集體性特點，作惡成為普遍平常的事。斯大林時代各級參與施害者達數百萬人，其後他們繼續過著「正常」生活：他們「不知情」，「只是奉命行事」，很少直面自己的罪責，當然也不會思考在極權體制下個人應承擔的道德責任。而官方正統敘述也提供了另一種安慰，即讓受害者相信他們的

犧牲是為了集體的目標和成就，讓人們感覺到自己參與了實現蘇維
埃理想的鬥爭，自己的人生因此獲得肯定，從而接受所遭遇的苦難
（662）。如此個人與家庭的苦難淹沒在國家理想的幸福和驕傲中。
作為個人，受害者（施害者）往往對自己的經歷缺乏清晰的概念，
也沒有結構框架或政治背景來理清頭緒。於是，他們擱置自己的獨
立回憶，讓書籍（被操控的集體記憶）代替自己說話。（661）

　　簡而言之，反思之難，難在那個時代留下的精神遺產——每個
人心中的斯大林主義。直至當今，仍有人懷念斯大林及其時代，領
袖，強人，英雄；努力工作，建設成就，治安良好等等，成為因對
現實不滿而形成的美化記憶。通過記憶、講述、反思和批判走出一
個時代的暗影，還有很長的路要走。

　　親歷者的講述，可以讓傾聽者在一定程度上感知那個時代的社
會生態，體驗人們的心理脈搏，並更為深入地思考作為統治基礎的
（托克維爾意義上的）民情。蘇維埃時代的民情即平庸之惡，平庸
之惡與極端之惡相互建構，互為因果且加速推進災難性的進程，造
成舉國性悲劇，人性泯滅，道德淪喪。

　　即使在普世之光照耀之時，在極權軀體的倒塌已然發生之處，
其腐爛發臭的遺體和污染還將長久地存在，且極難清除，因為它訴
諸固有的人性之惡。

　　郭于華，北京清華大學社會學系教授，主要研究領域為社會人類
學、農村社會研究、口述歷史研究等。著有《受苦人的講述：驟村
歷史與一種文明的邏輯》（2013），《傾聽底層》（2011），《死
的困擾與生的執著：中國民間喪葬儀禮與傳統生死觀》（1992）等。

致讀者

　　這是一個驚惶失措的世界。新冠病毒在幾個月內橫掃全球，數百萬人罹病，幾十萬人死亡。疫情期間幾大洲的封城鎖國，嚴重擾亂了數十億人生活的各個方面，經濟上的停滯損失更難估計。防疫抗疫也在各國內部強化了政府的管制權力，在國際之間升高了緊張衝突，日後世界秩序的重整會是什麼面貌，能夠樂觀的理由不多。

　　由於疫情來得突然，本期《思想》未能及時組織文章，探討這場浩劫的方方面面。幸而吳玉山教授原先已經應邀撰文，根據中華民國的憲政歷史，檢討兩岸之間的國家安全危機對憲政主義的挑戰。有見於各國政府為了抗疫，往往必須逾越常態的憲政權限，他的專文也延長視野，討論到了疫情在「安全」與「自由」之間所製造的緊張。他在本期的大作，值得讀者重視。

　　劉紹華教授長期研究中國大陸的公共衛生以及傳染病管控，著作在專業領域與廣大讀者間素負盛名。這次新冠肺炎首先在武漢爆發，中共政府面對前所未見的病毒快速傳染，從開始時的遲鈍、隱瞞，到後來以雷霆手段和舉國體制迅速控制住了疫情，其間的是非功過令各方爭議不休。本期發表曾金燕博士與劉紹華的對談，對於相關問題有深入的討論。紹華論及防疫所涉及的汙名與倫理問題，格外令人儆醒。

　　去年下半年，為了「逃犯條例修訂草案」，香港捲入持續超過半年的抗爭，其激烈程度引起全球的矚目。本刊一向關注香港問題，曾先後在19期與26期兩度推出過香港專輯，因此針對去年的情勢，

也約請嶺南大學葉蔭聰教授幫我們規劃專輯。過年以來由於新冠疫情全球蔓延，香港的局面稍告沉寂，但近日中國人大通過香港地區國家安全法，爭議又告爆發。此時本刊第三度推出香港專輯，希望有助於各方反思香港抗爭的路線與倫理。

在台灣，「中華民國」四個字所代表的歷史、體制、價值，以及情緒均非常真實卻又曖昧模糊。從總統、政府到主要政黨，都是在中華民國招牌之下存身與運作，但他們處處避諱這個尷尬的國名。中華民國在當下代表著什麼，在過去成就過什麼，在未來又能發揮什麼作用，也很少進入學界以及社會的公共討論。由於統、獨加上中共的三方夾殺，「中華民國失語症」堪稱是中華民國治下台灣的集體心理狀態。

從楊儒賓教授的《1949禮讚》出版之來，謫放於烏有之境多年的「中華文化」再度取得了台灣的合法身分，本刊曾在25期以「在台灣談中華文化」為題，在30期針對楊儒賓的「民國南渡」說，先後推出過兩次專輯。但在台灣談中華文化，豈能迴避「中華民國」？可是要面對中華民國，在論述時固然捉襟見肘，在政治上也如接過燙手的山芋。結果，來自德國、生根中華民國的何乏筆教授，由於少了包袱，反而可以率直地探討中華民國的理念，尋找其潛在的能量。本刊樂於開拓有關中華民國的反思與論述，特別是「中華民國」今後在海峽兩岸的意義。歡迎各地朋友貢獻己見。

最後，值此疫病未息的時刻，謹祝本刊的讀者、作者，以及工作同仁們康健、平安。

編者
2020年 初夏

思想40
香港：破局與困局

2020年6月初版　　　　　　　　　　　　　　　　定價：新臺幣360元
有著作權・翻印必究
Printed in Taiwan.

編　　　著　思　想　編　委　會
叢書主編　沙　　淑　　芬
校　　　對　劉　　佳　　奇
封面設計　蔡　　婕　　岑

出　版　者　聯經出版事業股份有限公司　　副總編輯　陳　　逸　　華
地　　　址　新北市汐止區大同路一段369號1樓　總經理　陳　　芝　　宇
叢書主編電話　(02)86925588轉5310　　社　　長　羅　　國　　俊
台北聯經書房　台北市新生南路三段94號　　發行人　林　　載　　爵
電　　　話　(02)23620308
台中分公司　台中市北區崇德路一段198號
暨門市電話　(04)22312023
台中電子信箱　e-mail：linking2@ms42.hinet.net
郵政劃撥帳戶第0100559-3號
郵撥電話　(02)23620308
印　刷　者　世和印製企業有限公司
總　經　銷　聯合發行股份有限公司
發　行　所　新北市新店區寶橋路235巷6弄6號2樓
電　　　話　(02)29178022

行政院新聞局出版事業登記證局版臺業字第0130號

本書如有缺頁，破損，倒裝請寄回台北聯經書房更換。　ISBN　978-957-08-5543-2 (平裝)
聯經網址：www.linkingbooks.com.tw
電子信箱：linking@udngroup.com

國家圖書館出版品預行編目資料

香港：破局與困局/思想編委會編著 . 初版 . 新北市 .
聯經 . 2020年6月 . 360面 . 14.8×21公分（思想：40）
ISBN　978-957-08-5543-2（平裝）

1.社會運動　2.政治運動　3.文集　4.香港特別行政區

541.4507　　　　　　　　　　　　　　　109007149